Diego Arenhoevel

Erinnerung an die Väter
Genesis 12-50

Verlag Katholisches Bibelwerk
Stuttgart

Stuttgarter Kleiner Kommentar

— Altes Testament 2 —

Herausgegeben von
Gabriele Miller und Franz Josef Stendebach

ISBN 3-460-05021-7
Mit kirchlicher Druckerlaubnis

Lektorat: Martha Buck
Gesamtherstellung: Feindruck Franz Pistotnik,
Dieselstraße 20, 7016 Gerlingen

DIE VÄTERGESCHICHTE: GEN 11,10—36,43

Einführung

Urgeschichte und Vätergeschichte

Die Urgeschichte (Gen 1—11) ist trotz ihres Namens keine Geschichte in unserem Sinn. Zwar bewahrt sie Erinnerungen an uralte Begebenheiten: an einen schweifenden, gewalttätigen Stamm namens *Qain*, an eine (oder mehrere) große *Flutkatastrophen*, an den Bau eines großen Turms in der Stadt *Babel*. Aber von all dem erzählt sie nicht, weil es so und nicht anders gewesen wäre, sondern weil sie darin Sinnbilder sieht, in denen aufleuchtet, wie die Welt und was der Mensch ist. Nur zum Schein redet Urgeschichte von Gewesenem; in Wirklichkeit meint sie das stets Gegenwärtige: Was niemals war und immer ist. Oder besser noch: Was sich nicht nur ein einziges Mal unwiederholbar zugetragen hat — wie das Leben und Sterben eines einzelnen Menschen —, sondern was beständig und immer wieder geschieht — wie das Entstehen und Vergehen der Menschen. Jeder Mensch ist Adam oder Eva, Kain oder Abel; beständig ist die Welt dem Untergang verfallen und doch gnädig bewahrt. Davon spricht die Urgeschichte.

Die Vätergeschichte ist anderer Art. Die Gestalten, von denen sie erzählt, haben zu einer bestimmten Zeit in einem bestimmten Raum gelebt; sie haben ihre eigene, unwiederholbare Geschichte gehabt. Sie stehen in einem geschichtlichen Zusammenhang, in einem festen Ablauf von Geschehnissen, den man weder umkehren noch sonstwie verändern könnte. Sie sind *historisch* im eigentlichen Sinn. Man kann daher sagen, daß mit der Vätergeschichte die biblische *Geschichte* beginnt. In der Urgeschichte wurden die treibenden Kräfte hinter aller Geschichte genannt; jetzt wird von Menschen berichtet, die ein ganz bestimmtes, einmaliges Geschehen in Gang gesetzt haben.

Dieses Geschehen ist noch nicht zu Ende. Das sieht man schon daran, daß wir überhaupt davon reden. Das Buch, das der Leser gerade in

Händen hält, ist eine Auswirkung jener alten Geschichte. Es wäre nicht geschrieben worden, hätten Abraham und Jakob nicht gelebt. Unzählige Menschen hat es gegeben; von vielen wissen wir mehr als von Abraham und Jakob, oder könnten es, wenn wir uns die Mühe nähmen. Aber wir nehmen uns nicht die Mühe, und so bleiben sie für uns bedeutungslos. Nichts in unserem Leben, nicht einmal unser Reden und Nachsinnen, wäre anders, wenn es sie gar nicht gegeben hätte. Die uralten, im Dunkel der Vergangenheit kaum noch recht zu erkennenden Väter Abraham und Jakob hingegen bewegen heute noch unser Denken und Reden. Sie sind, um es mit der berühmten Unterscheidung zu sagen, nicht nur *historisch*, einmal gewesen, sondern *geschichtlich*, spürbar fortwirkend. In welchem Maß sie in unser Leben hineinwirken, wird uns aufgehen, wenn wir die Geschichten überdenken, die man sich von ihnen erzählt.

Manch gequälter Bibelleser unserer Tage wird hörbar aufatmen, wenn er von der Geschichtlichkeit der Väter hört. Man hat ihm ja böse zugesetzt, indem man vieles, was er buchstäblich geschehen glaubte, wie es geschrieben steht, als ungeschichtlich ausgab und damit, allem beschwörenden Gerede zum Trotz, doch irgendwie als unwirklich und unwahr, wie er zu argwöhnen nicht aufhören kann.

Er atmet zu Recht auf, und doch müssen wir ihm gleich ein wenig Wasser in den Wein seiner Freude gießen. Denn Geschichte im Sinn eines genauen Protokolls dürfen wir von den Vätergeschichten nicht erwarten. Unsere Erklärung wird zeigen, daß die Väter, vor allem Abraham, in manchen Erzählungen Idealgestalten geworden sind, Vorbilder eines gläubigen Lebens, allgemeine Gleichnisse menschlichen Schicksals. In solche Erzählungen ist die Erfahrung nicht nur eines einzigen, sondern vieler Lebensläufe zusammengeflossen; sie haben eine gewisse Überzeitlichkeit erlangt, die mit der Gebundenheit in eine bestimmte Zeit in Widerspruch liegt.

In anderen Geschichten verbergen sich unter den Namen einzelner Personen in Wirklichkeit Sippen, Stämme oder Völker. Solche Erzählungen stellen zwar Geschichte oder wenigstens geschichtliche Verhältnisse dar. Aber sie müssen erst dechiffriert werden, bevor sie dem modernen Leser verständlich werden; naiv gelesen führen sie ihn eher in die Irre.

Auch wird der aufmerksame Leser in manchen Vätergeschichten Ungereimtheiten erkennen. Sollte die sechsundsechzigjährige Sara noch so liebreizend gewesen sein, daß der König von Ägypten, der unter den schönsten Mädchen seines Landes wählen konnte — und die ägyptischen Mädchen waren schön, wie uns die alten Bilder zeigen —, sie zur Favoritin seines Harems machte (Gen 12,11—16)? Und soll sie gar als Neunzigjährige noch dem König von Gerar den Kopf verdreht haben (17,17 und 20,2)? Konnte Abraham, bei aller Anerkennung seiner Tapferkeit, mit den wenigen Männern, die zu ihm gehörten, vier Großkönige mitsamt ihren Heeren vernichtend schlagen (24)? Die magischen Praktiken, durch die der schlaue Jakob seinen Anteil an den Herden seines Schwiegervaters Laban erhöhte, bieten wohl nicht nur dem frommen Glauben Schwierigkeiten (20,37 bis 43).

Wer die Geschichte des Alten Orients genauer kennt, wird weitere Unstimmigkeiten entdecken. Da gibt es in Palästina, längst bevor die Philister in das Land eingedrungen sind, schon Philisterkönige (26,1); der Pharao schenkt dem Abraham Kamele ein halbes Jahrtausend, bevor man lernte, Kamele zu züchten (12,16). Umgekehrt ist das ägyptische Bodenrecht viel älter als Josef und von diesem bestimmt nicht eingeführt (47,18—22).

Wir müssen bedenken, daß die Geschichten, so wie wir sie heute in der Bibel lesen, erst lange Zeit nach den Ereignissen, von denen sie erzählen, aufgeschrieben wurden; erst vom Augenblick ihrer Niederschrift an konnten sie unverändert weitergegeben werden. Dann wundert uns nicht, wenn um alte Erinnerungen sich manche schmückende Einzelheit gerankt hat.

Das stellt uns sofort vor die Frage: Was an den Geschichten kann als historisch gelten, und was ist als unhistorisch auszuscheiden?

Die Frage mag manchem verleidet sein, und oftmals ist sie auch fehl am Platz. Aber bei den Vätergeschichten ist sie immerhin grundsätzlich möglich, wenn auch nicht immer so klar zu beantworten wie zu stellen. Man kann etwa, durch genauen Vergleich mit altorientalischen Texten, feststellen, daß manche erzählte Einzelheit nicht in die Zeit paßt, in der die Geschichte niedergeschrieben wurde, sondern auf eine ältere Zeit zurückgehen muß. So gab es im späteren Israel kein Adoptionsrecht mehr; Lea, die Frau des Jakob, aber hat die Kinder ihrer Magd Bilha adoptiert (30,3—8; auch 48,5). Den Namen Jakob

hat der jetzige Erzähler nicht mehr erklären können, weil das Wort — sicher im Verlauf einer langen Zeit — seine Bedeutung geändert hatte (vgl. S. 110).
Man könnte noch manche interessante Einzelheit aus den Vätergeschichten untersuchen und ihr hohes, in die Zeit der Väter selbst hinaufreichendes Alter nachweisen. Wir wollen es hier nicht tun, sondern uns auf eine sehr wesentliche Frage beschränken: Wie steht es mit der Religion der Väter? Können wir über den Glauben des wandernden Hirten Abraham etwas Sicheres aussagen? Oder haben Spätere, die über Abraham geschrieben haben, ihren eigenen Glauben Abraham zugeschrieben? Dann könnten die Vätergeschichten allenfalls Kunde geben vom Glauben Israels zur Zeit König Davids, als das Volk längst im Lande seßhaft geworden war.

Der Glaube der Väter

Der Alte Orient verehrte nicht nur eine Vielzahl von Göttern; man unterschied auch verschiedene Arten von Göttern.

Naturgötter: Da gab es zunächst Götter, die bestimmte Kräfte dieser Welt darstellen. Nicht ganz richtig nennt man sie heute *Naturgötter.* Zu ihnen gehörte *Jam,* der Gott des Meeres, *Dagon,* der Gott des Getreides, *Hadad,* der Gott des Gewitters, *Astarot,* die Göttin des Abendsterns, und *Sin,* der Gott des Mondes.
Oft hört man sagen, der Mensch der alten Zeit habe diese Götter aus Unwissenheit erfunden, um sich Naturvorgänge zu erklären, die ihm unverständlich waren. Zum Beispiel: Weil man nicht wußte, wie Donner entsteht, habe man vermutet, ein übermenschliches Wesen, eben der Donnergott, würde vom Himmel her aufbrüllen.
Doch damit wird man der alten Religion nicht gerecht. Ihr ging es nicht darum, vordergründig zu erklären, wie diese oder jene auffallende Naturerscheinung zustande kommt; sie war keine primitive Vorform der Naturwissenschaften. Sie wollte vielmehr die Welt als Ganzes deuten, ihre Tiefen ausloten; man könnte sie allenfalls als frühe Form der Philosophie betrachten. Im einzelnen Vorgang sah man eine Offenbarung des Ganzen. Wir wollen versuchen, das durch einen Vergleich zu erläutern.

Wer ein Gesicht lächeln sieht oder eine Stimme schreien hört, beginnt ja nicht zu untersuchen, welche Muskeln dabei im einzelnen und auf welche Weise beteiligt sind. Er weiß sofort — und schon das kleine Kind weiß es —, daß jemand freundlich oder zornig ist, und diese Einsicht ist ihm weit wichtiger, als die Namen der beteiligten Muskeln oder deren komplizierten Mechanismus zu kennen. Es geht nicht darum, Lächeln oder Schreien zu erklären, sondern im Lächeln die Liebe dessen, der lächelt, zu erfahren oder im Geschrei den Zorn dessen, der schreit, zu spüren. Es geht, anders gesagt, nicht um Muskelbewegungen im Gesicht und um Schwingungen der Stimmbänder, sondern um die darin sich offenbarende Person.

Ganz ähnlich sah der Mensch des Alten Orients im Gewitter nicht eine isolierte Erscheinung, die es zu erklären galt, sondern den Ausdruck einer tieferen, umfassenden Wirklichkeit, die hinter allem steht: der Gottheit. Die Welt war keine Anhäufung von Einzeldingen, sondern ein Ganzes, das sich in vielen Formen darstellt. Das durch die Sinne Wahrnehmbare erfuhr er als Oberfläche einer göttlichen Tiefe.

Um zum Donner zurückzukehren: Wenn der alte Mensch sagte: Hadad läßt vom Himmel her seine Stimme dröhnen!, wollte er nicht erklären, wie das Geräusch zustande kommt; er glaubte im Donner das Geheimnis der Welt selbst zu erfahren, ihre erschreckende Schönheit, ihre faszinierende Gewaltsamkeit.

Darum ist die Bezeichnung *Naturgott* für Hadad unzulänglich: Der Donner als Naturerscheinung ist nur *eine* seiner Offenbarungen; überall wo die Welt sich ähnlich zeigt, ist Hadad zu spüren: im schnaubenden Stier, im heißen Kampf und im Machtwort des Richters. Ähnlich war *Jam* nicht nur Gott des Meeres. Im Meer zeigt sich die bedrohende, zerstörende Kraft der Welt; hinter jedem Unheil, hinter allem Sterben steht darum Jam. Er ist Meer, Drache und Tod zugleich und bisweilen nur ungenau von Hadad zu unterscheiden. Denn wenn auch die einzelnen Götter sich vornehmlich in je besonderen Erscheinungen offenbaren, sind sie doch zugleich nur verschiedene Seiten der einen ganzen, unfaßbaren Welt — der Welt als Mutter des Lebens und der Welt als Vernichterin des Lebens, der Welt in ihrer durch Gesetze gefügten Ordnung und der Welt in ihrer Neigung zu Chaos und Katastrophen.

Diese Gruppe von Göttern waren die Großen unter den Göttern. Sie hatten Eigennamen, die oftmals von ihren Hauptsymbolen abgeleitet waren (*Sin* heißt „Mond", *Jam* heißt „Meer" und *Dagon* „Getreide") und die sie auf jeden Fall eindeutig bezeichneten. Überall herrschten sie, von allen Menschen forderten sie Verehrung, wenn sich in bestimmten Lagen auch die Verehrung des einen oder anderen Gottes eher nahelegte: im Krieg und bei einem Gewitter die des Hadad, in Liebesaffären die der Ischtar.

Dennoch muß man sagen, daß ihre verschiedenen Namen immer nur verschiedene Bezeichnungen der einen, so vieldeutigen göttlichen Welt waren. Im Grunde ist die Religion des Alten Orients kein Polytheismus, keine Vielgötterei, sondern *Pantheismus*, Verehrung des göttlichen Alls.

Ortsgötter: Unter — oder besser: neben — den Hochgöttern gab es andere Gottheiten. Diese herrschten nicht über die ganze Welt, sondern waren an einen bestimmten Ort gebunden. Dort walteten sie, und dort mußte man sie, wollte man sich an sie wenden, aufsuchen. Ein Heiligtum — ein Tempel oder nur ein Altar — gab Zeugnis von ihrer helfenden Nähe; denn diese Gottheiten galten meist als gütig und hilfsbereit. Für jeden, der vor ihnen erschien, hatten sie ein geneigtes Ohr; er mußte nur die vorgeschriebenen Riten, Opfer und Gebete einhalten.

Natürlich wurden sie vor allem in der Gegend verehrt, in der sich ihr Heiligtum befand; für die Bewohner des Kultortes spielten sie wohl eine größere Rolle als die mächtigeren, aber ferneren Hochgötter. Berichtete man an einem der Heiligtümer von besonders zahlreichen und wunderbaren Gebetserhörungen, dann kamen die Verehrer auch von weither. Der Ortsgott wurde zum Wallfahrtsgott, und seine Anhänger erschienen vor ihm nicht nur in Notfällen, sondern sie versammelten sich an bestimmten Tagen des Jahres, den Wallfahrtsfesten, in großer Menge am Heiligtum.

Die Ortsgötter — *Lokalnúmina* (Einzahl: numen) nennt man sie auch — des semitischen Alten Orients kann man an ihrem Namen erkennen. Sie heißen *El* (Gottheit, Kraft; Mehrzahl: *Elím*). So kennen wir aus der Bibel einen *El*, der bei Sichem wohnt (33,20), einen anderen bei Beerscheba (21,33), und auch in Bet-El muß, wie der

Name sagt (*bet* = Haus bzw. Tempel) ein *El* verehrt worden sein (28,17—19,22).

Mit dem allgemeinen Namen *El* verband man oft eine weitere Bezeichnung. So hieß der *El* von Sichem *El-berīt,* Gott des Bundes (Ri 9,46); der *El* von Beerscheba *El-olām,* Gott der Ewigkeit (21,33), der *El* eines Brunnens zwischen Palästina und Ägypten *El-roï,* „Gott der Schauung" (16,13), und der bei Bet-El verehrte *El* einfach *El-Bet-El,* „Gott von Bet-El" (35,7).

Es ist uns heute unmöglich zu sagen, inwieweit die Verehrer in jener alten Zeit ihre *Elim* klar voneinander unterschieden oder sie doch in einer geheimnisvollen Einheit miteinander sahen. Noch heute gibt es ja einfache Seelen, die beispielsweise die Muttergottes von Fatima gegen die Muttergottes von Lourdes ausspielen, wenn auch nicht mit Worten, dann doch in ihrem (viel wichtigeren) Verhalten; wie sich überhaupt im Wallfahrtswesen erstaunlich viel von jener alten Verehrung der Lokalnumina erhalten hat.

Natürlich hatten auch Hochgötter Heiligtümer, zu denen man Wallfahrten machte: so hieß zum Beispiel der *El* von Jerusalem *El-eljon,* der „höchste Gott"; das aber war der Name des gütigen, würdigen, wenn auch fernen und etwas blassen Himmelsgottes und Göttervaters im kanaanitischen Götterhimmel. In solchen Fällen verwischten sich die Grenzen auch zwischen Hochgott und Ortsgott; ein weiteres Zeichen dafür, daß es den Frommen jener Zeit nicht so sehr um diesen oder jenen Gott, sondern um das Göttliche in der Welt ging.

Sippengötter: Schließlich gab es eine dritte Art von Göttern. Ihre Verehrung hat man bei den *Nabatäern* nachgewiesen. Die Nabatäer waren ein semitisch sprechendes Nomadenvolk, das im zweiten und dritten Jahrhundert vor Christus in kleinen Gruppen unter der seßhaften Bevölkerung Transjordaniens und Syriens lebte. Später wurden sie selber seßhaft und machten sich einen Namen als unternehmende Kaufleute und geschickte Agrartechniker. Daß wir von ihnen aber schon hören, als sie noch unstet von Ort zu Ort zogen, liegt an einem Glücksfall der Geschichte: Sie lebten in einer außerordentlich schreibfreudigen Zeit. So sind uns von ihnen, im Unterschied zu fast allen anderen Nomaden der Alten Welt, zahlreiche Inschriften erhalten, die auch über ihre Gottesverehrung Aufschluß geben. Von den

Vätern Abraham, Isaak und Jakob sind die Nabatäer zwar durch ein bis anderthalb Jahrtausende getrennt, doch waren sie ihnen nach Herkunft, Sprache und Lebensweise nahe verwandt.

Manche der nabatäischen Sippenverbände nun — das erweist sich aus den Inschriften ihrer Heiligtümer — verehrten außer den Hochgöttern eine ihnen je eigene Gottheit. Diese Gottheit war nicht an einen Ort, sondern an eine bestimmte Gruppe gebunden. Sie war den Ihren immer nahe, schützte sie in Gefahren, leitete sie auf guten Wegen, sorgte dafür, daß die Sippe nicht ausstarb. Für den engen Kreis ihrer Verehrer war sie also ein Universalgott, der für alle Lebensbereiche zuständig war.

Auch diese Götter erkennt man an ihrem Namen. Sie werden als *Elohim* („Gottheit") bezeichnet; das hebräische Wort ist verwandt mit dem arabischen *Allah*. Die sehr allgemeine Bezeichnung wird spezifiziert durch einen zugefügten Eigennamen; nicht den Namen eines Ortes, wie bei den *El*-Göttern, sondern den einer Person: Gottheit des NN. Die genannte Person war in den uns bekannten Fällen wohl immer eine historische Persönlichkeit — eben der Mann, der mit der Verehrung des Gottes begonnen hatte. Vermutlich hat er sich auf eine Erscheinung der Gottheit berufen, als er ihre Verehrung einführte, und gewiß war er nicht irgendwer, sondern ein einflußreicher Mann, am ehesten das Sippenhaupt selbst, der *Vater* des Sippenverbandes.

Die Ähnlichkeit der Nabatäer-*Elohim* mit dem Gott Abrahams, Isaaks und Jakobs fällt in die Augen. Hier wie dort handelt es sich um den Gott einer kleinen, wandernden Gruppe, die sich ihren Weg zwischen den Ansiedlungen der Seßhaften sucht. In beiden Fällen ist die Gottheit in erster Linie zuständig für diese Gruppe; sie sorgt für sie, führt sie auf ihren Wegen durch Länder und Jahrhunderte. Schließlich ist sogar die Benennung formal dieselbe: der Gott des NN — wobei die genannte Persönlichkeit — in der biblischen Überlieferung allerdings nur noch bei Abraham deutlich — der Stifter dieser „Religion" ist.

Die Offenbarung des einen Gottes

Zur Freude vieler Bibelleser wird die Geschichtlichkeit des Abraham durch diesen Vergleich so gut wie erwiesen; zu ihrem Schrecken aber — und der Schreck zerstört die Freude — scheint Abraham dabei alle Einzigartigkeit zu verlieren: Der Glaube des Abraham war der in seiner Umwelt übliche. Er hatte viele Genossen im Glauben; in der Zeit nach ihm sicher, in der Zeit vor ihm höchstwahrscheinlich. Was bleibt da an *Offenbarung*?

Versuchen wir, dieser Erkenntnis ins Auge zu sehen. Der Glaube Abrahams war ganz und gar nicht einzigartig. Aber was folgt daraus? Daß er nicht auf Offenbarung zurückgeht, sondern auf Menschen? Doch nur unter der Voraussetzung, daß der Glaube der anderen, die ähnlich glaubten wie Abraham, nicht auf Offenbarung zurückging. Eben diese Voraussetzung aber ist zu prüfen.

Wir hätten uns zu Beginn dieses Abschnittes auch anders ausdrücken können. Anstatt von verschiedenen Göttern und gar von verschiedenen Götterarten zu sprechen, hätten wir von verschiedenen Gotteserfahrungen und natürlich auch von verschiedenen Arten der Gotteserfahrung sprechen können. Wenn man annimmt — und diese Annahme hat eine gute und sehr alte Tradition in der kirchlichen Theologie —, daß Gott sich nicht nur dem Volk der Bibel, sondern im Laufe der Geschichte den Menschen vieler Völker auf viele Weise offenbart habe, dann hat unsere Erkenntnis wenig Erschreckendes an sich. Auch der Glaube der Heiden, der Assyrer, der Nabatäer, der Leute von Sichem geht auf Gotteserfahrung zurück, und ihre Gotteserfahrung auf Gottes Offenbarung. Die Gotteserfahrung der Heiden mag uns dunkel vorkommen, in ihrer Vielfältigkeit verwirrend, ja widersprüchlich. Das drückt sich aus in den vielen, einander oft entgegengesetzten Gottesbezeichnungen. Aber ist das nicht in gewisser Weise unvermeidbar? Wer könnte denn Gott in eine einsichtige Formel bannen, von ihm ohne Dunkelheit sprechen?

Nehmen wir also ruhig an, daß neben Abraham viele andere, vor und nach ihm, Gott auf seine Weise erfahren haben: nicht als fordernden Herrn, als rätselhafte, unberechenbare Macht, die schlägt und heilt, tötet und lebendig macht; sondern als vertrauten Freund der Seinen, als treuen Begleiter in den Wechselfällen des Lebens, als klugen Führer auf den vielen Wegen dieser Welt; als einen Gott, den man nicht aufzusuchen braucht, zu dem man nicht schreien muß, sondern der den Seinen jederzeit nahe ist, aufmerksam und freundlich.

Wäre durch eine solche Annahme die Gültigkeit dessen, was Abraham erfahren hat, wirklich geschmälert? Kaum. Im Gegenteil: viele Zeugen erhärten eher die Aussage. Wohl aber bleibt das Bedenken gegen die *Einzigartigkeit* des Abraham — aber wiederum nur unter der Voraussetzung, daß Abraham nur dann einzigartig war, wenn durch ihn etwas unerhört Neues in die Welt gekommen ist: ein Funke göttlicher Wahrheit in das Dunkel menschlicher Unwissenheit. Einen solch schroffen Gegensatz nicht nur zwischen dem Glauben des Abraham und dem seiner Umwelt, sondern zwischen der biblischen und anderen Religionen überhaupt aber kann nur sehen, wer seinen Blick freiwillig begrenzt und über den Rand seiner Bibel nicht hinwegschaut. Dem unbefangenen Betrachter zeigt sich, auf wie vielfältige Weise die Religion der Bibel mit den Religionen ihrer Umwelt verbunden ist, wieviel sie ihnen verdankt und wie sie oft nur die besondere Ausprägung einer viel allgemeineren religiösen Erfahrung ist.

Aber uns zwingt niemand, Einzigartigkeit in solch überzogenem Sinn zu verstehen. Ein einzigartiger Mensch ist ja nicht jemand, in dem allein zu finden wäre, was es sonst nirgendwo auch nur andeutungsweise gäbe; sondern jemand, der in besonderer Weise verkörpert, was viele andere im Ansatz besitzen. In diesem Sinn mag Abraham durchaus einzigartig gewesen sein, insofern er die Erfahrung, die er mit anderen teilte, dennoch tiefer erspürte, klarer erfaßte und unwiderstehlicher verkündete. Oder, andersherum gesagt: Gott hat sich dem Abraham klarer, tiefer und unwiderstehlicher offenbart als den vielen anderen, die ihm sonst so ähnlich waren.

Doch ist das nicht nur eine Ausrede? Was *wissen* wir denn von der Glaubenskraft des Abraham? Und erst recht: was wissen wir von der Glaubenskraft jener anderen, die wir so forsch aburteilen?

Wenig, das ist wahr. Der zeitliche Abstand ist zu groß. Aber eben derselbe zeitliche Abstand befähigt uns zu einer anderen, unzweifelhaften Feststellung: Vom Glauben jener frommen Nabatäerscheiche wüßten wir nichts, hätten nicht ein paar geborstene Tafeln, im Sand vergraben, ein paar kluge Entzifferer und Deuter gefunden. Seitdem nun führt er ein blasses Leben in wenigen, kaum zugänglichen

Büchern, und nur ein paar Experten wissen von ihm. Der Glaube des Abraham aber ist bis heute lebendig geblieben. Er lebt in vielen Menschen — sie müssen nicht einmal mehr seinen Namen kennen. Sie haben seinen Glauben als Erbe übernommen.

Denn es gibt nicht nur eine Vererbung leiblicher Merkmale. Ebenso erbt man Erfahrungen und Einsichten. Niemand beispielsweise lernt Toleranz als Wert achten, wenn ihm nicht diese Haltung als Wert vorgelebt und vermittelt wurde. Kluge und moralisch hochstehende Menschen des Mittelalters sind nie auf den Gedanken gekommen, man dürfe, ja, müsse einen Menschen gewähren lassen, der eine fremde Glaubensüberzeugung habe. Sie konnten nicht auf den Gedanken kommen, weil Toleranz damals nicht zu den Gütern der Überlieferung gehörte; ihr Erbe legte ihnen Glaubenseifer und unbedingtes Eintreten für die Wahrheit — und die ist immer, was man für sie hält — nahe. Heute redet jedermann von Toleranz, ohne große Überlegung und Bemühung. Toleranz (oder wenigstens das Reden über sie) ist ihm als Erbe zugefallen, auch ohne daß er je die Namen ihrer großen Vorkämpfer gehört hätte. So sind wir, was wir sind, und denken, was wir denken, nur deswegen, weil andere vor uns so waren und dachten.

Zu denen, deren Denken unser Denken prägt, gehören nicht die alten Nabatäer; wohl gehört Abraham zu ihnen. Wo immer, im Bereich des Judentums, des Islams oder des Christentums, Gott nicht nur begriffen wird als souveräner Herr, als unbegreifliches Geheimnis, als alles durchwaltende Kraft, sondern als Freund und Gefährte auf dem Weg, da steht man in der Tradition des Abraham. Von ihm her, nicht von den Nabatäerpatriarchen ist diese Erfahrung in den Glauben dreier großer Religionen geflossen, und nur weil wir Abraham kannten, sind wir überhaupt auf die frommen Nabatäer aufmerksam geworden.

Wir dürften auch kaum sagen: Dann hätten wir die Vorstellung von Gott als Gefährten von anderen gelernt. Man kann seine Väter nicht aussuchen. Man kann nicht sagen: Ein anderer könnte ebenso gut mein Vater gewesen sein. Wenn wir andere Väter hätten, wären wir nicht, wer wir sind.

Und das ist nun wirklich einzigartig an Abraham: Er allein ist unter den vielen frommen Nomaden Vater einer gewaltigen Menge geworden, die glaubt wie er, oder doch in ihrem Glauben geprägt ist durch seinen Glauben.

Eine solche Argumentation ist keine nachträgliche Rechtfertigung, die mit den Zufälligkeiten der geschichtlichen Entwicklung jongliert. Jedes geschichtliche Wesen kann nur begriffen und beurteilt werden, wenn man seine Geschichte kennt. Das Wunderkind, das während der Geburt stirbt, *ist* etwas anderes als das Genie, das ein Jahrhundert prägt. Gewiß waren es „Zufälligkeiten“, die jenes frühzeitig sterben, dieses überleben ließen. Doch Zufälligkeiten, die Wirklichkeit wurden und Geschichte machten, behaupten gegenüber nur gedachten Notwendigkeiten ihren uneinholbaren Vorrang: den Vorrang, den das Sein vor dem Nichtsein hat; und sie haben, weil sie „zufällig“ zustande kamen, keinen Deut weniger Wirklichkeit als Ereignisse, die sich „notwendig“ ergaben. So können wir mit Recht sagen: Die Geschichte hat die Einzigkeit des Abraham und seines Glaubens offenbart.

Aber damit ist das Thema noch nicht erschöpft. Noch in anderer Hinsicht waren jene Gruppen, die den Gott Abrahams, den Gott Isaaks und den Gott Jakobs verehrten, einzigartig. Irgendwann um die Mitte des zweiten vorchristlichen Jahrtausends — die genaue zeitliche Festlegung bereitet die größten Schwierigkeiten — zogen sie durch Palästina ganz ähnlich wie die Nabatäer anderthalbtausend Jahre später, fast im gleichen Gebiet, ganz ähnlich vermutlich wie aramäische Sippen und viele unbekannte Gruppen gleichzeitig mit ihnen und vor ihnen. Doch in einem entscheidenden Punkt verhielten sie sich — und, soweit wir wissen, nur sie — sehr verschieden.

Der Alte Orient war religiös duldsam. Man ehrte alle Götter, mit deren Verehrern man in Berührung kam. Als der Perserkönig Kyros die alte Stadt Babel eroberte, machte er wie selbstverständlich seine Reverenz vor Marduk, dem Gott der Besiegten. Manchmal war Angst die Ursache dieser religiösen Toleranz: der nicht gebührend beachtete Gott könnte zürnen und Unglück bringen. Öfter wohl war es Frömmigkeit, die freundlich die Gotteserfahrung anderer anerkannte, indem sie deren Gottesnamen und Riten übernahm. Je mehr die Völker sich kennenlernten, desto mehr Götter kannte und verehrte man.

So haben es auch die wandernden Nabatäergruppen gehalten. Selbstverständlich erwiesen sie den Hochgöttern ihre Verehrung, und wenn sie am Heiligtum eines *El* vorbeikamen, brachten sie ihm ein Opfer dar. Trafen sie schließlich auf eine verwandte Gruppe, so grüßten sie auch deren Gott. Denn so hat es die ganze Alte Welt gehalten: Sie hat die Götter *zusammengezählt.* Nur wenn die Vielfalt zu verwirrend wurde, hat sie versucht, in ähnlichen Gotteserscheinungen die gleiche Gottheit zu sehen — Astarte, Aphrodite und Venus zum Beispiel als die eine große Göttin der Liebe und des Geschlechts zu begreifen.

Die Leute des Abraham, Isaak und Jakob dagegen verhielten sich umgekehrt. Es ist nicht leicht, die Geschichte ihres Glaubens im einzelnen zu rekonstruieren. Aber die Richtung, die diese Geschichte genommen hat, ist klar; die Vätergeschichten sind, so wie sie uns vorliegen, ihr Ergebnis.

Da waren also die Leute des Jakob, die dem Gott (*„elohim"*) ihres Vaters Jakob anhingen. Sie kamen auf der Wanderung vorbei am Heiligtum zu Sichem, an dem seit alter Zeit *El-berit,* der „Bundesgott", verehrt wurde. Die Leute des Jakob protestierten keineswegs gegen dessen Verehrung; sie schlossen sich ihr an. Bis dahin handelten sie, wie jedermann damals gehandelt hätte. Aber dann verhielten sie sich entscheidend anders. Sie verehrten *El-berit* von Sichem nicht als einen fremden Gott, den sie gerade erst kennengelernt hatten. Sie erkannten unter dem fremden Namen den Gott ihres Vaters Jakob wieder: Der *El* von Sichem war für sie niemand anders als der *Elohim* Jakobs. Ähnlich verhielten sie sich am Heiligtum des *El* von Bet-El, und vielleicht an manchem anderen, dessen Namen wir nicht mehr kennen. Irgendwann stießen sie auf eine andere wandernde Sippe, die sich nach ihrem Vater Abraham nannte und den „Gott des Abraham" verehrte. Auch die Leute des Abraham hatten die Neigung, in den verschiedenen *Elim* immer nur den einen, ihren Gott zu erkennen und etwa im uralten Heiligtum von Mamre bei Hebron (siehe S. 75) den Gott des Abraham anzurufen. Die Leute Jakobs und die Leute Abrahams schlossen Freundschaft und erkannten je im Gott der anderen ihren eigenen Gott wieder; aus dem Gott Jakobs und dem Gott Abrahams wurde der Gott Abrahams und Jakobs, und später der Gott Abrahams, Isaaks und Jakobs.

Es ist heute unmöglich zu sagen, auf welche Weise sich dabei ihr Gottesbild änderte. Jedes Heiligtum und jede Gruppe hatten nicht nur einen eigenen Gottesnamen; mit jedem Namen waren Gebete, Riten und Erzählungen verbunden, die dem verehrten Gott eine ge-

wisse Individualität verliehen. Jede Identifizierung war zugleich Aussonderung und Anreicherung. Gewisse Riten und Geschichten — vor allem der anderen Vätergötter — wurden übernommen, andere — zumal mancher kanaanitischer Ortsgötter — nicht. Die Gotteserfahrung der anderen sah man im Lichte der eigenen; gleichwohl erweiterte sie die eigene. So hielt man am Alten fest und lernte doch neu dazu.
Um gerecht zu bleiben, muß gesagt werden, daß es zu diesem Vorgang Parallelen in der Alten Welt gibt. Wir kennen manchen Versuch, die Vielfalt der Götter auf eine Gottheit zurückzuführen oder wenigstens die Einheit des Göttlichen in einem „Höchsten Gott" zu symbolisieren. Berühmt geworden ist die Reform des Pharao Amenem-ope (Amenophis) IV., der sich Echnaton nannte und sich für die alleinige Verehrung eines in der Sonne (*Re* oder *Aton*) sich offenbarenden gütigen und gerechten Gott einsetzte. Aber das geschah in den Brennpunkten einer schon damals jahrtausendealten Kultur, in der verfeinerten Lebensart der Höfe und Tempelschulen. Die Auswirkungen auf die Praxis der großen Menge waren gering. Die mit Nachdruck und Staatsgewalt durchgeführte Reform des Echnaton überdauerte nicht seinen Tod. Andere Spekulationen blieben von Anfang an im Akademischen und Unverbindlichen.

In unserem Fall aber haben wir einfache, ja, primitive Menschen, die mit unbeirrbarer Sicherheit und nachhaltigem Erfolg die Vielfalt der Gotteserfahrungen auf einen Ursprung zurückführten und damit eine Geschichte begannen, die bis heute noch nicht abgeschlossen ist. Das ist wirklich etwas Einzigartiges in der Geschichte der Religionen.

Dabei kann man allerdings noch nicht von „Monotheismus" sprechen. Der Glaube der Väter hat nicht mit der Erkenntnis begonnen, daß es nur einen einzigen Gott gibt. In dieser gedanklichen Klarheit ist der Monotheismus in Israel vor dem achten Jahrhundert ohnehin nicht nachweisbar. Man wird eher annehmen müssen, daß die Väter die Existenz anderer Götter durchaus nicht bestritten hätten. Von den polytheistischen Heiden unterschieden sie sich dennoch deutlich.

Für sie kam allein die Verehrung *ihres* Gottes in Betracht: die anderen Götter brauchte man nicht, und man kümmerte sich nicht um sie. Nur wenn durch besondere Umstände ihrer Wanderungen sich ihnen die Verehrung eines anderen Gottes aufdrängte, erblickten sie in ihm eben den gleichen, der immer schon bei ihnen gewesen war.

Natürlich konnte auf diese Weise allein ein theoretischer Monotheismus nicht entstehen. Man hätte ja von Wallfahrtsort zu Wallfahrtsort pilgern, an jedem heidnischen Fest teilnehmen und sich allen anderen Gotteserfahrungen stellen müssen. Dazu hatten diese Wanderer weder Zeit noch Anlaß. Als aber ihre Nachkommen seßhaft wurden und in Städten wohnten, konnten sie sich auf bestimmte Tätigkeiten spezialisieren, und das gestattete einigen von ihnen, Priestern und Hofbeamten, viele fremde Überlieferungen zu sammeln und zu überdenken. Das führte sie dann zur Einsicht, es könne überhaupt nur einen einzigen Gott geben. Der Väterglaube war zwar noch kein Monotheismus, aber er mußte sich, sobald er Gegenstand der Reflexion wurde, mit einer gewissen Notwendigkeit zum theoretischen Monotheismus ausprägen.

Der Väterglaube und die Verehrung Jahwes

Eine schwere Probe hatte der Väterglaube noch zu bestehen. Zwar war das erst nach der Zeit der Väter. Dennoch müssen wir darauf eingehen, weil der jetzige Zustand der Erzählungen die Überwindung jener Krise schon voraussetzt.

Als um 1200 vor Christus Josua auf dem Landtag von Sichem den Bund der zwölf Stämme gründete (Jos 24), geschah das unter der Vormacht des Josefstammes, dem Josua selbst angehörte. Dieser Stamm verehrte einen Gott, der von Anfang an Ausschließlichkeit beanspruchte und keinen anderen Gott neben sich duldete: den eifernden *Jahwe*. Auch dieser Glaube war noch nicht das, was wir Monotheismus nennen würden. Die *Existenz* anderer Götter wurde nicht bezweifelt; aber auf ihre *Verehrung* stand der Tod. Der Jahweglaube war wesentlich kämpferisch. Kein Wunder, daß auch der Josefstamm sehr kriegerisch war. Er verlangte von den anderen Stämmen, daß sie sich seinem Glauben anschlössen; auch von den Gruppen, die bis dahin den „Gott der Väter" verehrt hatten.

Wenn man sich vor Augen hält, was damals ein Name bedeutete, kann man ermessen, mit welch eifernder Ausschließlichkeit Josua darauf bestand, daß künftig nur noch der Name *Jahwe* anzurufen sei. Hätte er sich durchgesetzt, hätte das die Ausmerzung aller anderen

Überlieferungen bedeutet, auch der Vätertraditionen — denn diese benutzten ja andere Gottesnamen.
Es ist nicht soweit gekommen, obschon es das Programm des Josua selbst in der Form, in der es heute noch in der Bibel steht, so fordert (Jos 24,14—15.23). Die einigende Kraft des Väterglaubens hat sich durchgesetzt gegen die ausschließende Heftigkeit des Jahweglaubens. In Jahwe erkannten die Abrahamleute den Gott ihres Vaters wieder, und ohne ihre Traditionen aufzugeben, übernahmen sie die Erfahrungen und die Geschichte der Josefstämme. Der Josefstamm mußte sich schicken, Jahwe auch als den Gott Abrahams, Isaaks und Jakobs zu bekennen: Das ist dann biblische Tradition geworden.
Diese doppelte Herkunft des Glaubens an den einen Gott ist in der späteren Entwicklung immer gegenwärtig geblieben: auf der einen Seite eifernde Ausschließlichkeit für den Einen, verbunden mit kämpferischer Haltung, auf der anderen freundliches Wiedererkennen des Gleichen in immer neuen Begegnungen. Beide Traditionen bereicherten und belasteten den biblischen Glauben. Die leidenschaftliche Entschiedenheit der Jahweverehrer führte nicht selten zu Intoleranz und unmenschlicher Härte; die Bereitschaft, auf vielen, auch ungewohnten Wegen Gott zu erfahren, ließ sich in manchen Fällen zu sehr in dunkle und bedenkliche Weisen der Religiosität ein. Die ganze Geschichte des Alten Testaments spielt sich zwischen diesen beiden Polen ab; ihr Weg verläuft nicht schnurgerade, er windet sich eher seinem Ziel zu. Nicht immer wurden die Gefahren des Weges sicher gemieden.
Eben dieser Weg hat bis in unsere Zeit geführt und ist unser Weg geworden. Nur Blindheit könnte leugnen, daß auch nach der alttestamentlichen Zeit, ja bis in unsere Tage der Glaube den schmalen Grat zwischen beiden Abgründen nicht immer genau eingehalten hat, daß er mehr als einmal in Gefahr geriet, sich in Neuem zu vergessen und aufzugeben, manchmal mehr in die entgegengesetzte Gefahr, engstirnig und eigensinnig sich in die eigene Tradition einzukapseln.

Die Geschichte und ihre Überlieferung

Aus dem bisher Gesagten ist deutlich geworden, daß die biblischen Erzählungen, in denen uns uralte Traditionen erhalten sind, das Ergebnis einer längeren Geschichte sind.

Die ersten, die einigermaßen greifbar aus dem Dunkel der Geschichte auftauchen, sind jene wandernden Sippenverbände, die jeweils den Gott ihres *Vaters* verehrten. Das war irgendwann um die Mitte, oder eher noch vor der Mitte des zweiten vorchristlichen Jahrtausends.
Sie beriefen sich auf einen *Vater*, eben Abraham, Isaak oder Jakob, der unter ihnen die Verehrung des nach ihm benannten Gottes eingeführt habe. An der Geschichtlichkeit jener *Väter* und Religionsstifter ist kaum zu zweifeln. Wissen wir von ihnen noch mehr, als daß es sie gegeben hat? Ja, und in zweifacher Hinsicht.
Sie haben den Glauben ihrer Anhänger geprägt. Ganz gleich, wie viele Jahrzehnte oder gar Jahrhunderte seit ihrem Tod verflossen waren, als die sich auf sie berufenden Gruppen in die Geschichte eintraten: in den Söhnen sind die Väter noch zu erkennen.
Darüber hinaus aber waren von Anfang an mit der Verehrung des Gottes nicht nur bestimmte Riten und Gebete, sondern auch Erzählungen verbunden, die auf den *Vater* zurückgingen. Uralte Gottesbezeichnungen zum Beispiel sind wie zufällig erhalten: der „Schrecken Isaaks" (andere übersetzen: der „Verwandte Isaaks": 31,42.53); der „Starke Jakobs" (49,24; vielleicht auch „Freund Abrahams": Jes 41,8). Manche Erzählungen sind sicher ebenso alt.
Jede der erwähnten Gruppen besaß einen Mittelpunkt, denn auch Nomaden haben feste Plätze, zu denen sie immer wieder hinkehren, und sei es nur, um ihre Toten zu begraben. Dem aufmerksamen Leser fällt auf, daß bei aller Unstetigkeit im Leben Abrahams die Stätte von *Mamre* (bei Hebron), in der des Isaak *Beerscheba*, in der des Jakob *Bet-El* und *Sichem* eine bevorzugte Rolle spielen. Alle diese Orte waren uralte Heiligtümer eines *El*-Gottes, den die Wandernden mit dem Gott ihres Vaters identifiziert hatten.
Vor allem dort pflegte man die alten Überlieferungen und erweiterte sie um Geschichten, die schon von den heidnischen Verehrern der *El*-Götter erzählt worden waren.
Als die drei Gruppen sich miteinander verbanden, übernahmen sie ihre jeweiligen Überlieferungen. Abraham, Isaak und Jakob wurden zu Vater, Sohn und Enkel. Unter arabischen Beduinen ist es bis in diese Zeit hinein Sitte gewesen, die „Stammväter" zweier Stämme, die sich zusammenschlossen, zueinander in ein verwandtschaftliches Verhältnis zu bringen. Entweder machte man sie zu Brüdern und gab

ihnen einen eigens dazu geschaffenen gemeinsamen Vater, oder der „Stammvater" der stärkeren Gruppe wurde zum Vater, der andere zum Sohn. Vielleicht wurden die drei Traditionskreise auch erst zusammengefaßt, als die Leute Abrahams, Isaaks und Jakobs in dem Zwölfstämmeverband Israel aufgingen. Dort kamen sie, obschon der Zahl nach gering, zu großem Einfluß. Ihre Geschichte und ihre Gotteserfahrung wurden, ebenso wie der Jahweglaube des Josefstammes, zur geistigen Grundlage des neu entstehenden Volkes.

Es begannen also zu verschiedenen Zeiten und an verschiedenen Orten Entwicklungen, die einander auf auffällige Weise glichen, von dem aber, was in der Umwelt üblich war, auf ebenso auffällige Weise verschieden waren. Mit einer gewissen inneren, wenn auch nicht weniger wunderbaren Folgerichtigkeit fanden sie zusammen und verbanden sich zu einem einzigen großen Überlieferungsstrom, dem biblischen Glauben.

Lange Zeit wurden die Vätergeschichten nur mündlich überliefert. Der erste von dem wir *Schriftliches* in der Hand haben, hat vermutlich am Hof Davids oder Salomos, also im zehnten vorchristlichen Jahrhundert, gelebt. Die Wissenschaft nennt ihn den *Jahwisten* (abgekürzt J), weil er als Gottesbezeichnung den Eigennamen *Jahwe* bevorzugt.

Natürlich erzählte man sich auch weiterhin an den Heiligtümern die Vätergeschichten, ohne in das Buch des Jahwisten zu schauen, ja, ohne es auch nur zu kennen. Man nimmt an, daß an irgendeinem Heiligtum im mittleren Palästina — Jerusalem liegt im Süden — etwa ein bis zweihundert Jahre nach dem Jahwisten ein anderer die Geschichten um Abraham, Isaak und Jakob niederschrieb, so wie er sie gehört hatte. Diesen zweiten Verfasser nennt man den *Elohisten* (abgekürzt E), weil er als Gottesnamen *Elohim* (= Gottheit) bevorzugt.

Schließlich begann etwa ein halbes Jahrtausend nach dem Jahwisten, also um 500 vor Christus, ein sehr gelehrter, an geheimnisvollen Zahlen und Stammbäumen interessierter Mann aus Jerusalem noch einmal die ganze Geschichte aufzuschreiben. Man vermutet, er sei Priester gewesen, und nennt seine Schrift deswegen *Priesterschrift* (abgekürzt P). Der jetzige Bibeltext ist aus den drei Schriften J, E und P zusammengesetzt. Dabei kommt J am häufigsten zu Wort, so daß fast seine ganze Schrift erhalten ist; aus E wurde hier und da ergänzt, während P von Anfang an sehr knapp gehalten war und schon deswegen nicht viel Raum einnimmt. Gar nicht selten merkt der aufmerksame Leser deutlich, daß die Vätergeschichten — wie die Urgeschichte — aus verschiedenen, nicht immer ganz zueinander passenden Vorlagen zusammengesetzt ist, wenn auch nicht so offensichtlich wie etwa bei der Sintflutgeschichte oder beim Durchzug durch das Schilfmeer. Wir werden an den entsprechenden Stellen darauf verweisen.

Das Leben des Abraham: 11,10—25,18

Der Stammbaum des Abraham: 11,10—32

Nichts sieht historisch zuverlässiger aus als ein Stammbaum. Was er sagt, belegt er mit Namen und Jahreszahlen. Die Frage ist nur, ob Namen und Zahlen stimmen. Wie steht es mit dem Stammbaum des Abraham?

Gegen ihn spricht nicht, daß er zur Priesterschrift gehört, die erst tausend Jahre nach Abraham verfaßt worden ist. Denn ihr gelehrter Verfasser hat manche uralte Überlieferung in seine Schrift eingearbeitet.

Bedenklicher ist dies: Der Stammbaum versucht eine Verbindung herzustellen zwischen Urgeschichte — er beginnt mit der Großen Flut — und Vätergeschichte. Da die Große Flut aber kein Ereignis der Geschichte ist, hängt der Stammbaum mit seinem Anfang in der Luft des Ungeschichtlichen.

Die Bedenken vermehren sich, wenn man die einzelnen Namen mit fachkundigen Augen liest. Nur wenige Namen kommen überhaupt als Personennamen in Frage; mindestens die Hälfte sind Städtenamen, darunter die der „Brüder" des Abraham: Nachor und Charan; andere sind Namen von Volksgruppen. Auch die Altersangaben sehen höchst konstruiert aus: Das Lebensalter der Patriarchen nimmt konstant von 600 auf 148 Jahre ab — die Welt wird kraftloser, je weiter sie sich von ihren Ursprüngen entfernt. Es gibt nur eine Ausnahme: Eber übertrifft seinen Vater und Großvater an Lebensjahren. Aber Eber ist der Stammvater der *Ebräer,* oder, wie wir sie meist nennen, der *Hebräer;* kein Wunder, daß er durch höheres Alter — und das bedeutet: höhere Würde — ausgezeichnet wird.

Schließlich braucht man nicht gerade Experte für die Alte Geschichte zu sein, um die historische Unhaltbarkeit des Stammbaums zu erkennen. Wenn wir ihm glauben, dann trennen weniger als 300 Jahre die Große Flut, in der fast die ganze Menschheit unterging, von der Geburt des Abraham. Dreihundert Jahre vor Abraham aber sind wir mitten im hellen Licht der Geschichte: Da wimmelt es von Völkern und Ereignissen, die wir mit Namen und Zahl belegen können. Für eine auch nur halb so schlimme Katastrophe ist da kein Platz.

Müssen wir also schließen, der Stammbaum sei aus der Luft gegriffen? Doch damit hätten wir über das Ziel hinausgeschossen. Richtig gelesen, gibt er wichtige historische Hinweise.

Die Ortsnamen, die in der Liste auftauchen, weisen alle in eine bestimmte Gegend: in das heutige östliche Syrien am Mittellauf des Eufrat. Dort aber wanderten, wie wir aus anderen Quellen wissen, bald nach der Mitte des zweiten vorchristlichen Jahrtausends die *Aramäer* ein, Nomaden semitischer Herkunft, die irgendwie mit den Anfängen Israels in Verbindung stehen. Ein sehr altes Gebet der Bibel nennt Jakob einen „heimatlosen Aramäer" (Dtn 26,5), und auch Abraham gehört seinem Namen wie seiner Lebensart nach am ehesten zu den Aramäern.

Ein weiterer Name verbindet Israel mit den Aramäern. Die aramäischen Gruppen waren oft nicht stark genug, um sich mit Waffengewalt den Zutritt zum besiedelten Land zu erkämpfen. So verdingten sie sich bei den Seßhaften als Dienstleute, zum Beispiel als Söldner. Leute, die freiwillig und auf Zeit in jemandes Dienste traten, nannte man damals *Hebräer;* erst viel später wurde der Name ausschließlich auf die Israeliten angewandt und so zu einem Volksnamen.

Der Stammbaum weist also tatsächlich in eine sehr alte Zeit zurück. Die Abrahamleute gehören zu den Aramäern und kamen aus dem östlichen Syrien: So etwa liest der unverschlüsselte Text.

Keines der alten Kulturvölker, von den Sumerern bis zu den Griechen, hat eine Erinnerung bewahrt an die Zeit, bevor es im eigenen Land seßhaft geworden war. Im Vergleich dazu ist der Stammbaum des Abraham eine ganz erstaunliche Leistung und beweist des alten Israels außerordentliche Begabung für Geschichte.

Doch erschöpft sich die Bedeutung des Stammbaums nicht in seinem historischen Wert. In der Priesterschrift schloß er unmittelbar an die *Völkertafel* an (Gen 10 teilweise). War dort die Welt in ihrer Weite und Fülle dargestellt, so richtet sich hier der Blick auf einen kleinen

Ausschnitt, der dennoch von größter Bedeutung werden sollte. Im Stammbaum des Abraham wird der Schritt vollzogen von den übergeschichtlichen Hintergründen allen Geschehens zu einer besonderen, einmaligen Geschichte; vom Typischen, immer Wiederkehrenden zum Einzigartigen, Unwiederholbaren. Semitenliste ohne Völkertafel, Vätergeschichte ohne Urgeschichte: Das wäre Befangenheit in die Enge der eigenen Überlieferungen. Völkertafel ohne Abrahamstammbaum, Urgeschichte ohne Vätergeschichte: Das wäre ein Sichverlieren ins Allgemeine, Zeitlose.

Wir wissen aus der späteren Geschichte, wie schwer es für Israel und auch die Kirche war, den Glauben an den Gott der ganzen Welt und den Vater aller Menschen zu verbinden mit der Auserwählung des einen Volkes und der besonderen Offenbarung an die eine Gemeinde. Es bleibt erstaunlich, wie die Priesterschrift vor zweieinhalbtausend Jahren dieses Problem erkannt und wie ausgewogen sie sich entschieden hat. Wer ihren Glauben teilt, der muß ein offenes Auge haben für alles, was es auf dieser Welt zu erfahren gibt, und muß sich doch bekennen zu einer ganz bestimmten Geschichte und ihren Überlieferungen. So verstanden ist die Semitenliste eine grundsätzliche Einführung in die biblische Religion, eine Warnung davor, Gottes Wirken auf die eigene Gruppe begrenzt zu sehen, und zugleich eine entschlossene Hinwendung zur besonderen Überlieferung von der Offenbarung Gottes in der eigenen Gemeinde.

In die priesterschriftliche Semitenliste sind einige kurze genealogische Notizen aus der viel älteren jahwistischen Schrift eingesprengt (Verse 28—30). Sie beziehen sich auf die engere Umgebung des Abraham. Abram (eine Nebenform des bekannteren *Abraham*) bedeutet: „(Gott,) mein Vater, ist erhaben"; Saraj (Nebenform zu Sara) „Fürstin" und Milka „Königin".

Nahor heiratete seine Schwester (= wohl Halbschwester). An anderen Stellen der Bibel (Gen 12,13; 20,12) finden sich Spuren einer Überlieferung, daß auch Sara die Halbschwester ihres Mannes Abraham war. Später war die eheliche Verbindung zwischen Halbgeschwistern verpönt. So wird dieser Zug aus sehr alter Zeit stammen.

Wiederum wichtiger als dieses historische Detail ist eine andere Bemerkung: Sara ist unfruchtbar. Kaum begonnen, scheint die Geschichte schon wieder zu enden: Die Reihe der Zeugungen verläuft in einer Sackgasse. Auch das ist eine grundsätzliche Bemerkung: Immer wieder scheint die Geschichte des Abraham (und der Gemeinde des Abraham) sich in Sackgassen festzulaufen, aber immer wieder führt ihr Gott sie hinaus in die Weite.

Die Berufung des Abraham: 12,1—4

Ohne Übertreibung könnte man den Bericht von der Berufung des Abraham als eine kurze Zusammenfassung des Väterglaubens bezeichnen, obschon das Wort „Glaube" darin überhaupt nicht vorkommt. Dabei spielt es keine Rolle, ob der Jahwist, dem wir diese Zeilen verdanken, Abraham als Urbild der Glaubenden darstellen *wollte,* oder ob sich sein Glaube in dieser kurzen Notiz eher absichtslos ausgedrückt hat.

Die Ahnentafel des Abraham hatte uns die wandernden Aramäergruppen gezeigt, die — wie viele andere vor und nach ihnen — seit der Mitte des zweiten vorchristlichen Jahrtausends zwischen dem Zweistromland und dem Nil hin- und herpendelten. Nun hebt, vor jenem allgemeinen Hintergrund, nach biblischem Verständnis eine einzigartige, ja göttliche Geschichte an. Sie bleibt vielfältig verflochten in die große Weltgeschichte, und man kann sie durchaus als deren Teil betrachten. Dennoch hat sie etwas unverkennbar Eigenes, das sich jedem, der nur sehen will, eröffnet, dessen eigentliches Geheimnis aber nur der erkennt, der sich in diese Geschichte hineinstellt und sich von ihr bestimmen läßt; mit anderen Worten: der den Glauben des Abraham teilt.

„Der Herr sprach zu Abraham". Viele neugierige und gequälte Fragen möchten wir an diese wenigen Worte stellen: bei welcher Gelegenheit? und auf welche Weise — durch eine Vision, eine geheimnisvolle Stimme, in einem Traum? Woran vor allem erkannte Abraham, daß es der „Herr" (übliche Übersetzung des Eigennamens *Jahwe*) war, der zu ihm sprach? An einem Wunderzeichen? An einer merkwürdigen Fügung? Unsere eigene moderne Unsicherheit, die nicht nur den Zweifel kennt, ob Gott denn nun wirklich gesprochen habe, sondern auch den anderen, schlimmeren, ob es denn überhaupt

einen Gott gibt, der sprechen könne, macht sich in solchen Fragen Luft. Aber der Text antwortet nicht.

Zweifellos hatte der Jahwist als Mensch seiner Zeit von mehr als einer Offenbarungsmöglichkeit gehört. Man erzählte damals von Visionen, Auditionen (Hören einer Stimme) und Offenbarungsträumen. Wir dürfen auch wohl annehmen, daß solche Erzählungen nicht frei erfunden waren, sondern auf Erlebnisse zurückgingen. Der Jahwist hätte also durchaus diese erste Offenbarung an Abraham näher beschreiben, bzw. ausschmücken können. Er hat (an dieser Stelle) darauf verzichtet.

Das lag einmal daran, daß in jener alten Zeit Israeliten wie Heiden fest davon überzeugt waren, daß Menschen von Gott (oder Göttern) angesprochen werden. Nur ein dünner Schleier, der leicht zerriß, trenne, so glaubten sie, die göttliche Welt von den Menschen. Zwar nicht jeder, aber doch viele konnten mit der Gottheit sprechen wie mit einem Nachbarn, entweder von Amts wegen, wie der Priester, oder aufgrund besonderer Begabung, wie die Gottesmänner. Was aber jedermann für selbstverständlich hält, darüber verliert man nicht viele Worte. Mögen wir die Alte Welt ob so großer Sicherheit belächeln oder beneiden — die Geschichte hat zwischen ihr und den meisten von uns einen unüberspringbaren Graben geöffnet: Wir haben jene Gewißheit verloren.

Die Zurückhaltung, den Offenbarungsvorgang zu schildern, hat aber im biblischen Bereich einen weiteren Grund. Es kam den biblischen Erzählern nicht darauf an, was der Mensch empfand, sondern was Gott wollte. Der Offenbarungsempfänger tritt völlig zurück hinter der Botschaft, die er weitergeben soll. Nicht der Augenblick, in dem Gott zum Menschen spricht, ist wichtig, sondern die Geschichte, die sich daraus ergibt.

Das führt zum Text zurück. Die Gottheit spricht, und der Mensch hört. Welche geheimen Wunder wird der unwissende Mensch vom allwissenden Gott erfahren? In einer späteren Zeit des Judentums — 200 vor bis 100 nach Christi Geburt — ist eine ganze Offenbarungsliteratur entstanden, die *Apokalyptik* (von griechisch: *apokálypsis,* „Enthüllung"). Sie erhob den Anspruch, dem Menschen die Geheimnisse der Schöpfung zu enthüllen: die Bahnen der Sterne und der Winde, den Weg des Menschen durch die jenseitige Welt, die dunklen Vorgänge am Anfang und am Ende der Geschichte. Offenbarung war dort Wissensmitteilung, die dem Menschen zeigt, wie die Welt wirklich ist, was sie „im Innersten zusammenhält".

Hier hören wir davon nichts. Gott verrät dem Abraham keine Geheimnisse. Er gibt ihm eine *Weisung*, er soll etwas *tun*, sich auf einen *Weg* begeben. Aus der göttlichen Offenbarung resultiert nicht Erkenntnis, sondern Geschehen, Geschichte. — Welcher Art ist die Weisung?

Zunächst klingt sie negativ: „Zieh weg!". Abraham war Kleinviehhirt, er hatte Ziegen und Schafe. Weit entfernt von der Beweglichkeit der späteren Kamelnomaden, war er dennoch nicht an einen bestimmten Ort gebunden. Im Gegenteil: er mußte beständig Ausschau halten nach Gebieten, in die er seine Herden treiben konnte, in denen es genug Wasser und Weide und außerdem friedliche Nachbarn gab. Eine Wanderung vom mittleren Eufrat an den Jordan lag durchaus in seinen Möglichkeiten und Erwartungen.

Ganz und gar unerwartet jedoch war für ihn das Wandern aus dem „Vaterhaus". Das Wort „Haus" hat in der Bibel eine weitere Bedeutung als bei uns. Das „Haus" des David war nicht sein Palast, sondern seine Familie; so war das „Haus" des Abraham nicht das Zelt seines Vaters, sondern seine Sippe. Die Sippe war damals die einzige Macht der Wandernden. Jeder konnte einen Hirten überfallen, jede Stadt ihm seine Herden wegnehmen, wenn nicht eine Sippe hinter ihm stand. Nur darum schlug niemand den einsamen Hirten tot, weil man wußte, daß die ganze Sippe den Mörder jagen würde. Die Sippe vertrat Gericht, Polizei und Staat in der Welt der Wandernden.

Diese seine einzige Sicherheit soll Abraham aufgeben. Er soll sich auf einen Weg begeben, auf dem er schutzlos der Übermacht räubernder Horden und habgieriger Stadtkönige ausgeliefert wäre. Und wohin? In ein Land, das er nicht einmal kennt.

Bis hierhin sind die Worte des Gottesspruchs an Abraham eine unerhörte Zumutung, selbst für einen Wanderhirten, der gewohnt ist, für seine Freiheit mit Unsicherheit zu zahlen. Nun aber gewinnen sie einen anderen Klang: Sie werden zur Verheißung.

Genauerhin betrachtet, versprechen sie zweierlei:

„Ich will alle segnen, die dich segnen; wer dich verwünscht, den will ich verfluchen". Das ist eine Abwandlung der uralten Solidaritätsformel, durch die Blutsbrüderschaft begründet wurde: Dein Blut ist mein Blut, deine Feinde sind meine Feinde, und deine Freunde meine Freunde. Durch diese Formel macht der Blutsbruder die Sache seines Bruders zur eigenen. Die beiden werden handeln, als wären sie ein einziger.

Gott bietet damit dem Abraham eine neue Sicherheit: Er selbst übernimmt den Schutz, den sonst die Sippe gewährt. Man könnte sagen: Abraham wird zur Familie Gottes gehören. Zwar nennt das Alte Testament Gott fast nie „Vater", wie Jesus es die Seinen gelehrt hat. Das hat viele Gründe, die zu erörtern hier zu weit führen würde. Aber wenn auch das Wort fehlt, so fehlt die gemeinte Wirklichkeit keineswegs. Wir treffen auf sie gleich zu Beginn der biblischen Glaubensgeschichte: Gott ist der Gefährte des Menschen auf dem Weg seines Lebens.

Die zweite Verheißung liegt in den Worten: „Ein Segen sollst du sein!". Auch der letzte Satz bedeutet wohl das gleiche. Seine Übersetzung ist umstritten. Der Einheitstext liest: „Durch dich sollen alle Geschlechter der Erde Segen erlangen". Ebensogut, sogar ein wenig wörtlicher, könnte man lesen: „Mit dir sollen sich alle Geschlechter der Erde segnen!". Das bezieht sich auf eine alte Segensformel: Du mögest sein wie NN! In einem solchen Segen ist der genannte Name immer sprichwörtlich für eine glückliche Eigenschaft. Etwa: mögest du weise sein wie Daniel! Oder: mögest du siegen wie David!

So werden sich einmal die Menschen segnen mit dem Namen des Abraham. Das setzt voraus, daß Abraham bei ihnen als Gesegneter gelten wird. Sein Leben wird sprichwörtlich glücklich sein. Abraham soll auf dem Weg, den Gott ihn weist, sein Glück finden, ein überwältigendes, alle Grenzen des Gewöhnlichen sprengendes Glück.

Abrahams Glück ist aber nicht das stille Glück eines erfüllten Lebens; es ist das Glück, eine große Geschichte zu beginnen, der Vater vieler zu werden. Wenn wir verallgemeinern: dem Abraham wird eine große Zukunft verheißen (später würde man sagen: das Heil). Doch ist die Zukunft des Abraham eine Zukunft in der Geschichte, nicht jenseits von ihr.

Darin also besteht die Weisung, die Gott dem Abraham gibt: Er soll sich lösen aus aller gewohnten Sicherheit, sich auf einen neuen Weg begeben, um dort seine Zukunft zu finden.

„Da zog Abraham weg." In diesem Zusammenhang spricht man oft vom vorbildlichen „Glaubens*gehorsam*" des Abraham: Gott redet, Abraham gehorcht; die knappen Worte unterstreichen die Bedingungslosigkeit des Gehorsams. Uns scheint, daß „Gehorsam" die Haltung des Abraham nicht ganz glücklich wiedergibt.

Gott hatte dem Abraham einen Weg gewiesen, auf dem er sein Glück finden sollte. Abraham geht darauf ein; er verläßt sich auf das Wort und vertraut sich der Führung des großen Weggefährten an. Eben darin besteht das Wesen des *Väterglaubens:* Gott zum Gefährten zu haben, durch ihn sich den Lebensweg bestimmen zu lassen, ihn nahe zu wissen und von ihm zum Heil geführt zu werden. Das ist viel mehr als *Gehorsam;* es ist wagendes Vertrauen und feste Zuversicht, Treue und Freundschaft.

Doch wie erfährt Abraham, daß sein Vertrauen berechtigt, daß sein Glaube kein Wahn ist? Nur dadurch, daß er den Weg geht, den Gott ihm gewiesen hat. Wie anders als auf dem Weg sollte man das Ziel des Weges erreichen? Erst am Ende des Weges wird Abraham wissen, ob das Angebot ernsthaft, ob der Glaube gerechtfertigt war.

Ist damit gesagt, daß der Glaube des Abraham, solange er das Ziel noch nicht erreicht hat, nur ins Ungewisse gehen kann? Obschon wahr bleibt, daß solcher Glaube erst am Ziel völlig gerechtfertigt dasteht, macht er doch auch auf dem Weg schon seine Erfahrung. Mehr als eine Erzählung wird uns zeigen, daß der Glaube den Abraham in eine Sackgasse zu führen, daß Abraham vor dem Ende seines Weges zu stehen scheint. Aber indem er dennoch weitergeht, erlebt er, daß der verschlossene Weg sich wieder öffnet und in eine weitere Zukunft führt. Sein Glaube auf dem Weg wird gestärkt durch die Erfahrung, daß der Weg überhaupt gangbar ist. Diese Situation hat sich in der Gemeinde des Abraham oft wiederholt: Sie glaubte, sie sei am Ende — und da!, der Weg durch die Geschichte ging weiter.

Mehr noch: der Weg des Glaubens ist nicht nur möglich; auf dem Weg des Glaubens erfährt Abraham, daß sein Leben reicher wird. Nicht in einem solchen Maß, daß er daraus *beweisen* kann, daß sein Weg der beste aller möglichen Wege ist; aber doch so, daß er sich nicht benachteiligt und zurückgesetzt fühlen muß. Wäre er bei den Zelten seiner Sippe geblieben, dort in den Ebenen des Zweistromlandes — sein Leben hätte nicht größere Erfüllung finden können.

Von hier aus können wir uns nochmals der anfänglichen Frage stellen: Wie gewinnt Abraham Sicherheit, daß tatsächlich Gott zu ihm gesprochen hat, daß es Gott gibt, dem er glaubt?

Nur dadurch, daß er den Weg geht, den Gott ihm gewiesen hat. Denn nur dadurch, daß er auf das Angebot eingeht, kann er die doppelte Erfahrung machen: daß eine freundliche Macht ihn geleitet, und daß sie ihn dem Ziel näherbringt. Wäre Abraham nicht von Haran aufgebrochen, dann wäre sein Weg nicht gegangen, die Erfahrung des Weges nicht gemacht und das Ziel nie erreicht worden. Der Glaube des Abraham ergreift nicht eine Wahrheit, die, wenn auch verhüllt, schon vor dem Glauben existiert hätte; nein, sein Glaube machte die Wirklichkeit, auf die er sich erstreckt, erst möglich. Nicht tieferes und genaueres Wissen beweist solchen Glauben, sondern allein der Fortgang der Geschichte. Hätte Abraham alle Reiseprospekte und Statistiken über Palästina studiert, er hätte sich kein Quäntchen zusätzlicher Sicherheit verschaffen können. Er mußte seine Esel satteln und sich auf den Weg machen, und das Dunkel der Ungewißheit vor ihm erhellte sich nur Schritt für Schritt, indem er Schritt für Schritt weiterging.

Aber Abraham selbst *konnte* doch gar nicht an das Ziel seines Weges gelangen! Sein Ziel lag ja weit jenseits der Grenze seiner Lebenszeit. Nicht er, erst die, auf die er im Glauben hoffte, seine Nachkommen, würden seine Rechtfertigung erleben.

Spätestens hier wird es wichtig, daß diese Erzählung über Abraham nicht von Abraham stammt, sondern von den Späteren, von seiner Nachkommenschaft. Der Jahwist lebte viele Jahrhunderte nach Abraham; er wußte vom Weg des Abraham mehr, als Abraham je wissen konnte. Er *wußte,* was Abraham nur *glaubte:* Ein ganzes Volk berief sich auf Abraham; sein Name hatte die Jahrhunderte überlebt, sein Glaube hatte den Glauben vieler geprägt. Die Zukunft des Abraham, nun Vergangenheit geworden, hatte dem Glauben des Abraham Recht gegeben.

Wir leben dreitausend Jahre später als der Jahwist; wir überschauen eine noch größere Strecke des Weges, den Abraham begann. Zur Zeit des Jahwisten gab es viele Völker — Völker, die mächtiger, größer und reicher waren als das Volk, das sich auf Abraham berief. Von all diesen Völkern wissen allenfalls ein paar Spezialisten mehr als die Namen, und viele sind völlig vergessen. Was sie glaubten, steht in schwer zugänglichen Büchern, und es bedeutet selbst denen nichts, die die Bücher verfaßten. Abrahams Namen aber kennen Hunderte von Millionen, Juden, Christen und Mohammedaner; Millionen und Abermillionen bekennen ihn als den Vater ihres Glaubens und sind bereit, sich mit seinem Namen zu segnen.

Gleichmütig und unbestechlich hat die Geschichte manchen großen Anspruch, den Menschen erhoben, widerlegt; sie brauchte dazu oft nur wenige Jahre. Dreitausend Jahre und mehr haben nicht vermocht, den Glauben des Abraham zu widerlegen; im Gegenteil, sie haben ihn in auffallender Weise bestätigt. Fast möchte man von einem Beweis durch die Geschichte reden, und man dürfte es getrost, wenn nicht eben jener Glaube sich im Laufe seines Weges das Ziel immer weiter gesteckt hätte. Das Ziel des Abraham erwies sich als ein nur vorläufiges, und immer noch stehen wir am Anfang dieses Weges.

Aber wenn auch für den Christen nicht große Nachkommenschaft, sondern das Reich Gottes Ziel seines Glaubensweges ist, so lebt doch sein Glaube immer noch vom Glauben des Abraham. Auch der christliche Glaube beschränkt sich keineswegs darauf, die Geheimnisse des Lebens aufzuhellen, über die Grenzen des Sichtbaren hinauszuschauen und die letzte Zukunft vorwegzuwissen (vielleicht hat man ihm in der Vergangenheit darin zu viel zugemutet). Wie der Glaube des Abraham antwortet er auf eine zweifache Verheißung: auf dem Weg, den Gott ihm gewiesen hat, Gott als Gefährten zu haben, und auf dem Weg zum Heil zu finden. Oder, nicht für den einzelnen, sondern für die ganze Gemeinde der Glaubenden formuliert: auf dem Weg durch die Geschichte Gott zum Begleiter zu haben und am Ende dieses Weges das Reich Gottes, die verwandelte Welt, zu finden.

Der Beweis für die Zuverlässigkeit dieses Glaubens läßt sich für den Christen und seine Kirche wie für Abraham erst vom Ende des Weges führen, das jenseits dieses Lebens, bzw. jenseits der Geschichte liegt. Auch hier können den Kampf zwischen Glaube und Irrglaube, zwischen Glaube und Unglaube nicht Argumente entscheiden, sondern einzig die Zukunft.

Abrahams Wanderung nach Kanaan: 12,4b—9

Historisch ist es gut möglich, daß Abraham, bzw. die Abrahamgruppe, auf dem angegebenen Weg, von Norden nach Süden, in das Land Palästina eingewandert ist. *Sichem* liegt im mittleren Palästina, neben dem heutigen Nablus; *Bet-El* findet sich nicht weit nordöstlich von Jerusalem; der *Negeb* (oder Negew) ist das Ödland im Süden zum Sinai zu.

Doch hat der Jahwist diese Orte wohl aus einem anderen Grund genannt. Sichem und Bet-El waren alte Heiligtümer, an denen die Jakob-Gruppe ihren Gott verehrt hatte (vgl. S. 16). Indem er auch Abraham dort beten läßt, unterstreicht er, was die Glaubensgeschichte Israels bekannte: Der Gott Abrahams und der Gott Jakobs ist ein einziger Gott (vgl. S. 16). Aus dem nördlichen Negeb aber stammen die Isaakgeschichten: Der Gott Abrahams ist auch der Gott des Isaak.

Bei der Gotteserscheinung von Sichem wird die Verheißung an Abraham um ein wesentliches Element erweitert, das künftig nicht mehr fehlen wird: *die Verheißung des Landes* (vgl. 13,14—15; 15,18—21; 17,8; 26,4; 28,4.13; 35,12).

Daraus ergeben sich zwei Probleme: ein geschichtliches und ein theologisches.

Das *geschichtliche* ist dies: Aus welcher Zeit stammt die Landverheißung? Wirklich schon aus der Zeit des Abraham? Oder erst aus der Zeit, da Israel im Land seßhaft geworden war? Der Wortlaut gibt keine Antwort, denn der ist ziemlich sicher aus der späteren Zeit. Man habe später, so vermuten einige, die eigene Gegenwart als Prophetie in die Vergangenheit zurückprojiziert. Der historische Abraham habe als Nomade kaum ans Seßhaftwerden gedacht.

Uns scheint eine solche Skepsis übertrieben. Zwar haben Nomaden für Seßhafte oft nur Verachtung übrig; aber es ist keineswegs erwiesen, daß Abraham diese Verachtung geteilt hätte. Zu seiner Zeit und vorher sind viele Nomaden seßhaft geworden und haben Städte und Reiche in Besitz genommen; andere blickten mit hungrigen Augen aus der kargen Steppe auf das blühende Land der Bauern und Städter. Stammvater nicht nur einer großen Familie, sondern eines Reiches zu werden, hätte schon am natürlichen Erwartungshorizont des Abraham liegen können. Bemerkenswert wäre dann weniger, daß Abraham glaubte, sein Gott habe ihm ein Land verheißen; erstaunlich wäre vielmehr, daß seine Leute auf eine solch nachhaltige Weise dieses Ziel erreichten, daß heute noch die Tagespolitik davon abhängt.

Theologisch läßt sich die Landverheißung als alttestamentliches Gegenstück zum christlichen Dogma von der Menschwerdung begreifen. Die göttliche Offenbarung des Alten Bundes erschöpft sich nicht in allgemeinen Wahrheiten und Weisungen; sie ist nicht nur — für die Alte Welt selbstverständlich — in bestimmte Formen und Riten gekleidet; sie hat sich nicht nur an eine bestimmte Menschengruppe und eine bestimmte Tradition gebunden: Sie bezieht sich auf ein bestimmtes Land dieser Erde. Ihre Botschaft kommt aus dem Jenseits von Zeit und Raum, aber sie geht ein in Zeit und Raum und verbindet sich mit Zeit und Raum, daß sie erfahrbare geschichtliche Wirklichkeit wird. Das Wort kommt auch im Alten Testament nur zum Ziel, wenn es Fleisch wird: Volk Gottes in seinem Land, oder, christlich gesprochen: Gemeinschaft der Glaubenden hier und jetzt.

Daraus ergibt sich das Problem. Eingehen in Zeit und Raum bedeutet, sich in die Grenzen von Zeit und Raum zu fügen. Für Israel war das Land nicht nur weiter Raum, sondern auch begrenzte Enge, nicht nur Geschenk Gottes, sondern auch Fallstrick der Sünde. Es war das Land der Kanaaniter, wie der Text bedeutungsvoll sagt und damit der Verheißung einen unheilvollen Klang gibt, denn die Kanaaniter galten als Unzüchtige, Perverse, Götzendiener und Kinderschlächter. Religiöse Eiferer einer späteren Zeit betrachteten die Landnahme als einen verhängnisvollen Sündenfall; nur in der strengen Unberührtheit der Wüste, nur im Verzicht auf Acker und Haus könne die Reinheit des Glaubens wiedererlangt werden (vgl. Jer 35,6—10; auch Hos 12,10; 9,10) Diese Haltung hat sich in die Gemeinde Christi fortvererbt: überall, wo nicht Gestaltung der menschlichen Welt, sondern Flucht vor ihr gepredigt wurde.

Wenn wir die Landverheißung an Abraham ernst nehmen, haben wir in dieser Frage Stellung bezogen: Die Radikalität, allein dem Geistigen zu leben, erweist sich als Flucht vor dem Eigentlichen. Es ist leicht, im Abstrakten, in der Lehre rein und heilig zu bleiben; aber sich darin zu genügen, ist gegen den Geist der Bibel. Nicht erst heute empfindet der Glaubende schmerzlich den Zwiespalt zwischen Über-

zeitlichkeit und Zeitgemäßheit; nicht erst heute ist er versucht, diesem seinem Kreuz auszuweichen.
In den kurzen Bericht über Abrahams Wanderungen ist zusammenhanglos (vgl. S. 22) eine *Altersangabe* eingesprengt. Sie stammt aus der Priesterschrift, und wie fast alle Zahlen jener Schrift hat sie etwas Künstliches an sich (fünf mal fünf mal drei). Man hat mit Recht auf den merkwürdigen „Zufall" hingewiesen, daß die Lebensalter der drei Patriarchen Abraham, Isaak und Jakob in einer mathematischen Beziehung zueinander stehen:

Abraham:	5mal 5mal 7	=	175 Jahre	(25,7)
Isaak:	6mal 6mal 5	=	180 Jahre	(35,28)
Jakob:	7mal 7mal 3	=	147 Jahre	(47,28)

Das ist zu auffällig, um zufällig zu sein. Vermutlich haben diese Zahlen für den alten Leser eine geheimnisvolle Bedeutung gehabt. Nur haben wir den Schlüssel dazu verloren.

Die Gefährdung der Ahnfrau: 12,10—20; 20,1—18; 26,7—11 (14)

Über diese Geschichte war der fromme Bibelleser wohl nie sehr glücklich. Was soll man auch davon denken, daß der gerade von Gott gewählte Abraham nichts Eiligeres zu tun hat, als seine Frau an den König von Ägypten zu verkuppeln?
Hier mag es ausnahmsweise zum Trost gereichen, daß man berechtigte Zweifel an der Geschichtlichkeit des Vorfalls haben kann. Denn dieselbe Geschichte wird, mit kleinen Abwandlungen, noch an zwei weiteren Stellen erzählt: einmal wieder von Abraham (20) und ein andermal von Isaak (26). Daraus kann man schließen, daß die Geschichte in der alten Zeit recht beliebt war, daß aber die Personen, von denen sie erzählte, auswechselbar waren (Abraham oder Isaak; Sara oder Rebekka; Pharao oder Abimelech).
Wenn also die Geschichte vielleicht nicht auf einen geschichtlichen Vorfall im Leben des Abraham zurückgeht, so ist sie doch uralt. Der Jahwist, der sie uns erzählt, hat sie schon vorgefunden. In der ältesten

Form mag sie in den Zelten der Nomaden von Mund zu Mund gegangen sein, ein derber Schwank, der die Schönheit der Ahnfrau (und damit die Schönheit aller Frauen aus dem eigenen Stamm) feierte und entweder die List des Ahnherrn (und damit aller Männer des Stammes) oder die Macht seines Gottes (des Stammesgottes) pries. Die Schönheit der Frauen und die List der Männer sind feste Themen der alten Hirtengeschichten (vgl. dazu in der Geschichte des Jakob: 29,17; 30,25—43).

Der Jahwist hat die Erzählung übernommen, obwohl er offensichtlich nicht ganz mit ihr einverstanden war: Er hat etwas weggelassen, und die Lücke stört den jetzigen Zusammenhang deutlich. In seiner Erzählung bleibt nämlich unverständlich, *woran* der Pharao erkennt, daß ihn um Saras willen die Plagen getroffen haben. Die Parallele 20,17—18 gibt an, alle Frauen im Haus des Königs hätten nicht mehr gebären können. Das wäre natürlich für den Pharao ein etwas langwieriger Lernprozeß geworden, und Sara hätte sich dann sehr lange im ägyptischen Harem aufhalten müssen. Näher läge die delikatere Vermutung, nicht die Frauen, sondern Pharao selbst habe Zeugungsschwierigkeiten erfahren (vgl. weiter unten zu 20,17!).

Aber wie dem auch gewesen sein mag — der Jahwist hatte keine Freude an anzüglichen Späßen; er kürzte seine Vorlage, wie er es in ähnlichen Fällen öfter tat, bis zur Unkenntlichkeit und drückte damit, bis heute erkennbar, sein Mißfallen aus.

Warum übernahm er die Erzählung dennoch? Zwei Gründe, die sich nicht ausschließen, können wir nennen.

Einmal fühlte er sich als Diener, nicht als Herr der Überlieferung. Er wagte nicht, eine bekannte Geschichte von Abraham einfach auszulassen. Diese Treue gegenüber der vorgegebenen Überlieferung ist bei ihm und bei anderen biblischen Schriftstellern oft von unschätzbarem Wert für den Historiker.

Dann aber glaubte er, die vorgegebene Geschichte verwerten zu können, um eine ihm wichtige Erkenntnis durch sie auszudrücken: Die Erzählung wird zum Gleichnis. Nicht was er erzählt, sondern was er im Erzählten ausdeutet, ist zum Verständnis wichtig. Und da bieten sich wiederum zwei Möglichkeiten an, die durchaus nebeneinander bestehen können.

Er sah im Aufenthalt Abrahams in Ägypten den späteren Aufenthalt

Israels in Ägypten vorgebildet; der Stammvater nimmt in seinem Leben vorweg, was das von ihm abstammende Volk später erlebt. Fast jeder Satz der noch kurzen Erzählung enthält ein Motiv, das an die spätere Tradition von der Knechtschaft in Ägypten anklingt: Der Anlaß des Zuges nach Ägypten ist eine Hungersnot (vgl. 42,1 bis 2); dort geraten die Auserwählten infolge der Lüsternheit (39,11 bis 12) und Mordlust (Ex 1,22) der Ägypter in große Gefahr; eine Frau spielt, wenn auch auf verschiedene Weise, eine verhängnisvolle Rolle (39,7—18); schließlich aber zwingt Gott durch schwere Plagen Pharao und sein Haus (Ex 9—12), die Auserwählten reich beschenkt (Ex 12,2—3.35—36) wieder ziehen zu lassen. Und vor allem: beide Male bringt ein Gemisch von Verhängnis und Verfehlung, von Halbherzigkeit und Zweideutigkeit die Auserwählten an den Rand des Untergangs; beide Male rettet sie ihr Gott dennoch und läßt ihren Weg weitergehen.

Daß aber solches schon von Abraham, dem Stammvater, erzählt wird, bedeutet, daß es sich immer wieder ereignen kann — auch nach dem zweiten Auszug aus Ägypten (vgl. S. 52). Ein Gesetz der Heilsgeschichte wird aufgezeigt: Sie geht nicht den geraden Weg zur Vollendung; sie windet sich über viele Um- und Irrwege mühsam ihrem Ziel entgegen, und die Gemeinde der Auserwählten macht dabei keineswegs immer den besten Eindruck.

Denn in der Geschichte, die uns der Jahwist erzählt, ist nichts mehr enthalten von jener derben Prahlerei mit den eigenen Vorzügen. Abraham ist weder ein Held noch ein Schlaukopf, der sich händereibend aus der Affäre zieht; und Sara gerät nicht in ein galantes Abenteuer, das sich auf elegante Weise löst: Es droht ihr der Verlust ihrer einzigartigen Stellung, Mutter der Heilsgeschichte zu sein, um statt dessen als Beischläferin eines Heiden in das Dunkel der Geschichtslosigkeit zu fallen. Es geht um die ganze große Zukunft, die dem Abraham doch zu Beginn des Kapitels erst verheißen war und die er gleich darauf auf unglaublich leichtsinnige Weise verspielt — wenn nicht Gott in seiner Treue ihm die schon verlorene Zukunft wieder zuwenden würde. Da wird aus dem Stolz Betroffenheit, und aus der fröhlichen Sicherheit, daß Gott schon helfen wird, beschämter Dank, daß er das vertane Erbe wieder ausgelöst hat, oder demütige Hoffnung, daß er die Verirrten wieder zurückholt.

Wie wir schon wissen, wird dieselbe Geschichte im Buch Genesis noch zweimal erzählt, und es ist reizvoll zu sehen, wie die anderen Erzähler versuchten, mit dem anstößigen Stoff fertig zu werden.
Die Variante von Abraham und Abimelech in Gerar (im nördlichen Grenzgebiet des Negeb, einen Tagesmarsch vom Mittelmeer entfernt) stammt in der jetzigen Form, wie allgemein angenommen wird, aus einem späteren Jahrhundert; sie wird der Quelle E (vgl. S. 21) zugewiesen. Aber auch sie enthält Spuren einer älteren Form.
Abraham, so erzählt sie, betet, nachdem alles gut verlaufen ist, für Abimelech, „und da heilte Gott den Abimelech (!), seine Frau und seine Mägde, so daß sie wieder zeugen (so wörtlich) konnten“ (V. 17). Im unmittelbaren Zusammenhang heißt das zweifellos, daß alle Frauen im Palast des Königs mit Unfruchtbarkeit geschlagen waren (vgl. V. 18). Aber das gibt keinen Sinn, denn Sara war nur eine Nacht im Palast des Königs und ist ihrem Abraham sofort am nächsten Tag wieder unversehrt zugestellt worden. Wie hätte man in diesen wenigen Stunden Unfruchtbarkeit bei allen Frauen des königlichen Hofes feststellen können? Es scheint, daß hier Anstößigeres, wenn nicht ganz ausgemerzt („Abimelech“, „zeugen“), so doch versteckt worden ist.
Die Absicht ist klar: Der Leser soll auch nicht auf den Gedanken kommen, daß Sara etwas Unziemliches zugestoßen sein könnte. Ebenso wird Abraham, wenigstens halb, entschuldigt: Sara ist tatsächlich seine Halbschwester. Der Erzähler schont die Stammeltern Israels; er macht einen Schritt zu auf die Verklärung der eigenen Vergangenheit. Er nimmt Rücksicht auf das verfeinerte Empfinden seiner Leser, aber um den Preis, daß nicht sein kann, was nicht sein darf. Darin hat er viele Nachfolger gehabt.
Ein weiterer Unterschied dieser Geschichte zu der des Jahwisten besteht darin, wie Gott in das Geschehen einwirkt: Nicht nur durch Fakten, sondern durch Erklärungen und Anweisungen; er will sich nicht nur durchsetzen, sondern verstanden werden. Auch daraus spricht eine spätere Frömmigkeit, die unter dem Einfluß der prophetischen Predigt steht: „Nichts tut Gott, der Herr, ohne daß er seinen Knechten, den Propheten, zuvor seinen Ratschluß offenbart hat“ (Am 3,7).
Entsprechend wird auch beim Menschen weniger die Tat als die Ab-

sicht bewertet; erst die böse Absicht macht die Tat zur Sünde. Mit Recht darf Abimelech sagen, daß er „mit arglosem Herzen und mit reinen Händen“ dastehe, obschon er die Frau eines anderen genommen hat. Das ist zweifellos ein Schritt zur Gesinnungsethik der Bergpredigt.

Doch beißen sich die Formulierungen zu diesem Thema deutlich und lassen ältere Vorstellungen noch erkennen. Im ersten Satz, den Gott zum König spricht, spielt nur die Tat, nicht die Absicht des Täters eine Rolle (V. 3); ebenso nimmt die Strafe der Kinderlosigkeit keine Rücksicht auf die Gutgläubigkeit des sich Verfehlenden (V. 18). — Man sollte solche Unstimmigkeiten nicht beklagen; an ihnen wird ein Stück Glaubensgeschichte deutlich. Das Gespräch, das sich von Vers 3 bis Vers 9 entwickelt, spiegelt eine Entwicklung im gläubigen Nachdenken wider, die Jahrhunderte gedauert hat. Die Religion wird psychologisiert und moralisiert, und diese Entwicklung hat ja keineswegs beim Elohisten haltgemacht. So unbestreitbar dabei der Glaube sich verfeinert, so muß man sich doch dabei auch fragen, ob seine urtümliche Unbedingtheit und Kraft ganz erhalten blieb.

Schließlich wird noch ein weiteres Stück alttestamentlicher Religionsgeschichte in unserer Erzählung deutlich. Abraham wird vom Erzähler „Prophet“ genannt (V. 7). Als Aufgabe eines Propheten erscheint hier aber nicht etwa die Vorhersage der Zukunft, noch weniger die Gerichtspredigt an das Volk, sondern die wirkmächtige Fürbitte. Abraham rückt in die Nähe der Gesundbeter. Dieses urtümliche Prophetenbild steht, wie der aufmerksame Leser leicht entdeckt, in deutlicher Spannung zu anderen Zügen der Erzählung, schon durch seine Verbindung mit der unbegründeten Strafe Gottes am König; vor allem aber durch die unvermittelte Aufwertung, die Abraham dadurch erfährt.

Denn bei aller Schonung, die der Verfasser ihm zukommen läßt, bleibt Abraham im Zwielicht. Der heidnische König steht besser da als er, der sich in fadenscheinigen Rechtfertigungen windet. Gott redet ja auch mit dem Heiden; er fährt ihn nicht nur an. Das ist wiederum ein Schritt zur Universalisierung des Glaubens, die Gott überall, wo Menschen sind, sich offenbaren sieht.

Zum drittenmal taucht die Geschichte in den Isaakerzählungen auf. Dort ist sie allerdings so verwässert, daß die Pointe verlorengegangen

ist: Man begreift gar nicht, warum ein so unbedeutender Vorfall überhaupt erzählt wird. Es geht nicht mehr um den Bestand der Familie: Jakob und Esau, die beiden Söhne, sind — jedenfalls im jetzigen Zusammenhang — längst geboren.
Geblieben ist allein die zaghafte Zweideutigkeit des Stammvaters, nun des Isaak. Geblieben ist der Name des Abimelech, der aber zum Philisterkönig geworden ist. (Die Philister sind erst viel später, zugleich mit den zwölf Stämmen, in Palästina eingewandert.) Und geblieben ist des Königs Ehrenhaftigkeit; so sticht auch hier der Heide vorteilhaft vom Auserwählten ab. „Isaak *herzt* Rebekka" ist im Hebräischen ein hübsches Wortspiel, denn Isaak heißt übersetzt „er herzt" („spielt", „scherzt").
Alle drei Geschichten lassen übrigens erkennen, wie unantastbar im Alten Orient die Frau eines anderen war. Wollte man sie haben, mußte man, brutal und moralisch, erst den Ehemann umbringen und sie so frei machen.

Abraham trennt sich von Lot: 13,1—13

Etwas umständlich läßt der Erzähler den Abraham wieder nach Norden wandern. Er hat die Geschichten, die er erzählt, ja vorgefunden, und mit vielen war ein Ortsname verbunden, den wegzulassen er sich scheute.
Unvermittelt taucht hier der Neffe Lot wieder auf, dem wir zuletzt beim Einzug in Kanaan begegnet sind. Obschon nicht gesagt wurde, daß er mit Abraham in Ägypten war, ist er wie Abraham ein reicher Mann geworden: Solche kleinen Unebenheiten legen noch Zeugnis davon ab, daß die Einzelerzählungen ursprünglich keine Rücksicht auf den größeren Zusammenhang nehmen mußten, da der größere Zusammenhang erst spät — vielleicht erst durch den Jahwisten — hergestellt worden ist.
Abraham und Lot ziehen durch das bewohnte Land. Wie noch heute die Hirten treiben sie ihre Herden über abgeerntetes Land der Einheimischen. Verständlich, daß Weideplätze und Wasserstellen nicht ausreichen.
Die folgende kleine Episode zeichnet von Abraham ein sehr sympathisches Bild. Es wäre mißverständlich, ihn einfachhin friedfertig

zu nennen. Er zeigt die Großzügigkeit eines großen Mannes, der über Kleinigkeiten nicht streiten mag; der so reich ist, daß er wirtschaftliche Nachteile gelassen in Kauf nehmen kann, wenn es darum geht, alte Freundschaften zu erhalten. Kleine Leute mögen über Kleinigkeiten streiten; sie haben es nötig. Große Herren können nachgeben.

Der tiefe Jordangraben, der bis vierhundert Meter unter die Meeresoberfläche abfällt, ist ein außerordentlich heißer und zumeist auch dürrer Landstrich. Desto üppiger sind die Oasen, deren berühmteste, Jericho, nicht allzu weit ist, wenn man von den Bergen bei Bet-El zum Jordan hinabsteigt. So wie diese Oasen denkt sich der Erzähler die ganze weite (dort etwa zwanzig Kilometer breite) Ebene des Jordan: Es war ein Paradies („Garten des Herrn").

Aber die unbescheidene Wahl des Lot war unklug. Lot hatte nicht bedacht, daß erst die Bewohner ein Land zu einem guten Land machen; daß das Schicksal auch der Landschaft der Mensch ist. Land und Bewohner bilden eine Einheit. So zieht Lot nicht in einen „Garten des Herrn", sondern in die Hölle von Sodom.

Gottes Verheißung an Abraham: 13,14—18

Abraham aber, der Gerechte, darf von den kargen Bergen in eine blühende Zukunft schauen. Nicht weit nordöstlich von Bet-El erhebt sich der höchste Berg zwischen Jerusalem und Galiläa; von seiner flachen Kuppe aus sieht man nicht nur hinunter in den Jordangraben, sondern weit hinaus über die Berge Palästinas.

Zum Inhalt der göttlichen Verheißung, die zum erstenmal zahlreiche Nachkommenschaft und Landbesitz zusammen verspricht, vergleiche Seite 29 ff und 30 f.

Nach dem Abstecher in den Norden zieht Abraham endlich in die Gegend, die ihm, dem Ruhelosen, zur Heimat wurde. Wir dürfen annehmen, daß die Abraham-Gruppe längere Zeit in der Gegend von Mamre (bei Hebron) gezeltet hat, dort später seßhaft wurde und die Erinnerung an Abraham am dortigen Heiligtum (vgl. S. 72 ff) besonders pflegte.

Der Kampf mit den Königen des Ostens: 14,1—16

Das vierzehnte Kapitel fällt ganz aus dem Rahmen der übrigen Vätergeschichten. Spielen sich die erzählten Ereignisse (bis zur Josefsgeschichte ausschließlich) im engen Bereich der Sippengeschichte ab — auch die Affäre mit Pharao war privater Natur—, so treten wir hier hinaus in die Weite der Weltgeschichte. Neben den Kleinkönigen einer Koalition südpalästinensischer Nester werden vier Großkönige imperialer Mächte genannt, ein Feldzug vom westlichen Iran bis zur Nordwestecke Arabiens wird skizziert, und Abraham, der reiche, aber eher verschlagene als kriegerische Herdenbesitzer wird zu einem kühnen Heerführer von weltpolitischem Rang.
Auch weiß man bis heute nicht, woher die Geschichte stammt; aus den drei Quellenschriften J, E und P sicher nicht. Ist sie älter als diese, aus vorisraelitischer Zeit, aus kanaanitischen Archiven? Oder viel später aus alten Schriften zusammengestellt? Wer diese Frage beantworten könnte, hätte eines der großen Rätsel der alttestamentlichen Wissenschaft gelöst.
Lange hat man geglaubt, mit Hilfe von Kapitel 14 könne man berechnen, in welcher Zeit Abraham gelebt hat. Denn die große Geschichte des Alten Orients ist ja bekannt. In unserem Jahrhundert sind mehrere alte Staatsarchive wiederentdeckt worden, und die heutige Wissenschaft kennt viele politische Zusammenhänge des zweiten vorchristlichen Jahrtausends besser, als sie biblische Schriftsteller auf den Bergen im Winkel Palästina je kennen konnten. Diese waren auf Hörensagen angewiesen; der moderne Historiker kann die Staatskorrespondenzen direkt einsehen.
In der Tat kann man manche historischen Bezüge zu den Namen unseres Kapitels aufzeigen. Daß Schinar ein anderer Name für Babel war (also für den südlichen Irak), wußte man schon länger. Neu entdeckte man in den Archiven der Königsstadt Mari (am mittleren Eufrat) den Königsnamen Ariwuk (= Arjoch); man weiß wenigstens, daß der Name Kedor-Laomer gut elamitisch ist, wenn auch ein König dieses Namens über Elam — im südwestlichen Iran — (noch) nicht bekannt wurde, wohingegen Tudalja (= Tidal) Name mehrerer Könige im Reich der Hetiter (in der Zentraltürkei) war.
Aber jedes gelöste Rätsel stellte neue. Was hatte der historische König

von Mari im nordöstlichen Syrien mit der Stadt Larsam (= Ellasar) im südlichen Irak zu tun? Wie geraten die fünf kleinen Könige (Stadtkommandanten würde man sie heute allenfalls nennen) südlich des Toten Meeres ausgerechnet in den Machtbereich der weit im Osten wohnenden Elamiter? Und wieso liegt den Hetitern daran, den Elamitern bei der Unterwerfung eines Landstrichs zu helfen, der so weit entfernt liegt und für den sie sich nie interessiert haben? Das ganze Unternehmen paßt etwa so gut in die Alte Welt, wie es in unsere passen würde, wenn Luxemburg unter indische Oberherrschaft geriete, und die Inder sich das Land mit chinesischer und mexikanischer Unterstützung wieder unterwerfen wollten. Der Kenner der alten Geschichte ist ratlos, wo er einen solch unglaublichen Vorfall einordnen soll.

Eine Zeitlang hat man sich am Namen des Babyloniers *Amrafel* aufgerichtet: Sollte damit der berühmte Hammurapi von Babel gemeint sein, der etwa um 1700 vor Christus gelebt hat und dessen Gesetze wir auf einem länglichen Stein im Louvre in Paris lesen können? Doch sind die beiden Namen zu verschieden, als daß durch eine noch so schlimme Verballhornung Hammurapi hätte zu Amrafel werden können.

Der Kenner der Erdgeschichte wird überdies den Kopf schütteln, wenn ihm Vers 3 einreden will, damals habe das Tote Meer noch nicht bestanden; an seiner Stelle habe ein mit Asphaltgruben überzogenes Tal Siddim gelegen. Der Text erlaubt nicht, das Siddim-Tal nur mit dem südlichen Teil des Toten Meeres zu identifizieren, der vielleicht noch in geschichtlicher Zeit trocken gelegen hat.

Abgeschlossen wird der ganze erstaunliche Vorfall mit dem Sieg der 318 Mann des Abraham über vier Großkönige und der anschließenden Verfolgung bis ins mittlere Syrien hinauf. Das hat, in wesentlich kleinerem Maßstab, allenfalls König David auf der Höhe seiner Macht fertiggebracht.

Wir dürfen es den Bibelauslegern nicht übelnehmen, daß sie auf den Verdacht kamen, irgendein gelehrter Mann des Altertums habe aus alten Urkunden wahllos ein paar Orts- und Personennamen zusammengemischt, zusätzlich Abraham hineingebracht und aus vielen richtigen Einzelheiten eine gänzlich neue Geschichte zusammengebraut.

Doch damit wäre die Erzählung nicht erledigt. Im Gegenteil, die Fragen beginnen erst. Denn warum hat der unbekannte Verfasser auf so umständliche Weise seine Geschichte konstruiert, wo man sich doch in seiner Umwelt die hübschesten Anekdoten zu erzählen wußte? Er war bestimmt ein belesener Mann; primitive Ahnungslosigkeit dürfen wir ihm nicht vorwerfen.

Die Antwort ist für den Kenner der alten Geschichte gar nicht schwer zu finden. Auch wenn der Vorfall sich zwischen den genannten Personen nie abgespielt hat — mit anderen bekannten Namen hat er sich damals oft wiederholt. Nach dem Muster unserer Erzählung verlief die Geschichte in der Welt zwischen dem iranischen Hochland und dem Mittelmeer Jahrtausende lang.

Da gab es die Großmächte im Osten und Norden (und Süden, nämlich Ägypten, das hier nicht erwähnt wird). Zwischen ihnen, im Bereich Syriens und Palästinas, lebten viele kleine Völker. Fast immer wurden die kleinen Völker von den Großmächten beherrscht, von Assyrern, Babyloniern, Persern und Ägyptern; doch immer wieder rebellierten sie und suchten sich zu befreien. Das gelang ihnen nur in wenigen Augenblicken der Weltgeschichte, wenn aus irgendeinem Grund, mit dem sie nichts zu tun hatten, den Großmächten der Atem ausgegangen war. Meist ging es präzise so, wie unsere Geschichte erzählt: Eine Strafexpedition brachte die Aufrührer zur Räson, manchmal mit lässiger Überlegenheit, manchmal mit brutaler Gewalt.

Zu den kleinen Völkern zwischen Ost und West gehörte auch Israel. Nicht nur die Politiker, auch der einfache Mann und selbst einige Propheten beteiligten sich an der Diskussion, wie Israel sich zu verhalten habe: Sollte es sich mit den anderen kleineren Völkern verbünden und Widerstand leisten? Sollte es sich aus dem ganzen Streit heraushalten? Sollte es sich dem übermächtigen Gegner auf Gnade und Ungnade ergeben? Die Schlagworte Resistance, Neutralismus und Kollaboration sind nicht neu.

Wenn wir Kapitel 14 als einen Beitrag zu dieser Diskussion verstehen, wird sein Sinn klar:

Abraham tritt der kanaanitischen Koalition nicht bei; gegenüber dem König von Sodom zeigt er kühle Distanz. Im Klartext heißt das: Israel soll im Intrigenspiel der kleinen Königshöfe nicht mitmischen. Der große Prophet Jesaja hat gegen 734 vor Christus ausdrücklich solche Politik gefordert (Jes 7,1—9).

Wie aber, wenn befreundete Völker (Lot gilt als Stammvater der benachbarten Moabiter und Ammoniter) oder vielleicht Angehörige des eigenen Volkes (Lot gehört zur Verwandtschaft) unter die Räder der Weltgeschichte geraten? Dann zieht Abraham, der Friedliche, in den Kampf: dann soll Israel für die gerechte Sache, für die Freiheit der Gefangenen in den Krieg ziehen. Nur die Wiederherstellung des vorherigen Zustandes, den die übermächtigen Angreifer zu ihren Gunsten verändern wollten, darf Ziel des Kampfes sein; jede Bereicherung auf Kosten anderer wäre Israels unwürdig. In einem solchen gerechten Verteidigungskrieg aber wird Israel siegen, und wenn es gegen die ganze Welt kämpfen müßte.
Christliche Theologen haben das Thema in der mehr als ein Jahrtausend dauernden Diskussion um den „gerechten Krieg" wiederaufgenommen. Ihre Antwort unterschied sich selten von der ihres alttestamentlichen Vorgängers. In einer Welt der Gewalttätigkeit glaubte man ohne Gewalt nicht auskommen zu können; wenigstens dann nicht, wenn der Verzicht auf Gewalt die Vergewaltigung der Schwachen ermöglichte oder andauern ließ.
Selbst wer in der Nachfolge Jesu radikaler denkt und jede Gewalt konsequent ablehnt, wird dem Verfasser zugestehen, daß er auf dem rechten Weg war in einer Welt, die vom Lärm der Waffen dröhnte. Seiner Zeit war er weit voraus. Die strengen Bedingungen, denen er den Kampf um die gerechte Sache unterwarf, wurden, soviel wir aus der Geschichte wissen, von den Kämpfern Israels so wenig eingehalten wie später von den christlichen Königen und Fürsten. In der Zuversicht, daß, wer das Schwert ergreift, keinen Streich zu viel tut und nur der Gerechtigkeit, nicht der eigenen Sache dient, und daß die gute Sache gewiß siegen wird — in dieser Zuversicht ist unser Autor wohl ein wenig lebensfremd zu nennen. Bis heute ist sein Programm Utopie geblieben; erledigt ist es damit noch nicht.

Abraham und Melchisedek: 14,18—24

Nach dem Verfasser des Hebräerbriefes weiß niemand, woher Melchisedek stammt (Hebr 7,3); nach dem jetzigen Stand der Exegese ist es fast unmöglich zu sagen, woher die Erzählung von Melchisedek stammt. Sie trägt ihren Anteil bei zu den Rätseln, die Kapitel 14 der Wissenschaft stellt.

Die altkirchliche Theologie sah in Melchisedek ein geheimnisvolles Vorbild Christi. In seinem Opfer (Brot und Wein) erkannte eine lange, bis in unsere Zeit reichende kirchliche Tradition eine Vorwegnahme des eucharistischen Opfers. — Wir wollen uns hier auf die einigermaßen gesicherten Ergebnisse der Exegese dieser schwierigen Stelle beschränken.

Salem ist, wie in Psalm 76,3, Jerusalem; es geht also um den späteren religiösen Mittelpunkt Israels.

In Salem, so will der Text, hat es vor Zeiten einen *König* gegeben, der zugleich *Priester* war. — Daran ist vom Standpunkt des Historikers nichts auszusetzen; alle alten kanaanitischen Städte hatten „Könige", und sehr oft waren diese Könige zugleich die obersten Priester ihrer Stadt.

Dieser König, namens Melchisedek („König der Gerechtigkeit", ein gut kanaanitischer Name), verehrt, obwohl nicht zum auserwählten Geschlecht gehörig, den „höchsten Gott, Schöpfer des Himmels und der Erde". — Auch dieser Zug ist verläßlich. Es gab im kanaanitischen Götterhimmel einen „höchsten Gott, Schöpfer des Himmels und der Erde". Er war bei diesen Heiden zwar nicht der einzige Gott, aber doch der höchste, ähnlich wie Vater Zeus auf dem griechischen Olymp, und es ist wahrscheinlich, daß *El-eljon,* wie er in der Sprache Kanaans heißt, in Jerusalem besonders verehrt wurde.

Melchisedek kommt Abraham freundlich entgegen. Er identifiziert Abrahams Gott mit seinem *El-eljon,* und er erkennt in Abraham einen Schützling dieses Gottes. — Zweifellos stellt die Erzählung eine enge Beziehung zwischen Abraham und Jerusalem her.

Hier nun beginnt der historische Boden zu schwanken. Nach allem, was wir wissen, hat Jerusalem vor der Eroberung durch David um das Jahr 1000 vor Christus für Israel keine gute Rolle gespielt. Hebron, Sichem, Bet-El, Beerscheba und andere Orte kommen in den alten Erzählungen der vorköniglichen Zeit häufig vor. Jerusalem bleibt Jahrhunderte lang eine feindliche heidnische Stadt, die gegen Israel kämpft (Jos 10), und deren König wegen seiner Grausamkeit berüchtigt ist (Ri 1,7).

Stellen wir uns die Frage: Wer hatte wann ein Interesse daran, Jerusalems Vergangenheit in ein günstigeres Licht zu setzen? Die Antwort kann nicht schwerfallen. David hatte Jerusalem ohne viel Blutvergießen erobert und zu seiner Hauptstadt gemacht; die alten und vornehmeren Städte Israels hatten zurückstehen müssen. Dieses Jerusalem mußten viele Altisraeliten als einen Fremdkörper empfinden, zumal sie dort beständig mit Neuerungen konfrontiert wurden. Nie hatte man in Israel einen König gehabt — in Jerusalem gab es einen königlichen Hof mit allem Pomp, wie ihn auch die Heiden kannten. Nie hatte Israel einen Tempel gehabt — nun wurde in Jerusalem unter maßgeblicher Beteiligung kanaanitischer Handwerker und Künstler (1 Kön 5,32; 7,13—15) ein Tempel gebaut nach der Art, wie er in jeder Heidenstadt stand. Wir haben Grund anzunehmen, daß im Jerusalemer Tempel kanaanitische Priesterfamilien Dienst taten, daß alte kanaanitische Riten und Gesänge übernommen wurden (Kanaaniter und Israeliten sprachen die gleiche Sprache). Und schließlich: man mußte in Jerusalem Steuern entrichten, was man früher nie gebraucht hatte. Was sollte dieses Kuckucksei im eigenen Nest?

Als Antwort auf solcherlei gereizte Frage gedacht, sollte unsere Erzählung die Gemüter besänftigen. Sie ist eine Verteidigungsrede der Freunde Jerusalems für ihre Stadt, in Zeiten, da der Rang der Stadt als Mittelpunkt Israels oder des Judentums noch nicht unbestritten war. Warum sollte man gegen Jerusalem rebellieren, wenn schon der stolze Abraham Ehrengast der Stadt gewesen war? Wie konnte man Jerusalem den Zehnten verweigern, wenn schon Abraham seinem Priesterkönig den Zehnten entrichtet hat? Was sollte man gegen kanaanitische Psalmen wettern, wenn schon der Kanaaniter Melchi sedek den einzigen Gott Israels gekannt, verehrt und gepriesen hat?

Wir mögen heute über solch komplizierte Argumentation den Kopf schütteln und uns verdrossen fragen, was es uns angehe, ob man dem König oder dem Hohenpriester von Jerusalem vor mehr als zweitausend Jahren Steuern bezahlte. Aber damit werden wir der aufgeworfenen Frage nicht gerecht.

Jerusalem hatte aus seinem alten vorisraelitischen, und das heißt: heidnischen Erbe manches in die Religion Israels eingebracht. War das richtig? Mußte Israel sich nicht strikt auf seine eigenen Traditionen beschränken, sich gegen alles Fremde abschirmen?

Nein, sagt unsere Geschichte. Auch den Heiden hat Gott sich offenbart — wie dem Melchisedek, dem König von Jerusalem. Auch in heidnischer Religion sind Spuren der Wahrheit enthalten, wie der Glaube an den höchsten Gott, Schöpfer des Himmels und der Erde, der über dem wirren kanaanitischen Götterhimmel thront.

Es geht also in dieser kurzen Episode, löst man sie aus ihrer Vereinzelung, um die für den Glaubenden ewig wichtige Frage: Spricht Gott nur in die eigene Gemeinde, oder spricht er in die ganze Welt hinein? Ist Gottes Wort nur in der eigenen Tradition zu finden, oder auch bei anderen? Auf diese Frage gibt unser Text eine klare Antwort. Das war damals und lange Zeit später keine Selbstverständlichkeit.

Gottes Bund mit Abraham: 15,1—21

Kapitel 15 enthält sehr alte Überlieferungen. Manches mögen, so wie wir es noch lesen, schon die Abraham-Leute erzählt haben, lange bevor es Israel gab. Doch sind diese ältesten Worte nicht nur wiederholt, sondern auch überdacht, erläutert und erweitert worden; im heutigen Text sprechen Jahrhunderte gleichzeitig zu uns.

Schon der flüchtige Überblick zeigt, daß dieses Kapitel *zusammengesetzt* ist. Grob können wir drei Bestandteile unterscheiden:

A. — Der erste Abschnitt enthält die Verheißung zahlreicher *Nachkommenschaft*. Abraham glaubt der Verheißung, obwohl er noch keinen Sohn hat. — Ursprünglich muß darüber hinaus auch gesagt worden sein, daß Abraham wegen seines (oder seiner Frau) Alters eigentlich keine Nachkommenschaft mehr zu erwarten hatte. Außerdem fehlen jetzt Erklärungen zu dem (textlich unsicheren) Hausklaven Elieser aus Damaskus, der ohne Einführung in der Erzählung auftaucht, um sogleich wieder daraus zu verschwinden. Alles deutet darauf hin, daß der Verfasser eine ältere Erzählung nur auszugsweise übernommen hat.

B. — Mit Vers 7 beginnt ein neuer Abschnitt. Auch göttliche Offenbarungsrede hält sich an die Regel, daß man sich vorstellt, wenn man zu reden beginnt, nicht mitten in der Rede. Ferner stößt sich Vers 5, der voraussetzt, es sei Nacht, mit den Versen 12 und 17, die den Beginn der Offenbarung in den hellen Tag verlegen. — Inhalt dieser zweiten Offenbarungsrede ist die Verheißung des *Landes.*

C. — Die Gottesrede V. 13—16 schließlich setzt zu unvermittelt ein. Sie unterbricht die Erzählung von den geteilten Tieren. Allenfalls nach Vers 18 würde man eine längere Gottesrede erwarten.
Während B eine in sich abgeschlossene Erzählungseinheit ist, und auch A trotz der Kürzungen noch als solche zu erkennen, war C wohl nur als Einschub in B gedacht. Damit ist nicht ausgeschlossen, daß es weitere Zusätze und Einschübe aus späterer Zeit gibt; wir lassen sie hier außer Betracht.

B (7—11.17—21): Die *zweite Offenbarungsgeschichte* macht den urtümlichsten Eindruck. Sie hat infolge der Verbindung mit der ersten Erzählung ihren Anfang verloren, der gelautet haben mochte: Der Herr erschien dem Abraham bei den Eichen von Mamre und sprach zu ihm . . .
Die Selbstvorstellung Gottes (wörtlich: Ich bin *Jahwe,* der dich . . . hinausgeführt hat, um dir dieses Land zu geben) enthält ein wesentliches neues Element des Väterglaubens.
Im Zweistromland hatte Abraham auf Gottes Weisung seinen Weg begonnen, ob es nun im Süden war, in der uralten Stadt Ur, oder im Norden, in Haran. Jetzt kann er bereits auf eine Strecke des Weges zurückblicken; er hat das verheißene Land erreicht, aber er ist noch weit entfernt davon, es zu besitzen. Sein Glaube erstreckt sich weiter in die Zukunft, aber er wendet sich zugleich zurück in die *Vergangenheit.* Dabei ist der zurückgelegte Weg meßbar in Tagen und Kilometern; aber daß es Gottes Weg war, kann man nicht messen, sondern nur glauben.
Da Zukunft beständig in Vergangenheit übergeht, bezieht sich der Glaube, je länger der Weg dauert, desto mehr auch auf Vergangenes. Das spätere Israel fügte seinem Credo Station um Station seines Weges durch die Geschichte an: den Auszug aus Ägypten, die Landnahme, die Erwählung Davids und Jerusalems, die Verbannung und die Heimkehr. Die christliche Gemeinde hat es nicht anders gehalten.
Es handelte sich dabei nicht um beliebige Ereignisse, sondern um solche,

die die Gegenwart der Glaubenden begründeten: an unserer Stelle den Aufenthalt Abrahams in einem noch fremden Land, später dann die Freiheit, den Landbesitz, die wiedergewonnene Heimat.
Die Gemeinde der Bibel bekannte sich also nicht nur zu einer geistigen Welt, zu göttlichen Wahrheiten, zu einem dem natürlichen Auge unsichtbaren Handeln Gottes. Sie bekannte sich zu handgreiflichen Wirklichkeiten, zu erfahrbaren geschichtlichen Situationen, in denen ihr Gottes Handeln sichtbar wurde.
Zu Zeiten war das Volk wie gebannt von der wunderbaren Geschichte, die es durchlaufen hatte; die Vergangenheit nahm den glaubenden Blick ganz gefangen. Doch das Ungenügen an der Gegenwart riß immer wieder die Blicke nach vorn und verwandelte den Glauben der seßhaft Gewordenen zurück in den Glauben Abrahams, des Wandernden; in den Glauben, der nur rückschaut, um daraus Kraft zu schöpfen, weiter vorwärts zu gehen.
Es blieb die zweifelnde Frage, ob der gegangene Weg sich nicht als Irrweg erweisen könnte: „Woran soll ich erkennen, daß ich es zu eigen bekomme?“ Kein Rückblick kann die Zukunft garantieren.
Wiederholt hören wir in der Bibel die Bitte um ein Zeichen, wenn ein Mensch von Gott eine Weisung erhält: Mose erhält Zeichen (Ex 4). Der kühne Gideon wird fast unverschämt mit seiner Zeichenforderung (Ri 6). König Ahas von Jerusalem weist das Zeichen ab, das Jesaja, der Prophet, ihm anbietet — damit er nicht glauben muß (Jes 7); und noch den Hirten von Betlehem wird ein Zeichen auf ihren kurzen Weg mitgegeben (Lk 2).
Wir Heutigen, die wir die Last unserer ererbten Skepsis tragen, finden das sehr sympathisch, wie wir auch den ungläubigen Tomas besser verstehen als die schnell gläubigen Apostel. Auch wir hätten gern ein Zeichen; aber wir erhalten keines. Wir fühlen uns benachteiligt und sind verstimmt.
Aber was war denn das Zeichen, das Abraham erhielt? — Es war nicht die geheimnisvolle Vision, die er nach Untergang der Sonne schaute. Warum auch sollte der rauchende Ofen ein beweiskräftigeres Zeichen der göttlichen Nähe sein als die Selbstvorstellung Gottes in seiner Offenbarungsrede? Auch wenn wir heute es kaum noch nachvollziehen können: Der Umgang mit dem Göttlichen brauchte in jener alten Welt keine Beweise; er war selbstverständlich.

Alte Quellen aus dem Jahrtausend des Abraham helfen uns, den merkwürdigen Ritus zu verstehen, den Gott dem Abraham (der übrigens genau Bescheid weiß; denn niemand muß ihm sagen, was er mit den Tieren machen soll: V. 10) auferlegte. Schlossen damals zwei Parteien einen Bund miteinander, dann zerteilten sie Opfertiere und gingen zwischen den sich gegenüberliegenden Tierhälften hindurch. Die Bedeutung ist nicht schwer zu erraten: Die beiden Partner verfluchen sich selbst für den Fall, daß sie die gegenseitige Abmachung nicht halten. Wie diesen Tieren, so soll uns geschehen, wenn ...

Das Zeremoniell war also eine Formvorschrift für wichtige Abmachungen, so wie man heute für bestimmte Verträge Stempel und Unterschrift braucht. Das Wort „Bund" (wie das hebräische *berît* fast ausschließlich wiedergegeben wird) ist hier eigentlich fehl am Platz. Es handelt sich eher um eine Zusicherung mit strenger Selbstverpflichtung. Solche Zusicherungen waren oft mit Schwüren verbunden, die für den Fall des Wortbruchs eine Selbstverfluchung enthielten. Ähnliches kennen die Volksbräuche ja bis auf den heutigen Tag.

Was also in der kräftigen Symbolsprache der Alten Welt geschieht, ist folgendes: Gott wiederholt die Zusicherung, die er dem Abraham doch schon gegeben hat, mit einer nachdrücklichen Bekräftigung. Mit anderen Worten: Abraham hat nicht mehr Sicherheit in der Hand als vorher. Seine Sicherheit kann er nur in der Zukunft finden, zu der der Glaube der einzige Zugang ist. Das „Zeichen" wird verweigert.

C (12—16): War der Ritus des Bundschließens den ersten Hörern dieser Geschichte bekannt, so war das Motiv der *Raubvögel,* die auf das Fleisch herabstoßen, von Anfang an geheimnisvoll. Das hat zu einer frühen Erklärung geführt, der Gottesrede 12—16. Ein gelehrter Leser hat in den Vögeln die Andeutung der ägyptischen Gefangenschaft gesehen.

Seine Daten zum Aufenthalt in Ägypten sind sehr schematisiert: Vierhundert Jahre = vier Generationen wurden die Väter in Ägypten unterdrückt. Das stimmt mit den Traditionen in Ex 1.2 nicht ganz überein.

Abstrakt-theologisch mutet auch der Grund an, den der Glossator für die Verzögerung der Landnahme angibt. Die Schuld der früheren Besitzer des Landes, der Amoriter, sei noch nicht voll gewesen. Während fast alle Kulturvölker der Alten Welt selbstverständlich annahmen, sie hätten immer schon ihr Land bewohnt, bewahrte Israel die Erinnerung, daß man frühere Bewohner hatte verdrängen müssen, als man das Land in Besitz nahm. Es spricht für den rechtlichen Sinn der eingewanderten Stämme, daß sie dafür einen Rechtsgrund suchten. Es genügte ihnen nicht der Hinweis auf ihres Gottes Willen oder Macht. So argumentierte man, die älteren Bewohner hätten durch ihre Greueltaten das Recht auf ihr Land verwirkt. (Wiederum spricht es für den rechtlichen Sinn des späteren Israel, daß es, nach der Zerstörung des eigenen Reiches, dasselbe Argument auch gegen sich selbst anerkannte.) Bevor aber die Amoriter „das Maß“ ihrer Frevel vollgemacht hätten, dürften die Stämme das ihnen verheißene Land nicht in Besitz nehmen. Eine Folgerung aus diesem Argument ist: Recht auf Landbesitz ist nie unwiderruflich; es ist an die Einhaltung sittlicher Normen gebunden.

Trotz seines Scharfsinns hat der gelehrte Kommentator den Sinn des Raubvogel-Symbols wohl eingeengt. Zwar ist ihm darin Recht zu geben, daß die Raubvögel Unheil bedeuten. Aber indem er das Unheil auf die Knechtschaft in Ägypten festlegte, es definierte, grenzte er es auch ein. Es war in seinen Augen ein vergangenes Unheil und damit für das Israel seiner Zeit überstanden.

Der alte Text ist gerade durch seine Unbestimmtheit bedrohlicher. Unheilvolle Mächte suchen den Bund zwischen Gott und Abraham und damit den Bund zwischen Gott und Israel zu zerstören, wenigstens zu stören und zu belasten. Zwar ist ihnen kein endgültiger Erfolg beschieden. Aber ihre schwarzen Schatten fallen auf die ganze Geschichte des Bundesvolkes. Immer wieder muß Abraham-Israel aufstehen und sie verjagen. — Man wird in den Raubvögeln nicht gleich eine Andeutung des christlichen Dogmas vom widergöttlichen Reich Satans erblicken dürfen. Doch erhebt sich an wenigen Stellen des Alten Testaments so unheimlich drohend wie hier, was man später das „myterium iniquitatis“ nannte, die in der Geschichte geheimnisvoll wirkende Macht des Bösen.

Der heutige Leser wird sich überhaupt eines Gefühls der Unheimlichkeit nicht ganz erwehren können, wenn er die Geschichte liest. Der rauchende Ofen und die lodernde Fackel, die im Dunkeln zwischen den blutigen Fleischstücken hin- und herfahren, sind ihm kaum geheurer als die Unglücksvögel. Er mag sich mit dem Gedanken trösten, solche

Art der Gottesoffenbarung sei alttestamentlich unvollkommen; sie sei durch die in Jesus Christus erschienene Menschenfreundlichkeit Gottes nicht nur vervollkommnet, sondern überholt und außer Kraft gesetzt. Aber es ist bedenklich, sich zu weit von den Ursprüngen zu lösen. An vielen Stellen offenbart sich der Gott des Alten Testaments zugleich in Helligkeit (Blitz, Feuer, Lichtschein) und Finsternis (Wolke, Rauch), und nicht nur hier gerät der Mensch, der Zeuge einer Offenbarung wird, in tödliche Furcht.

Wenn wir uns in Abrahams Lage versetzen und versuchen zu umschreiben, was er erlebte, dann würden sich wohl Worte einstellen wie: unfaßbar, machtvoll, überraschend, fremd. Der Schauende fühlt sich erschreckt, weil das Geschaute nicht in seine vertraute und geläufige Welt paßt. Doch stürmt er nicht in panischem Schrecken davon; er bleibt wie gebannt stehen und kann seinen Blick aus der Schau nicht lösen.

Die spätere Theologie hat gesagt, daß Gott nur in Gegensatzpaaren auszudrücken sei, ja, daß menschliche Worte vor ihm völlig versagen. Die Religionswissenschaft redet von dem erfahrenen Gott als dem „ganz anderen", als dem „tremendum fascinosum", als zugleich erschreckend und bezaubernd.

Die Erfahrung, die man mit solchen Worten auszudrücken versucht, läßt sich in vielen Religionen nachweisen; sie hat zu manchen Schreckgestalten in der Darstellung des Göttlichen geführt. Es wäre zu einfach, sie deswegen als minderwertig abzutun. Wie sollte der Mensch nicht das Maß verlieren, wenn er erfährt, was alle Maße sprengt!

Der Gott Abrahams (und des Alten Testaments) ist kein guter Hausgeist, der fest zur Familie gehört wie der Klabautermann zu seinem Schiff; er ist nicht eine hehre Vorstellung, ein geistiges Wesen, eine immer gütige Macht, die, wie das Kirchenlied singt, „nichts als lieben kann". Es ist der Unberechenbare, der dem Abraham die feste Zusage gibt; der Unfaßbare, auf den er sich verlassen kann; der ganz Fremde, der sich ihm vertraut macht; der Geheimnisvolle, der ihm seine Gedanken erschließt. Er ist, um im Bild zu bleiben, Licht in Finsternis, eine lodernde Fackel in dichter Nacht. Wem dieses Bild, das Abraham schaute, nichts mehr sagt, der muß sich fragen, ob sein Glaube nicht Gefahr läuft, in unverbindliche Sentimentalität oder in seichten Rationalismus abzugleiten.

Die Landverheißung (7) ist wohl in späterer Zeit aufgefüllt worden

(18—21). Die Formel „vom Strom Ägyptens bis zum großen Strom" umschreibt das Großreich des David, also einen Bereich, der weit größer war als das Siedlungsgebiet der Zwölf Stämme: ein imperiales Gebilde mit unterworfenen und tributpflichtigen Nachbarvölkern.

Ganz am Schluß werden alle Namen der vorisraelitischen Bevölkerung Palästinas genannt, die einem späteren Leser geläufig waren, ohne daß er ihre Bedeutung im einzelnen noch gekannt hätte. Da stehen, neben der semitischen Urbevölkerung im allgemeinen (Amoriter, Kanaaniter), ein legendäres Urvolk (Rafaiter), ein versprengter Rest früherer Eroberer (Hetiter), zwei Landschaftsgruppen (Jebusiter, Girgaschiter), ja sogar nahe verwandte Stämme, die sich dem Zwölferverband angeschlossen hatten (Keniter, Kenasiter).

Doch diese etwas wirre Zusammenstellung entspricht der wechselvollen Geschichte Palästinas. Immer neue Wellen von Eroberern hatten das Land überrollt, zahllose Kriegerbanden es durchzogen, und alle hatten ihre Spuren in der Bevölkerung zurückgelassen. Übrigens überlagerten dann auch die einwandernden Zwölf Stämme Israels die älteren Einwanderungsschichten und machten das ethnische Bild nur noch bunter. Reinheit des Volkes von fremdem Blut war allenfalls dann und wann eine Forderung, nie die Wirklichkeit.

Der *elohistische Offenbarungsbericht* — A — (1—6) dürfte auf dieselbe Urform zurückgehen wie der jahwistische. Auch hier ergeht das Wort Gottes an Abraham in der Nacht; auch hier begegnet Abraham der Verheißung zunächst mit Zurückhaltung. Der Elohist unterscheidet sich indes vom Jahwisten in zweierlei Hinsicht: Die Verheißung bezieht sich auf die Nachkommenschaft, nicht auf das Land, und die theologische Reflexion hat sich in ihm stärker ausgedrückt.

Die erste Verheißungsformel bleibt ganz in den Kategorien des Väterglaubens: Schutz (auf dem Weg) und Heil (als Ziel des Wegs). Daß der Text so unvermittelt von der allgemeinen Zusicherung des Lohns zur besonderen Frage der Nachkommenschaft übergehen kann, läßt uns einen Blick in orientalisches Denken tun: Nachkommen sind die Zukunft, ohne Nachkommen gibt es keine Zukunft. Der Glaube an ein jenseitiges Leben spielt in den Vätergeschichten (und lange danach) keine Rolle.

Kaum ein anderer Satz des Alten Testaments hat in der christlichen Theologie eine solche Rolle gespielt wie Vers 6. Wann immer man umschreiben wollte, was *Glaube* sei, griff man auf ihn zurück (vgl. Röm 4). In der Tat begegnet uns hier zum erstenmal das Wort *glauben* in der Bibel. Es gibt das hebräische Wort *hä-ämîn* (dem *Amen!* = *verläßlich!* verwandt) nicht schlecht wieder. Man könnte es auch übersetzen *„sich festmachen"*, *„sich stützen auf"*.

Wir haben über den Glauben des Abraham bereits weiter oben gesprochen, da uns schien, daß die gemeinte Sache sich schon in der ersten Abrahamsgeschichte zeigt (vgl. S. 26 ff). Darum können wir uns hier kurz fassen.

Das, was geglaubt wird, ist ein zukünftiges Gut. Der Glaube ist also wesentlich der *Zukunft* zugeordnet.

Aber ebenso stützt sich der Glaube auf die *Gegenwart,* besser: auf den gegenwärtigen Gott. Ihm wird die Zukunft geglaubt. Das ist unverzichtbar. Die Zukunft, um die es dem Glauben geht, ist nämlich keineswegs sicher, nicht einmal wahrscheinlich; sie ist ganz unwahrscheinlich, vom Menschen aus gesehen so gut wie unmöglich. Seine Sicherheit gewinnt der Glaube (vor der Erreichung seines Heils) allein aus Gott; Gottes Glaubwürdigkeit ist der Grund des Glaubens, nicht die Wünschbarkeit oder Einsichtigkeit des Geglaubten.

Führt der Glaube den Abraham *zum Heil?* In unserem Fall: *erwirkt* der Glaube dem Abraham die Nachkommenschaft? — Die Frage ist nicht leicht zu beantworten; zwei Antworten sind möglich:

Nein, nicht der Glaube des Abraham, sondern die Macht Gottes schafft das Heil (die Nachkommenschaft). Abraham geht einer Zukunft entgegen, die Gott schon bestimmt hat. Im Glauben aber *weiß* Abraham, daß er dieser Zukunft entgegengeht. Durch den Glauben wird die Zukunft der Gegenwart bekannt und kann so in die Gegenwart hineinwirken, aber davon unabhängig ist sie auf jeden Fall, Glaube oder nicht, die Zukunft.

Ja, nur wegen seines Glaubens erreicht Abraham seine Zukunft; nur wenn er glaubt, wird ihm die Nachkommenschaft geschenkt. Die spätere Fragestellung, ob durch den Glauben allein oder durch Glaube und Werke, ist dieser Stelle nicht angemessen. Das alte Israel unterschied die Entschlüsse des Herzens nicht von den daraus folgenden Taten. Den Glauben des Abraham darf man nicht loslösen vom Weg, den er im Glauben ging.

Die zweite Antwort scheint im Zusammenhang richtiger; nicht von ungefähr heißt die verheißene Zukunft *„Lohn"*, und zu wichtig ist in den Vätergeschichten der Weg, ohne den man nicht zum Ziel kommt. Abraham glaubt also, und das rechnet Gott ihm als *„Gerechtigkeit"* an. Hier spielt schon die im Text erst später genannte Vorstellung des Bundes hinein (vgl. ausführlich dazu S. 64f). Ein *Bund* fügt zwei zu einer Einheit zusammen. *Gerecht* ist der Bundespartner, der sich bundesgemäß verhält. Gottes Gerechtigkeit ist die Treue; er wird seine Verheißung erfüllen. Des Abraham Gerechtigkeit ist sein Glaube: Er verläßt sich auf Gottes Verheißung. — *„Anrechnen"* könnte man, nicht sehr schön, aber genau umschreiben: *„amtlich beglaubigen"*, *„mit Vollmacht erklären"*.

Ismaels Geburt: 16,1—16 (und 21,9—21)

Die Ereignisse, die sich um die Geburt des Ismael ranken, sind, wie es scheint, *Familiengeschichte.*

Dagegen spricht nicht, daß fast die gleiche Geschichte ein zweites Mal erzählt wird (21,9—21). Denn ein genaues Protokoll dürfen wir aus jener alten Zeit ohnehin nicht erwarten; ob sich die Verstoßung der Hagar vor oder nach der Geburt des Ismael abgespielt hat, wäre ein vergleichsweise belangloses Detail. Die Hauptpersonen und ihre Handlungen sind beide Male die gleichen.

Auf jeden Fall ist die Geschichte sehr alt. Sie enthält Züge, die sich in einer späteren Zeit schwer erklären lassen. Das geschichtliche Israel kannte nicht mehr den Brauch, daß eine kinderlose Ehefrau ihre Sklavin dem Ehemann überläßt, damit diese ihr Kinder gebärt (die dann rechtlich nicht als Kinder der Sklavin, sondern als Kinder der Herrin galten). Eben das tut Sara mit Hagar; auf Saras Drängen stellt Abraham den alten Zustand wieder her und gibt Hagar seiner Frau als Sklavin zurück (16,2.5.6).

Auch das Interesse an dem gottverlassenen Winkel der Wüste, in dem sich der Brunnen Lachai-Roi befindet, spricht für ein hohes Alter der Geschichte. (Der Brunnen liegt an der Grenze des Negeb zur Sinaihalbinsel und war vermutlich ein Heiligtum der Ismaeliter.) Wie man den Namen des Brunnens erklären konnte („Gott, der sich schauen läßt" oder „Gott, der schaut"; ähnlich 22,14), interessierte sicher nicht die Leute von Jerusalem, allenfalls die Anwohner — etwa die Abraham- und Isaakleute.

Wenn wir dennoch daran zweifeln, daß der geschichtliche Abraham seine Magd und Konkubine Hagar in die Wüste geschickt hat, liegt das vor allem am *Namen* des Kindes. *Ismael* heißt ein uns aus der Bibel bekannter arabischer Nomadenstamm (vgl. Ri 8,24; Ps 83,7 und vor allem Gen 37,25). Immer aber, wenn wir in den alten Geschichten der Bibel von jemandem hören, der den Namen eines Stammes trägt, müssen wir damit rechnen, daß sich in seiner Gestalt ein ganzer Stamm verkörpert.

Tatsächlich läßt sich unsere Erzählung mühelos als Beschreibung dieses Nomadenstammes verstehen. Ismael wird sein „wie ein *Wildesel*". Der Wildesel war für Israel das Gegenstück des zahmen Esels; die beiden haben im Hebräischen nicht einmal die Bezeichnung gemeinsam (*pära* — *chamór*). Der Wildesel lebt frei und ungebunden in der weiten Steppe. In seinem Wiehern hörte man das Gelächter über die Sklaven, Menschen wie Esel, die in den Städten leben und sich unterordnen müssen (Ijob 39,5b—8). Der Wildesel ist das Wappentier des freiheitsdurstigen Beduinen, der lieber viele Entbehrungen auf sich nimmt, als sich um Brot zu verdingen. — Nomaden sind überdies fast immer kämpferisch. Ismael trotzt allen anderen. Seine Losung ist: ‚Viel Feinde, viel Ehr'. Kurz: der noch ungeborene Ismael unserer Erzählung ist der Typ eines Beduinen.

Zu ihm paßt seine Mutter, die gesunde, stolze und trotzige Hagar. Lieber flieht sie in die Wüste (in der sie sich gut zurechtfindet), als daß sie sich unter ihre Herrin beugt. Ägypterin heißt sie, weil die Ismaeliter mit den Ägyptern Handel trieben und, von Palästina aus gesehen, nach Ägypten zu wohnten.

Wenn wir die Geschichte entschlüsselt lesen, blicken wir zurück in eine Zeit, in der südlich von den Abraham- und Isaakleuten (und später von Israel) die Sippen der Ismaeliter durch die Steppe zogen. Sie galten als nahe Verwandte, und man achtete sie. Israel hat nie ganz sein Heimweh nach der Wüste verloren, nach der Ungebundenheit nomadischen Lebens.

Auch im Glauben fühlte sich Israel den Ismaelitern verwandt. Der Gott Abrahams war auch der Gott Ismaels. Die Ismaeliter standen in Verbindung mit dem Stamm Midian, und dieses Nomadenvolk wiederum hat in sehr früher Zeit Jahwe verehrt (vgl. Ri 8,27; Ex 2,15—3,1; Ex 18).

Bei so großer Ähnlichkeit stellte man sich in Israel die Frage: Wie unterscheiden wir uns von den kriegerischen Brüdern in der Wüste? Nicht nur einzelne Menschen, sondern auch Völker finden ihre Identität, indem sie sich von anderen abgrenzen. Die Frage nach dem Unterschied zwischen Israel und Ismael war für Israel zugleich die Frage: Was sind wir selbst?

Vorsichtig, aber nachdrücklich besteht Israel auf seinem Vorrang. Den Glaubensweg durch die Geschichte geht Israel, nicht Ismael. Die Geschichte hat vordergründig dieser Deutung recht gegeben, denn sie hat den Stamm Ismael im Dunkel versinken lassen. Ohne Israel würde niemand mehr seinen Namen kennen.

Dennoch tut unsere Erzählung die Ismaeliter nicht einfach als Irrläufer der Heilsgeschichte ab, wie die biblische Überlieferung später die Edomiter und Samariter abtat. Wie Israel, so steht auch Ismael unter Gottes Segen; seine Gegenwart ist Erfüllung göttlicher Verheißung. Das Existenzrecht Ismaels ist wie das Israels von Gott beglaubigt. Sogar der Name trägt das Zeichen göttlicher Gnade: Ismael (jischmael) heißt „Er (Gott) hört". — Den christlichen Leser mag es nachdenklich stimmen, wie die Verkündigung der Geburt durch den Engel an Hagar der Verkündigung der Geburt Jesu durch den Engel an Maria gleicht (vgl. Gen 16,11 mit Lk 1,31).

Zur Erzählung von Ismael gibt es eine Nachgeschichte. In der muslimischen Tradition wurde Ismael zum Stammvater der Araber, auserwählt, die Offenbarung Gottes weiterzutragen. Nach der Lehre des Mohammed war Abraham der erste Muslim. An ihn erging die ursprüngliche Offenbarung Gottes, die Mose, Jesus und Mohammed lediglich in ihrer Reinheit wiederherstellen sollten, nachdem die Heiden, Juden und Christen sie verdunkelt hatten. Die Verjagung der Hagar durch Sara deuteten die Muslime als frühes Unrecht, und den Vorrang, den Isaak vor Ismael behält, taten sie als jüdische Verfälschung ab.

Uns will scheinen, als sei die Geschichte dieser Perikope immer noch nicht an ihr Ende gekommen. Nicht nur weil der Streit zwischen Ismael und Israel wieder so heftig aufgeflammt ist; sondern weil die notwendige Abgrenzung so oft zur Abwertung und zum Streit führt unter denen, die sich auf den Gott Abrahams berufen: Juden, Christen und Muslime.

Der Hagar tritt in der Wüste am Brunnen des Lebendigen der *„Engel* *des Herrn*" entgegen — eine Gestalt, die uns in den alten Erzählungen mehrfach begegnet, und die im Lauf der Glaubensgeschichte eine immer größere Rolle spielt.

Den Einfluß der späteren Glaubensentwicklung verrät schon die Übersetzung. Das deutsche Wort *Engel* ist abgeleitet vom lateinischen *angelus;* das wiederum ist eigentlich nicht lateinisch, sondern griechisch: *angelos. Angelos* aber heißt, genau wie das entsprechende hebräische Wort, *Bote.* Eigentlich spricht also der Text hier — und an allen anderen Stellen der Bibel — vom „Boten des Herrn".

Der Bote des Herrn steht in einer geheimnisvollen Beziehung zum Herrn selber. Bote und Herr sind kaum zu unterscheiden. Daß der Bote spricht, als sei er der Herr selbst, mag noch hingehen (V. 10); ein Bote darf im Namen dessen sprechen, der ihn sendet. Aber daß Hagar ihn anschließend selbst „Herr" und „Gott" nennt, geht weit über die übliche Gleichsetzung von Entsendendem und Entsandten hinaus. Es handelt sich weder um einen Textfehler noch um einen Irrtum der Hagar. Dafür gibt es zu viele andere Stellen der Bibel, an denen Gott und sein Bote in ähnlicher Weise ineinander übergehen (vgl. 22,11 und 15; 31,11 und 13; Ri 6,11 und 14.16; 13,21 und 22). Wie sollen wir diesen merkwürdigen Sprachgebrauch deuten?

Das alte Israel empfand sehr stark die Erhabenheit Gottes. Im mythischen Bild hieß das: Gott thront im höchsten Himmel; menschliche Augen ertragen nicht, seine Herrlichkeit zu schauen; wer Gott sieht, muß sterben (vgl. etwa Ex 33,20; Jes 6,5). Die spätere Theologie sagt abstrakter, aber kaum eindringlicher, Gott sei *transzendent.*

Ebenso unmittelbar aber empfand Israel die bedrängende Nähe Gottes, seine hier und jetzt erfahrene Macht. Die spätere Theologie nannte das Gottes *Immanenz:* In allem Geschaffenen sei der Schöpfer gegenwärtig. Die alte Theologie brauchte auch dafür ein *Bild* — ein Bild, das sich abhob vom Bild des im Himmel Thronenden, ohne sich klar von ihm zu unterscheiden. Denn der über die Welt erhabene und der in der Welt wirkende Gott waren ja ein und derselbe.

Die älteste Zeit ließ Gott unbefangen an Ort und Stelle erscheinen. So geht Jahwe ein Stück Wegs mit seinem Freund Abraham, nachdem er bei ihm eingekehrt war und Mahl gehalten hatte. Im Paradies erging sich Gott, der Herr, im kühlen Wind unter den Bäumen. Aber diese Handgreiflichkeiten des göttlichen Umgangs mit der Welt erschien bald als mißverständlich. Wurde die Transzendenz Gottes dadurch nicht gemindert? Oder, in den alten Bildern gesagt: stand der himmlische Thron Gottes dann nicht leer?

Da bot sich der Begriff des *Boten* an; in seinem Boten ist der Ferne nahe. Im Boten des Königs spricht der König selbst; wer den Boten ehrt, ehrt den, der ihn entsandt hat; wer ihn beleidigt, beleidigt seinen Herrn. Auch wir können die Anwesenheit des Entsendenden im Gesandten nachempfinden. Die Alte Welt sah beide in einer mythischen Einheit.

Das gläubige Nachdenken in Israel hat im Laufe der Jahrhunderte weitere Möglichkeiten gefunden, Gottes Ferne und Nähe zugleich auszusagen. Gott, der im himmlischen Palast thront, sendet sein *Wort* zur Erde, damit es seinen Willen ausführt (Ps 147,15), oder seinen *Geist*, damit er die Erde erneuere (Ps 104, 30); oder er läßt seinen *Namen* im Tempel wohnen (1 Kön 8,27.28). Wort, Geist und Name sind Umschreibungen göttlichen Wirkens, in der Natur, in der Geschichte, am Heiligtum.

So auch der Bote Gottes, der Engel des Herrn. Er ist das Sichtbarwerden göttlichen Handelns (übrigens immer der *gnadenvollen* Zuwendung Gottes). Damit ist die Streitfrage, ob es Engel gebe, nicht entschieden. Aber in diesen alten Erzählungen dürfen wir den Boten Gottes nicht für sich sehen. Er hat kein eigenes Leben; er ist eine Funktion Gottes, die helfende Nähe des unendlich Erhabenen.

Der Leser wird bemerkt haben, daß Vers 9 nicht recht zur stammesgeschichtlichen Deutung der Ismaelgeschichte, wie wir sie versucht haben, paßt. Warum soll die flüchtige Hagar zu ihrer Herrin zurückkehren? Sie ist doch endlich in der Gegend angelangt, in der der Stamm Ismael wohnte. Der Brunnen verliert seinen Sinn, wenn er nur zufälliger Endpunkt eines Irrwegs war. Und aus welchen Gründen schickt Gott die Hagar zu Abraham zurück, wenn er sie später durch Abraham wieder in die Wüste jagen wird — in dieselbe Wüste, in der sie schon einmal gewesen ist?

Hagar und Ismael (21,9—21): Die Unstimmigkeit erklärt sich aus dem Vorhandensein der zweiten Hagargeschichte (21,9—21). Es handelt sich eigentlich um dieselbe Geschichte, die dem Verfasser in zwei Fassungen vorgelegen hatte: in der älteren des Jahwisten (16) und der jüngeren des Elohisten (21). Wie so oft entschied er sich nicht für die eine gegen die andere, sondern brachte beide. Da aber beide Fassungen im Haushalt des Abraham beginnen, muß er Hagar nach ihrer Flucht wieder dorthin zurückbringen.

Für uns ist es — wie bei der „gefährdeten Ahnfrau“ (S. 35 ff) — reizvoll, die beiden Formen miteinander zu vergleichen. Wir sehen, was aus der alten Geschichte in Israel wurde, nachdem man sie einige Jahrhunderte lang erzählt hatte.

Geblieben sind die Namen Abraham, Sara und Hagar und die Rivalität zwischen beiden Frauen, die sich zusätzlich auf die Söhne Isaak und Ismael überträgt. Anlaß des Streites ist nicht mehr der Stolz der Hagar, sondern die Eifersucht der Sara: Sie sieht, wie Ismael mit dem (nur wenig jünger gedachten) Isaak „umhertollt“; das entsprechende hebräische Wort ist das gleiche, aus dem der Name Isaak gebildet ist (S. 71). Die spätere jüdische Auslegung hat in dem Wort, wenn auch wohl zu Unrecht, Schlimmeres vermutet.

Von der alten Stammessage sind nur wenige Züge erhalten: Ismael läßt sich in der Wüste nieder und wird Bogenschütze, das heißt Jäger. Aus der präzisen Ortsangabe wird eine allgemeinere Landschaftsbenennung. Die aber ist nur noch der blasse Hintergrund eines menschlichen Dramas.

Denn dazu ist die alte Geschichte geworden. An die Stammessage darf man keine psychologischen oder moralischen Maßstäbe anlegen; es geht ja nicht um Handlungen von Personen, sondern um Beschreibungen von Völkern. Dem späteren Erzähler war der Stamm Ismael, der längst untergegangen war, völlig uninteressant; er erzählt die alte Geschichte neu aus einer psychologisierenden und moralisierenden Sicht.

Am deutlichsten ist das bei Hagar: Sie ist die arme, verlassene junge Frau, die schuldlos verstoßen wird. Hilflos irrt sie in der Wüste umher und soll das Schlimmste erleben, was einer Mutter zustoßen kann: den Tod ihres Kindes.

Abraham wird aus einem korrekt handelnden Eheherrn — beim Jahwisten entscheidet er zwischen beiden Frauen nach dem geltenden Recht — zum bekümmerten Vater, der seinen Sohn nicht verlieren will. Erst auf Gottes Geheiß setzt er sich über seine väterlichen Gefühle hinweg. Seine Gefühle der Hagar gegenüber spielen — echt altorientalisch — keine erkennbare Rolle.

Nur Sara bleibt sich in beiden Geschichten gleich. Aber konnte sich in der älteren ihre Eifersucht auf einen Rechtsgrund stützen, so handelt sie nun allein aus der Leidenschaftlichkeit ihrer Natur. Kein Drama der Heilsgeschichte spielt sich da ab, sondern das Drama zwischen einer Frau und ihrer Nebenbuhlerin.

Am meisten hat der spätere Erzähler über das Handeln Gottes nachgedacht. Ging es früher nur um die theologische Würdigung des Stammes Ismael, so geht es jetzt um das Verhältnis des einen Gott zu verschiedenen Menschen, die miteinander im Interessenkonflikt liegen. Wie bleibt Gott gerecht, wenn er sich entscheiden soll zwischen einander widerstrebenden Forderungen seiner Verehrer?

Er wird dem Abraham gerecht, indem er ihn über die Zukunft seines Sohnes Ismael beruhigt. Er wird der Sara gerecht, indem er ihre Stellung als Mutter der Auserwählten festigt. Er wird der Hagar gerecht, indem er sie nicht nur aus Todesnot errettet, sondern auch ihr eine Zukunft verheißt, die sich zwar mit der der Sara nicht messen kann, sie vor ungezählten anderen Frauen jedoch bevorzugt. Jeder erhält nicht nur sein Recht, sondern auch seinen Zuspruch; niemand muß die Geschichte ungetröstet verlassen. Gott läßt sich nicht in den Streit der Parteien hineinziehen, so daß er selbst Partei würde; doch ebensowenig schaut er unbeteiligt zu, wie die Seinen sich streiten.

Wir erkennen eine ähnliche Entwicklung wie bei der Erzählung von der „gefährdeten Ahnfrau“: Die Frömmigkeit verfeinert und verinnerlicht sich, Erzähler und Hörer sind empfindsamer geworden. Dabei wird die Botschaft aber nicht nur geläutert, sondern auch eingeschränkt — fast möchte man sagen: verdünnt. Die bestürzende Aktualität der älteren Fassung ist verlorengegangen.

Am *Ende von Kapitel 16* hat der Verfasser ein paar *Zahlenangaben* aus der *Priesterschrift* eingesprengt. Sie passen hier so wenig wie an anderen Stellen. Aus der Kombination von 16,16 und 21,5 (auch P) ergäbe sich, daß Ismael vierzehn Jahre älter war als Isaak. Dann hätte Hagar ihren mindestens siebzehnjährigen Sohn auf dem Rücken in die Wüste getragen (21,14)! — Die Priesterschrift hatte ihre eigene Zählung, die auf die älteren Geschichten keine Rücksicht nahm.

Wieder finden wir Zahlenspielereien: Abraham, der mit 7mal 25 Jahren sterben wird, wandert mit 3mal 25 Jahren aus Haran aus, wird mit 4mal 25 Jahren Vater des rechten Sohnes. Allein daraus ergibt sich, daß Ismael, nicht zur rechten Zeit geboren, auch nicht der rechte Erbe sein kann.

Die Beschneidung als Bundeszeichen: 17,1—27

Man muß nicht hebräisch verstehen um zu merken, daß zum erstenmal in den Vätergeschichten die Priesterschrift ausführlich zu Wort kommt. Das Kapitel wird eingerahmt von Zahlenangaben (1.24—25), es ist voller Wiederholungen, es strotzt von theologischen Fachausdrükken. Eigentliche Handlung fehlt dagegen fast völlig. Genau zwei Drittel aller Verse sind Gottesrede; in den letzten fünf Versen wird die gleiche Handlung (die Beschneidung) fünfmal erwähnt.

Fast alle Themen des Kapitels haben die älteren jahwistischen und elohistischen Erzählungen schon behandelt: den *Bund* zwischen Gott und Abraham (dreizehnmal wird das Wort „Bund" genannt!), die Verheißung der zahlreichen *Nachkommenschaft,* die Verheißung des *Landes,* die Verheißung des *Isaak,* den Segen über *Ismael.*

Die Priesterschrift stammt aus einer sehr viel späteren Zeit als die beiden anderen Quellenschriften. Der Glaube schaute auf einen ungleich längeren Weg durch die Geschichte zurück. Längst war das ferne Ziel des Abraham, Volkwerdung und Landnahme, erreicht. Die in seinem Glauben Wandernden hatten das Reich des David, die Königreiche von Jerusalem und Samaria, den Zusammenbruch des Staates, die Verbannung nach Babel und die Rückkehr aus der Fremde hinter sich gelassen. Die vielhundertjährige Erfahrung hat die gleichen Themen verändert, präzisiert, vertieft. — Das Thema der *Beschneidung* ist neu hinzugekommen.

Auch einen neuen Gottesnamen (V. 1) finden wir. Aber der ist alt, wie so vieles, was nur die gelehrte Priesterschrift erhalten hat. Die Priesterschrift weiß noch sehr wohl, daß der Name „Jahwe" erst später, im Zusammenhang mit dem Auszug aus Ägypten, sich mit den älteren Vätertraditionen verband (vgl. S. 18f). Im Unterschied zum Jahwisten vermeidet sie deswegen diesen Namen vor der Offenbarung an Mose konsequent. Sie gebraucht die allgemeine Bezeichnung *Elohim* (Gottheit). Hier aber führt sie, um das neue Stadium der Gottesoffenbarung zu kennzeichnen, das nicht mehr sicher übersetzbare *El Schaddai* ein: „Gott, der Allmächtige" oder „Gott des Gebirges".

Wenden wir uns nun dem ersten großen Thema des Kapitels zu, dem *Bund.*

Ein Bund fügt die Bundespartner zu einer Einheit zusammen; ihr Verhältnis zueinander wird mit „Gerechtigkeit" und „Solidarität" (hebräisch: *häsäd*) umschrieben. Das Vorbild dieser Einheit war wohl die natürliche Gemeinschaft, in die der Mensch hineingeboren wird: Familie, Sippe, Stamm, Volk. Den Grad der Verbundenheit zwischen Mitgliedern eines Stammes oder einer Sippe damals können wir uns in in einer Welt der Vereinzelung kaum mehr vorstellen. Wer einen schlug, schlug den ganzen Stamm, und der Stamm schlug zurück, als sei er ein einziger. Jeder einzelne war so stark wie die Gemeinschaft, der er angehörte. Jeder einzelne mußte auch für alle Taten seiner Gemeinschaft einstehen. Konnte man den Schuldigen nicht treffen, erschlug man seinen Bruder. „Ein einziger Leib" sind „die vielen", wird der Apostel Paulus später sagen (1 Kor 10,17), indem er einen Lieblingsgedanken der Alten Welt auf die Kirche überträgt (vgl. 1 Kor 12,12—14).

Desto ungebundener fühlten sich die Gemeinschaften nach außen; ihre hochstehende Ethik galt nur nach innen. Sollten andere, einzelne oder Gemeinschaften, in das Solidaritätsverhältnis aufgenommen werden, mußte man mit ihnen einen *Bund* schließen. Der Bundesschluß trat an die Stelle der Blutsverwandtschaft (oder was man dafür hielt).

Dabei waren die Bundespartner oft ebensowenig gleichberechtigt wie die Glieder einer natürlichen Gemeinschaft. Der Knecht trat ein für die Belange seines Herrn, als seien es die eigenen; ebenso schützte und versorgte der Herr den Knecht wie sein eigenes Fleisch und Blut.

Wer seine Verpflichtungen dem Bundespartner gegenüber erfüllte, war *gerecht.* Ein Herr war gerecht, wenn er für seinen Knecht sorgte und ihn verteidigte; der Knecht war gerecht, wenn er seinem Herrn gehorchte. Der Großkönig war gerecht, wenn er die Herrschaft seines Vasallen gegen innere und äußere Feinde garantierte; der Vasall war gerecht, wenn er des Großkönigs Feinde als die eigenen erachtete und dem Großkönig jederzeit zur Hilfe eilte, wenn die Lage es erforderte. Eine späte arabische Formel lautet abgekürzt: „Deine Feinde sind meine Feinde, und meine Freunde sind deine Freunde!" Ethisches Verhalten richtete sich in jener Welt nicht nach Grundsätzen, sondern nach Personen.

Einen Bund also schließt Gott mit Abraham. Deutlich werden die beiderseitigen *Verpflichtungen* genannt.

Gott verpflichtet sich dazu, Abraham zu einer *„Menge von Völkern“* werden zu lassen. In echt semitischer Weise spielt der gelehrte Verfasser mit den Worten. In seiner Tradition fand er zwei Namensformen des Patriarchen vor: Abram und Abraham. Beide Formen bedeuten eigentlich dasselbe: „Der Vater (= Gott) ist erhaben“. Der Verfasser deutet etwas gewaltsam die längere Form als „Vater der Menge“ *(ab hamôn)*. Dabei spielt er vielleicht auf die Sitte an, daß Großkönige Vasallen, die sie in die Pflicht nahmen, umbenannten (vgl. 2 Kön 14,17); wer den Namen gibt, ist der Herr (vgl. auch Gen 2,19).

Gegenüber älteren Formulierungen ist die Verheißung erweitert: eine *Menge* von Völkern wird von Abraham abstammen. Wahrscheinlich meint der Verfasser damit die nahe verwandten Nachbarvölker Israels, die — wie die Ismaeliter — auf Abraham zurückgeführt wurden. Das würde zur Bundestheologie der Priesterschrift gut passen: Der erste Bund wird mit allem Lebenden geschlossen (mit Noach: Gen 9,8—10); der zweite sondert die Abraham-Völker aus: Israel, die Ismaeliter, die anderen Araber (vgl. Gen 25,1—3) und die Edomiter. Der dritte (Sinai-)Bund wird nur mit den zwölf Stämmen Israels geschlossen, und der vierte Bund — mit Pinhas (Num 25,12—13) — nur mit den Priestern. In der Welt der Priesterschrift ist kein Lebewesen von der Gemeinschaft mit Gott ausgeschlossen. Aber es gibt Stufen in der Nähe zu Gott. Unter allen Völkern ist Israel insbesondere Gottes Heiligtum, und in Israel sind es die Priester, die Gott am nächsten stehen: Von ihnen geht die Gnade Gottes aus über das Volk, die Völker und die ganze Welt.

Allerdings ist nicht ausgeschlossen, daß mit der „Menge der Völker“ alle gemeint sind, die sich in einer ferneren Zukunft dem Glauben an den Gott Israels anschließen. Die Priesterschrift kennt wohl schon Prophetien, die die Bekehrung der Heidenvölker ansagen.

Die *Landverheißung* dagegen ist gegenüber 15,18 stark reduziert. Das Großreich des David war längst zusammengebrochen, nur die kleine Gemeinde von Jerusalem übriggeblieben. Da wagte man gerade noch zu hoffen, daß wenigstens das Land Kanaan einmal wieder Israels Land würde.

Neben den beiden Zusicherungen der Nachkommenschaft und des

Landbesitzes wird eine dritte genannt: Der sich dem Abraham Offenbarende will ihm und seinen Nachkommen „*Gott sein*".
Um diese Zusicherung zu verstehen, müssen wir einen kurzen Blick auf die religiöse Situation des Alten Orients werfen. Man verehrte viele Götter. Aber nicht selten erklärten sich einzelne oder Gruppen zu „Knechten" eines bestimmten Gottes. Sie trugen sein Zeichen und verehrten ihn mehr als andere Götter. Die *Elohim* der Väter hatten, wie wir sahen (S. 11), grundsätzlich solche Verehrer. Aber auch andere Götter, Hochgötter oder Wallfahrtsgötter, boten sich als „Patrone" an. Infolge eines Gelübdes, einer Gebetserhörung oder einfach wegen des Rufes, den ein Gott hatte, gab man sich ihnen zu eigen (es gab später ähnliche Formen der Heiligenverehrung). Man erwartete von ihnen beständigen Schutz, Segen und Heil — nicht im geistigen Sinn, sondern handgreiflich: Genesung aus Krankheit, Freispruch vor Gericht, Reichtum an Besitz und Kindern, langes Leben, Ehre.
Die Zusicherung „Ich will dir Gott sein!" ist vor solchem Hintergrund zu sehen. Der Gott Abrahams verspricht den Seinen wirksame Hilfe und reichen Segen. Ein späterer Psalm aus Israel umschreibt das so: „Wenn er mich anruft, dann will ich ihn erhören. Ich bin bei ihm in der Not, befreie ihn und bring ihn zu Ehren. Ich sättige ihn mit langem Leben und lasse ihn schauen mein Heil!" (Ps 91,15—16).
Soweit entspricht die Zusicherung Gottes den Erwartungen, die ein Frommer des Alten Orients an seinen Gott stellen mochte. Hier aber steht sie zusätzlich im Angebot des Bundes: Gott verbindet sich dem Abraham so fest, daß es seine „Gerechtigkeit" sein wird, die Zusicherung zu erfüllen. Gottes Segen ist hier nicht mehr unverdientes Geschenk eines souverän verfügenden Herrn, der gibt, wann er will, und nimmt, wann er will (das war allgemeine altorientalische Frömmigkeit), sondern Segen als einklagbare Forderung der Bundesgerechtigkeit Gottes. Das ist das Unerhörte am Bundesschluß, wie ihn die Priesterschrift darstellt.
Dem Christen klingt eine solche Erwartung ungebärdig und ungehörig. Aber ehe er sie als alttestamentlich unvollkommen abtut, sollte er einiges mehr berücksichtigen.
Zum ersten handelt es sich hier nicht um eine einmalige oder seltene Aussage am Rande der Bibel. Man muß nur einmal die Psalmen lesen, um zu sehen, wie das alte Israel aus diesem Glauben lebte. Im Unter-

schied dazu stand der Heide der Umwelt in demütiger Scheu vor der unberechenbaren Gottheit. Wenn etwas im eigentlichen Sinne *biblisch* ist, dann dieses Bundesbewußtsein Israels.

Zum zweiten: als hätte der Verfasser den Vorwurf vorausgeahnt, er versuche den Unverfügbaren in die Dienste des Menschen einzuspannen, betont er stärker als jeder vor ihm die Souveränität Gottes. Er hat seinen eigenen Ausdruck gefunden für den Bundesschluß (man könnte ihn wiedergeben: „den Bund errichten, aufstellen"), um jeden Gedanken an eine Gleichheit der Partner auszuschließen. Man muß das Kapitel nur durchlesen: Ganz und gar steht es im Zeichen des sprechenden Gottes; vom hörenden Abraham wird nur eine Demutsgebärde mitgeteilt. Nein, nicht der fordernde Fromme nimmt Gott in die Pflicht; Gott selbst hat sich dem Verbündeten verpflichtet durch den Bund, den er aus eigenem Willen verfügte. Gott verbindet sich mit Menschen und macht deren Schicksal zu seinem eigenen. „Wer euch antastet, tastet meinen Augapfel an!" läßt ein zeitgenössischer Prophet Gott zu seinem Volk sprechen (Sach 2,12).

Zum dritten lebt der Verfasser der Priesterschrift keineswegs in einer glücklichen Zeit, die sich des göttlichen Segens sicher ist. Er schreibt nach dem völligen Ruin des alten Reiches, nach der ärmlichen Wiedereinrichtung im verwüsteten Jerusalem. Er gehört zu einem geschlagenen Volk, zu einer Generation, die an ihrer Vergangenheit trug wie keine zuvor. Für weltfremde Schwärmerei war es nicht die Zeit. Dennoch ist er sich seines Gottes sicher. Die Trockenheit seiner Sprache darf uns nicht überhören lassen, mit welch himmelstürmender Kühnheit er seinen Glauben formuliert.

Denn, zum vierten und letzten, er fabuliert nicht ins Blaue. Er antwortet bedachtsam, aber entschieden auf Fragen, die ein Jahrhundert lang die Schar der Treuen gequält hatte. Hatte der fortgesetzte Bundesbruch des Volkes den Bund nicht längst zerstört? Die alten Propheten waren nicht müde geworden, das als unausweichliche Folge der Untreue zu predigen. War man nicht wieder an Zahl gering, hatte man nicht das Land verloren, von dem man nur einen Winkel wieder bewohnen durfte — nicht als Freie, sondern als Knechte des fernen Heidenkönigs? Hatte man sich nicht, mit einem Wort, die dem Abraham gewährte Gnade ein für allemal verscherzt?

Nein! antwortet die Priesterschrift; das Land, in dem wir wohnen, hat Gott nicht nur dem Abraham, sondern ausdrücklich seinen Nachkommen für immer zu eigen gegeben. Der Bund, der mit Abraham geschlossen wurde, wurde auch mit seinen Nachkommen geschlossen als ewiger Bund: Auf ewig wird Gott Israels Gott sein. Gottes Entscheidungen sind unwiderruflich.

Den Mut zu dieser Antwort holte sich die Priesterschrift aus der jüngsten Vergangenheit. Nach dem Ende war es dennoch weitergegangen. Nachdem das Volk ausgelöscht, das Land verloren schien, war ein Rest durch die Katastrophe hindurchgegangen, war ein Zipfel des Landes wieder zur Heimat geworden — genug, um die große Zukunft wieder erhoffbar zu machen. Die Geschichte hat der Zuversicht der Priesterschrift nicht widersprochen.

Der Bundesgerechtigkeit Gottes entspricht die *Bundesgerechtigkeit des Abraham.* Die etwa tausend Jahre, die zwischen Abraham und dem Wiederaufbau Jerusalems liegen, hatten die alten Verheißungen bestätigt. Aber es war nicht nur eine Zeit der Erfahrungen mit den Verheißungen Gottes gewesen, sondern auch eine Geschichte der Erfahrung mit den eigenen Möglichkeiten, guten wie bösen. Während der Jahwist den Bund als Zusicherung Gottes dargestellt hatte, betont die Priesterschrift nachdrücklich auch die andere Seite. Der Bund erlegt dem menschlichen Partner, Abraham-Israel, eine allgemeine und eine besondere Verpflichtung auf.

Eine *allgemeine:* „Geh deinen Weg vor mir und sei rechtschaffen". Es ist nicht ganz einfach, diese Verpflichtung genauer zu umschreiben. Wahrscheinlich hat sich nicht einmal der Verfasser dabei etwas Genaueres vorgestellt. Für ihn war ja der Abrahamsbund längst bestimmt durch den Sinaibund; einen „bloßen" Abrahamsbund gab es gar nicht. Nach dem Sinai aber war klar, was Israel tun mußte: das Gesetz halten, sowohl die Vorschriften, die den Gottesdienst als auch die Weisungen, die das Leben mit dem Nächsten betrafen. Vielleicht geht es hier, in einem unbestimmten Sinn, um das gleiche: Wer nach Gott ausschaut, sich ihm hingibt, in Glaube und Vertrauen den gewiesenen Weg geht, der geht seinen Weg vor Gott, und rechtschaffen (eigentlich „fehlerlos", „vollständig") ist, wer all seinen Verpflichtungen nachkommt, die er anderen gegenüber hat. Von Noach hatte es die Priesterschrift gesagt, weil er nicht wie die anderen gewalttätig war.

In einer etwas undeutlichen Form treffen wir wohl auf die doppelte

Forderung von Religion und von Ethik, von Gottesliebe und Nächstenliebe.

Desto deutlicher ist die zweite Verpflichtung: die *Beschneidung.* Die Priesterschrift führt die Beschneidung nicht auf die Gesetzgebung am Sinai zurück, sondern setzt sie als älter voraus. Darin hat sie historisch richtig geurteilt; die Beschneidung ist in der Tat uralt.

Dennoch müssen wir die Darstellung der Priesterschrift als unhistorisch ansehen. Es sind vor allem zwei Gründe gegen ihre Geschichtlichkeit anzuführen.

Die Beschneidung wird ein „Zeichen" genannt. Zeichen gehören zwar zu den alten Religionen. Die Verehrer eines bestimmten Gottes erkannte man an Zeichen: an einer Tätowierung, einer besonderen Haartracht, an bestimmten Kleidungs- oder Schmuckstücken. Ähnlich war ja auch der Sklave als Eigentum seines Herrn gezeichnet; in der hebräischen Sprache bedeutet dasselbe Wort *Äbed* sowohl *Sklave* als auch *Verehrer.* Die Beschneidung aber hätte sich als Zeichen allenfalls in einer sehr alten, zur Zeit Abrahams längst vergangenen Zeit geeignet, als die Männer noch nackt gingen. In der semitischen Welt galt öffentliche Nacktheit (anders später bei den Griechen) als entehrend. Ein Zeichen aber, das versteckt wird, ist als Zeichen unbrauchbar.

Entscheidend ist der zweite Grund. Wir wissen aus der Bibel und aus anderen alten Quellen, daß die Beschneidung in der alten Zeit, das heißt vor dem Aufkommen des neubabylonischen Reiches gegen 600 vor Christus, ganz allgemein war. Nicht nur die Israeliten, sondern alle ihre Nachbarn waren beschnitten, mit der einzigen Ausnahme der spät dazugekommenen Philister, die kennzeichnenderweise die „Unbeschnittenen" hießen (vgl. Ri 14,3; 15,18; — Jer 9,24—25). Ein Brauch, den Juda noch zur Zeit des Jeremia mit Ägyptern, Edomitern, Ammonitern und Moabitern teilte, konnte aber nicht als Zeichen einer besonderen Religionszugehörigkeit gelten.

Dazu paßt, daß im Alten Testament kein Gesetz vor dem sechsten Jahrhundert die Beschneidung aus religiösen Gründen fordert. Sie war ein Brauch, den man vollzog, ohne viel darüber nachzudenken. Doch können wir aus Hinweisen und Bruchstücken die Geschichte der Beschneidung einigermaßen rekonstruieren.

In der ältesten Zeit stand die Beschneidung in Zusammenhang mit der Hochzeit. Noch heute ist sie bei einigen Völkern als Mannbarkeitsritus bekannt. Der Brauch stammt ganz sicher aus vorisraelitischer, also heidnischer Zeit. Seine ursprüngliche Bedeutung möchte die folgende gewesen sein: Die Geschlechtlichkeit stand unter der Hoheit einer eigenen Gottheit. Wer ihren Raum betrat, mußte sich durch einen besonderen Ritus, der vielleicht als Opfer gedacht war, heiligen. Wer unbeschnitten den heiligen Bereich der Ehe betrat, den tötete der Gott (vgl. Ex 4,24—26). Hygienische Gründe sind dabei keineswegs auszuschließen, wenn sie auch sicher nicht bewußt waren: Man könnte Krankheiten, die den Unbeschnittenen trafen, als Rache der Gottheit aufgefaßt haben.

Die Vorfahren Israels — also auch Abraham — übten selbstverständlich diesen im Alten Orient weitverbreiteten Brauch. Wahrscheinlich hat man noch lange Zeit die jungen Burschen beschnitten; die Nähe des Wortes „beschnitten" zu Bedeutungen wie „noch ohne legitime Frucht" (Lev 19,23) und „unmündig" (Ex 6,12: „ungeschickt" wörtlich = unbeschnitten) weist darauf hin. Man begnügte sich, die heidnischen Deutungen auszumerzen, ohne daß man sich genötigt sah, Selbstverständliches neu zu begründen.

Im sechsten vorchristlichen Jahrhundert aber hörte unter dem Einfluß der damals beherrschenden unbeschnittenen Babylonier die Selbstverständlichkeit auf. Die Juden allein hielten an der Beschneidung fest, vielleicht nur, weil sie, um ihre Identität im Schmelztiegel des Großreiches nicht zu verlieren, an allen ihren Eigenheiten festhielten. Gegen Ende des sechsten Jahrhunderts — also bevor die Priesterschrift geschrieben wurde — unterschieden die Juden sich tatsächlich von ihren Nachbarn durch die Beschneidung.

Im Vielvölkerreich Babels (und bald darauf der Perser) war die Beschneidung zu einem bewußten Bekenntnis zum Judentum geworden. Zu einer Zeit, da nicht mehr Landesgrenzen und ein eigener Staat, sondern nur noch der Glaube den Rest Israels zusammenhielt, schloß das das Bekenntnis zum Glauben der Väter ein. So war tatsächlich die Beschneidung zu einem Zeichen geworden, daß man zum Bund mit Abraham (und zum Sinaibund) stehen wolle. Die Priesterschrift datiert das nur vor. Das war angemessen in einer Zeit, in der als gültig nur das angesehen wurde, was auf ein hohes Alter zurückblicken konnte. Beschnitten wurden die Knaben inzwischen nicht mehr im Burschenalter, sondern acht Tage nach der Geburt. Die Entscheidung, Jude zu sein, war noch keine Entscheidung des einzelnen; es war die Entscheidung der Familie. Bis heute ist die Familientradition für die Religionszugehörigkeit wichtig.

Ein Jude, der seine Kinder nicht beschneiden ließ, hatte sich entschieden, nicht mehr als Jude zu gelten. Er schied aus seinem Volk, das eine Gemeinde geworden war, aus. An Todesstrafe war natürlich nicht zu denken. Der Staat war in heidnischer Hand und dachte nicht daran, Zugehörigkeit zur jüdischen Gemeinde zu erzwingen.

Der Verheißung der Nachkommenschaft im allgemeinen folgt endlich die *Verheißung* des eigenen Sohnes, *des Isaak.* Auch von Sara waren dem gelehrten Verfasser zwei Namensformen überliefert. Geschickt fügt er nun den üblicheren ein und deutet damit an, daß auch Sara (wie zuvor Abraham) durch die göttliche Umbenennung zu einem anderen Menschen geworden ist, auf besondere Weise in Gottes Dienst genommen.

Der älteren Tradition werden zwei weitere Züge entlehnt: das hohe *Alter* der Sara und das Motiv des *Lachens.* Auch das Lachen ist — wie in 21,9 das „Umhertollen" — aus dem Namen Isaak („Er — das ist Gott — lacht") abgeleitet. Welche Bedeutung die Priesterschrift ihm beimißt, ist angesichts ihrer dürren Ausdrucksweise kaum zu sagen. Es ist auf jeden Fall ein Lachen der Ungläubigkeit (vgl. zu 18,12—15). Gott geht darauf überhaupt nicht ein. So wenig wie er seinen Bund durch den Ungehorsam seines Volkes in den späteren Jahrhunderten in Frage stellen läßt, so wenig läßt er ihn abhängen von der Augenblicksreaktion der ersten Glaubenden. Gott verfügt seine Gnade souverän — über das Lachen des Unglaubens wie über die Sünde des Ungehorsams hinweg.

Zum *Segen über Ismael* vergleiche das oben Gesagte Seite 58.

Gott zu Gast bei Abraham: 18,1—33

Die beiden folgenden Kapitel stammen wieder aus der jahwistischen Tradition: sie enthalten sehr altes Traditionsgut. Man erkennt in ihnen Züge, die älter sein müssen als die Patriarchenzeit; Erzählungen, die erzählt wurden, ehe Abraham seine Gottesoffenbarung empfing.

In der ersten Erzählung vom Besuch Jahwes bei Mamre finden wir vor allem drei Motive, die uns in die Zeit des vorisraelitischen Heidentums zurückführen: die Bäume, die drei Männer und der himmlische Gast.

Da sind zunächst die *Bäume,* die „Eichen von Mamre“. Wir müssen uns darunter eine mächtige Baumgruppe vorstellen. Mamre, ein wenig nördlich von Hebron, liegt auf einer der höchsten Erhebungen des südlichen Palästinas; die Baumgruppe war weithin sichtbar.

Aus den Kampfpredigten der Propheten wissen wir, daß Bäume im Naturkult der Kanaaniter eine bedeutende Rolle spielten. Die Kanaaniter opferten den Göttern des Lebens und der Fruchtbarkeit unter „üppigen“ Bäumen (Dtn 12,2; 1 Kön 14,32; Jer 3,6.13. u. ö.). Der Grund ist leicht zu erraten: Die uralten Bäume, von unbändiger Lebenskraft erfüllt, waren Sinnbilder des Lebens, ihr Reichtum an Früchten machte sie zu Zeichen überreicher Fruchtbarkeit; den Traditionen Israels waren sie fremd.

Denn Israel sah das Wirken Gottes weniger in den Kräften der Natur als in den Ereignissen der Geschichte. Abraham und Jakob, ihre Wanderungen, und wie sie in Gefahr gerieten und gerettet wurden — solche Geschehnisse gehören in das Glaubensbekenntnis Israels, nicht heilige Bäume.

Dennoch konnten sich die einwandernden Stämme der Faszination, die von den großen Bäumen ausging, nicht ganz entziehen. Neben den heiligen Hainen, unter denen israelitische Bauern ins halbe Heidentum zurückglitten, erscheinen in der biblischen Tradition wenigstens zwei Bäume an Plätzen echter Jahweverehrung: die Baumgruppe von Mamre und die Eiche von Sichem, die eine aus den Abrahams-, die andere aus den Jakobsgeschichten (Gen 35,4; Jos 24,26).

Sichem war — das haben Ausgrabungen bewiesen — ein sehr altes Heiligtum. Der Baum, unter dem sich die Leute des Jakob trafen, war sicher schon vor ihnen verehrt worden. Die Einwandernden übernahmen oft die heiligen Stätten der älteren Bevölkerung, wie archäologische Untersuchungen zeigen. Mit Mamre wird es sich ähnlich verhalten haben.

Das spätere Israel hat, wie Bonifatius, die heiligen Eichen der Heiden umgehauen und ihre heiligen Stätten verwüstet. Die Väter waren großzügiger. Sie merzten das Fremde nicht aus; sie suchten in den Erfahrungen der Fremden ihre eigenen wiederzuerkennen.

Vielleicht können wir die alte Erfahrung noch nachempfinden. Man ging in der heißen Mittagszeit über die Höhen; da trat man in den Eichenhain. Man setzte sich in den Schatten, hörte in den mächtigen Zweigen den Wind rauschen und spürte: Da sind nicht nur Bäume; hier waltet eine gnädige Macht. Im Wahrnehmbaren erfuhr man die verborgene Tiefe der Welt.

Schon bevor Abraham lebte, wird eine Geschichte von dieser Erfahrung erzählt haben, und diese Geschichte stimmte ihre Hörer wiederum darauf ein, das Göttliche des Ortes neu zu erspüren. Als dann die Leute des Abraham auf ihrer Wanderung bei Mamre vorbeikamen, hörten sie nicht nur das Rauschen der Eichen, hörten sie nicht nur die Geschichte, die das Rauschen deutete: Sie erkannten im Rauschen und in der Erzählung den Gott ihres Vaters Abraham wieder. Sie übernahmen Heiligtum und Geschichte, und Mamre wurde ihnen, den ruhelos Wandernden, zur Heimat.

Abraham lagert also im Schatten der heiligen Bäume. Da schaut er auf: Drei Männer stehen vor ihm. Die Geschichte sagt nicht, woher sie kamen, und man darf auch nicht danach fragen, denn die drei kommen aus dem Geheimnis. Ihr Gastgeschenk, der Sohn der Unfruchtbaren, wird offenbaren, daß sie Himmlische sind.

Die Alte Welt war voll von solchen Erzählungen. Im Anfang, so glaubte man, haben Götter und Menschen miteinander verkehrt; es konnte immer noch sein, daß ein Gott, wenn auch in veränderter Gestalt, den Menschen begegnete. Noch die Lykaonier, denen Paulus und Barnabas predigten, rechneten mit dieser Möglichkeit: Sie hielten die beiden für den Göttervaters Zeus und seinen Boten Hermes (Apg 14,8 bis 18).

Verräterisch ist die Dreizahl. *Drei* Himmlische passen in eine heidnische, nicht in eine biblische Geschichte. In allen anderen Offenbarungsgeschichten sehen sich die Patriarchen immer nur dem *Einen* gegenüber. Zwar wird in der jetzigen Form die Dreizahl mit dem biblischen Glauben an den Einen in Übereinstimmung gebracht: Es handelt sich um Jahwe und zwei Begleiter, die als „Engel", das ist Boten Jahwes (erst 19,11) gedeutet werden. Doch zeigt unser Text deutlich, daß die Harmonisierung nachträglich ist. Von Vers 2 bis Vers 9 treten die drei immer zusammen auf, sie sprechen sogar zusammen (5.9); erst von Vers 10 an redet nur noch der Eine, Jahwe. — Aus diesem unvermittelten Wechsel und einem Übersetzungsfehler der altlateinischen Bibel in Vers 2 (tres vidit et unum adoravit = drei sah er, und einen betete er an) hat die alte Kirche einen Hinweis auf die Dreifaltigkeit herausgelesen.

Eine alte Erzählung sprach also von drei Himmlischen; vielleicht dachte man sich den Eichenhain als ihre Wohnstätte. Die Plötzlichkeit ihres Erscheinens ließe sich so erklären. Wie dem auch sei — sie erscheinen dem Abraham als Fremde, die er zu Gast einlädt.

Damit stoßen wir auf ein drittes Motiv der alten heidnischen Welt: Götter besuchen als Gäste die Menschen, und je nach der Gastlichkeit oder Ungastlichkeit der Sterblichen zeigen sie sich als deren Richter oder Belohner.

Die bekannteste heidnische Parallele ist die Erzählung von Philemon und Baucis. Saturn und Jupiter besuchen die Erde in menschlicher Gestalt. Nirgendwo werden sie aufgenommen, außer bei dem bejahrten und armen Paar. Zur Strafe bricht die Flut über das ungastliche Land herein; nur Philemon und Baucis werden gerettet, ihre Hütte verwandelt sich in einen Tempel (Ovid, Met. VIII, 617—619). In einer anderen Erzählung wird dem Orion zur Belohnung seiner Gastlichkeit ein Sohn verheißen. — Ein oft zitierter Vers aus Homers Odyssee (XVII, 485—487) beweist, daß solche Geschichten nicht selten waren:

> Denn auch selige Götter, in wandernder Fremdlinge Bildung,
> jede Gestalt annehmend, durchgehn oft Länder und Städte,
> daß sie der Sterblichen Frevel sowohl als Frömmigkeit schauen.

Schon die antiken Heiden also glaubten, daß sich die Gottheit in der Gestalt des Mitmenschen, besonders des schutzbedürftigen Gastes verbergen könne, und daß, wer dem Nächsten, zumal dem Gast, diene, der Gottheit diene — eine frühe Vorahnung des Evangeliums, das sagt: „Was immer ihr einem dieser meiner geringsten Brüder getan habt, das habt ihr mir getan" (Mt 25,40).

Die Gastlichkeit des Abraham wird auf bezaubernde Weise dargestellt. Er, der reiche Herr, behandelt die Fremden, als seien sie die Herren, er ihr Sklave. Er begrüßt sie mit der Demutsgebärde des Niederen; er bleibt stehen, während sie sitzen. Und er bewirtet sie überreichlich: ein ganzes Kalb setzt er ihnen vor und dazu Kuchen von fast einem Zentner Feinmehl!

Soweit können wir nun die vorbiblische Erzählung rekonstruieren: Im heiligen Hain von Mamre wohnen drei göttliche Wesen, die sich bisweilen den Vorübergehenden offenbaren. Wer sie einlädt, dem erweisen sie Segen. Diese Geschichte wollte dem Hörer helfen, im Eichenhain das Göttliche zu erspüren und in der heiligen Mahlzeit unter dem Baum, zu der jeder Fremde eingeladen war, sich mit der Gottheit zu vereinigen. Gleichzeitig lehrte sie, daß man im unbekannten Gesicht des Fremden göttliche Gegenwart erkennen dürfe; ja, daß dem Gott am ehesten begegne, wer dem Fremden gegenüber handelt, wie es das Gastrecht gebietet: zuvorkommend, helfend, dienend. Die Abrahamsleute haben nicht schlecht ausgesucht, als sie diese Geschichte übernahmen.

Natürlich haben sie die Geschichte dabei *verändert*. Als erstes wurde ihr die *Vielgötterei* ausgetrieben. Auf etwas gewaltsame Weise werden zwei der Gäste zu bloßen Statisten degradiert: durch den eindeutigen Einführungssatz, der allein Jahwe nennt, und durch die in die Einzahl gesetzte Anrede Abrahams (V. 3). Dem Abraham tritt immer nur der *Eine* entgegen.

Die zweite Änderung betraf die handelnden Personen. Aus mythischen Gestalten, die außer und neben der Zeit leben, wurden *historische* Personen. Damit geschah mehr, als daß ein Name durch einen anderen ausgewechselt wurde. Die Offenbarung wird aus der Natur in die Geschichte verlegt. Zwar bleiben Baum und Berg und mittägliche Stille als Vermittler der Offenbarung bestehen; Gott offenbart sich auch in der Natur. Aber wichtiger als dieser Rahmen wird der historische Vorfall: Auf den geschichtlichen Abraham (und Isaak), und nicht auf Baum und Berg führt Israel seinen Glauben zurück. Zum Glauben Israels findet nicht, wer sich an einen bestimmten Ort begibt, sondern wer sich in eine bestimmte Tradition stellt. Erst im Licht dieser Tradition beginnen auch Bäume und Berge von Gott zu reden.

Vielleicht hat schon die älteste Form der Geschichte von einem *Sohn* als Geschenk der Götter gewußt. Die Gestaltung dieses Themas aber ist neu, denn sie geht aus von dem Namen des Isaak. Der Name bedeutet: „Er (= Gott) lacht". Die semitische Vorliebe für Wortspielereien macht den Namen zu einer Geschichte: Sara hat gelacht, als sie hörte, sie solle noch Mutter werden! Es ist das Lachen der Vernunft, die weiß, was möglich ist, und der man mit Unmöglichem kommt. Sara hat recht; ihr Realismus ist begründet, wie sie mit sehr realistischen

Worten ausführt. Dennoch hat sie unrecht. Denn der Glaube erwartet seine Zukunft nicht, weil sie wahrscheinlich oder auch nur möglich wäre, sondern weil Gott sie zusagt. Gott gegenüber aber ist das Lachen fehl am Platz.

In der Erzählung bleibt die wahre Identität des Gastes auf eigentümliche Weise versteckt. Der Leser weiß zwar von Beginn an, daß Jahwe der Besucher ist; Abraham dagegen kann es eigentlich nicht wissen. Doch scheint ihm (und seiner Frau) im Fortschreiten des Geschehens immer deutlicher zu werden, wer der geheimnisvolle Fremde ist. Sein (und seiner Begleiter) knappes Reden verrät den großen Herrn, der nicht viele Worte machen muß. Das unmittelbare Aussprechen des geheimen Lebenswunsches der Eheleute zeigt übermenschliche Kenntnis, und daß der Besuch sofort weiß, was Sara denkt, weist ihn vollends als göttliches Wesen aus, denn Gott allein kennt die Gedanken des menschlichen Herzens. Da kommt auch Sara der Verdacht, der Sprechende könne der Gott ihres Mannes sein, und im selben Augenblick erkennt sie, wie unpassend ihr vernünftiges Lachen ist. Wer der Wahrscheinlichkeit der Dinge mehr glaubt als dem sprechenden Gott, ist ein Tor. Denn Jahwe wäre nicht Gott, wäre ihm etwas unmöglich. Großartig, wie der göttliche Besucher zeigt, daß er Sara durchschaut, wie knapp er bei seiner Feststellung bleibt, wie ihm aber gar nichts daran zu liegen scheint, sich angesichts ihres Unglaubens zu rechtfertigen oder den Zweifel an seiner Glaubwürdigkeit zu rächen. Die Ereignisse werden für ihn sprechen. Eine andere Antwort auf das Gelächter des Unglaubens hat auch der glaubende Mensch nicht.

Das Gespräch zwischen Gott und Abraham: 18,16—33

Der Jahwist hat oft die Geschichten, die er vorfand, nur lose aneinandergefügt; die zwei Geschichten von Mamre und von Sodom hat er jedoch in einen engeren Zusammenhang gebracht. Beide Erzählungen ähneln sich ja durch das Motiv der belohnten Gastlichkeit, bzw. der bestraften Ungastlichkeit.

Doch gibt es auch Unterschiede: die eine gehört zu den Abraham-, die andere zu den Lot-Geschichten. Wüßte man nicht, daß Lot der Neffe des Abraham ist, bliebe die Sodom-Episode ohne Bezug zu den Abrahamgeschichten. Die Abrahamgeschichte spielt auf den Höhen des südjudäischen Gebirges, die Lotgeschichte im tiefen Graben des Toten Meeres. In der Abrahamgeschichte treten drei, in der Sodomgeschichte zwei Himmlische auf.

Das Gespräch zwischen Gott und Abraham ist ein redaktionelles Mittelstück; es paßt die beiden Erzählungen einander an. Der Jahwist läßt den himmlischen Besuch hinuntergehen nach Sodom. Anderthalbtausend Meter fällt auf diesem Weg das Gebirge ab; die Landschaft bietet einen großartigen Hintergrund zum Zwiegespräch zwischen Jahwe und Abraham. Auf dem Weg trennt sich Jahwe von seinen Begleitern, die allein weitergehen; damit stimmen die überlieferten Zahlen der himmlischen Besucher wieder überein. Zudem wird der Rangunterschied zwischen Abraham und Lot deutlich: Zu Abraham kommt der Einzige selbst, zu Lot kommen nur seine Boten.

Die redaktionelle Gelegenheit benutzt nun der Jahwist, um zu einem theologischen Problem Stellung zu nehmen. Der Dialog über die Gerechtigkeit Gottes gehört zu den wenigen und deshalb kostbaren Texten, die der Jahwist selbst geschaffen hat. Sonst stellt er dar, indem er alte Geschichten auswählt, zuordnet und allenfalls ein wenig ändert.

Die Form des *Dialogs* für theologische Erörterungen war seit langem vorgegeben. Schon tausend Jahre vor dem Jahwisten wurden in Ägypten das „Gespräch des Lebensmüden mit seiner Seele" und die „Klagen des beredten Bauern" geschrieben; in beiden ging es um das Problem der Gerechtigkeit und um den Sinn des Lebens. Die Form des Dialogs stand wohl in einem inneren Zusammenhang mit dem gewählten Thema: Die behandelten Fragen waren jeweils heftig umstritten; eine endgültige, die Sache abschließende Antwort glaubte man noch nicht gefunden zu haben. Dieselbe vorsichtige Zurückhaltung findet sich auch im Dialog des Jahwisten; das Gespräch wird nicht zu Ende geführt, sondern abgebrochen. Nur die Richtung, in der die Antwort zu suchen ist, wird deutlich.

Theologische Abhandlungen waren schon damals nicht immer kurzweilig. Wer sich etwa durch das gewaltige Streitgespräch des Buches Ijob hindurchlesen will, braucht Ausdauer. Der Jahwist aber zeigt sich auch bei diesem schwierigen Geschäft als glänzender Stilist.

Nicht nur hält er seinen Dialog erstaunlich kurz. Er weiß ihn auch kurzweilig zu gestalten, und so ernst das Thema ist, so ist die Ausführung doch fast amüsant.

Den Dialog gestaltet er nicht als Gelehrtengespräch, sondern als Kaufhandel. Abraham feilscht mit Gott: nicht um Ziegen und Schafe, sondern um das Leben einer Stadt. Er handelt den Preis herunter von fünfzig auf zehn Gerechte; das hat damals keiner ohne Schmunzeln gelesen. Die Städte des alten Palästinas waren winzig, oft kaum einen Steinwurf breit. Da sind fünfzig Gerechte ein beträchtlicher Teil der Bevölkerung, zumal wenn man — wie damals üblich — nur die Familienväter zählt. Zehn Familien indes konnte man als echte Minderheit ansehen.

Amüsant scheint auch die Mischung von Demut und Kühnheit, in der Abraham zu Gott spricht. Mehrfach entschuldigt er sich, schwadroniert wortreich. Desto überlegener wirken die knappen Antworten Jahwes.

Aber diese Komik überdeckt kaum das Herzklopfen des Verfassers. Demut war das Wesensmerkmal altorientalischer Frömmigkeit. Der Fromme empfand angesichts der Gottheit nur seine Nichtigkeit; wenn er sie überhaupt anzusprechen wagte, dann flehend und beschwichtigend: Er pries den Gott und setzte sich selbst herab. Kühnheit aber im Gespräch mit Gott findet sich nur in der Bibel; sie setzt eine in jener Welt unerhörte Vertrautheit mit der Gottheit voraus. Gott eröffnet dem Abraham sein Herz, denn er hat ihn zu seinem Vertrauten gewählt. Die Einführungsworte Jahwes nehmen das Wort vorweg, das der johanneische Jesus seinen Jüngern sagen wird: „Ich nenne euch nicht mehr Knechte, denn ein Knecht weiß nicht, was sein Herr tut. Euch aber habe ich Freunde genannt, weil ich euch alles kundgetan habe, was ich vom Vater gehört habe" (Joh 15,15).

Wenn nun Gott den Abraham zu seinem Gesprächspartner macht, darf Abraham offen reden. Es liegt in der Konsequenz des Bundesgedankens, daß Abraham nicht schweigend vor der göttlichen Majestät im Staub liegt, sondern als Gesprächspartner neben Gott stehen kann.

Trotzdem gewinnen Abrahams Worte ihre Kraft nicht dadurch, daß er Gottes Günstling ist, der sich mehr erlauben dürfte als andere Menschen; sie liegt in seinen Argumenten. Abraham stimmt nicht etwa die Gottheit um; deswegen ist es verfehlt, hier von Fürbitte zu sprechen. Er weist nach, wie Gott handeln muß, wenn er gerecht ist. Denn da Jahwe ein gerechter Gott ist, kann er nicht — wie die orientalischen

Götter, die jenseits von Gut und Böse stehen — tun, was er will; sein Handeln muß der Gerechtigkeit entsprechen.

Wir spüren in dem Gespräch, wie nicht nur Abraham, sondern auch der Jahwist selber sein Herz in die Hand nimmt und Gedanken äußert, die die Menschen seiner Zeit für blasphemisch halten mußten. Die Form des Dialogs zeigt den Widerstreit zwischen altorientalischer Unterwürfigkeit und biblischer Kühnheit. Aber die Kühnheit siegt, denn die demütigen Entschuldigungen nehmen kein Wort zurück, das um der Sache willen gesagt werden mußte. Seit den Tagen des Jahwisten ist das „Rechten mit Gott" im Alten Testament nicht mehr abgerissen. Noch ist die Sprache nicht so kompromißlos und radikal wie im Buch Ijob, ein halbes Jahrtausend später. Aber der Abraham des Jahwisten, der sich seiner Schwäche durchaus bewußt ist und sich dennoch nicht einschüchtern läßt, hat den Weg eröffnet, auf dem der Mensch sich selber finden sollte.

Um welche Frage geht es im Gespräch? In den Worten des Abraham setzt sich der Jahwist mit einer Meinung auseinander, die auf die erste Frage: Willst du den Gerechten mit dem Gottlosen wegraffen? unbedenklich mit „ja" geantwortet hätte.

In der alten Zeit glaubte man, daß eine Untat nicht mit der Handlung vorübergehe. Sie blieb als Schuld auf dem Täter sitzen. (*Schuld* und *Verbrechen* werden im Hebräischen durch ein und dasselbe Wort wiedergegeben!) Der Mord brachte nicht nur das Opfer um; er schlug auf den Täter zurück und nahm auch ihm das Leben. Der Verbrecher infizierte sich sozusagen an seiner eigenen Tat; es war nur eine Frage der Zeit, wann er an ihr zugrunde ging. Jeder Leser wird alte Erzählungen auch aus unserem Kulturkreis kennen, die gleiche Anschauungen voraussetzen.

Dazu kam eine zweite Überzeugung. Jede Gemeinschaft bildete eine Art Leib, deren Glied der einzelne war. Hatte sich ein Glied an einer Untat infiziert, konnte es die ganze Gemeinschaft zugrunde richten, so wie an einem vergifteten Organ der gesamte Körper zugrunde geht. Es war für die Gemeinschaft deshalb lebenswichtig, den Verbrecher aus ihrer Mitte zu tilgen. Die Verurteilung sollte nicht der Bestrafung des Verbrechers, sondern dem Überleben der Gemeinschaft dienen. Ob man Aussätzige oder Verbrecher ächtete — man wollte sich vor der tödlichen Ansteckung retten.

Unter diesen beiden Voraussetzungen genügte ein einziger unerkannt gebliebener Ungerechter, um eine ganze Gemeinschaft zugrunde zu richten. Gab es viele Ungerechte, war eine Selbstreinigung unmöglich, und die Gemeinschaft glich einem Organismus, der so verseucht war, daß Heilung ausgeschlossen blieb.

Im Fall von Sodom (zur Sünde Sodoms vgl. S. 83) gehen beide Gesprächspartner davon aus, daß die Mehrzahl der Einwohner gottlos ist und todeswürdige Verbrechen begangen hat. Nach der alten Auffassung wäre damit das Schicksal der Stadt besiegelt. Aber gegen diese alte Auffassung wendet sich der Dialog, und zwar in zwei entscheidenden Punkten.

Erstens: Aus der Tat des Menschen folgt sein Schicksal nicht *naturnotwendig*. Es gibt einen gerechten Richter über die Welt, der die Schicksale bestimmt. — Der Jahwist läßt sich noch nicht auf jene endlose Nachrechnerei ein, ob denn die Wirklichkeit diesem Postulat in allen Einzelheiten entspricht. Er macht es sich leicht und beschränkt sich auf das Grundsätzliche: Der Richter über die ganze Erde hält sich an das Recht.

Eine liebenswerte Einzelheit der Erzählung zeigt das sehr bildhaft. Jahwe hat das Klagegeschrei über Sodom gehört; nun will er hinuntergehen und sehen, ob es sich so verhält: „Ich will es wissen!" Auf den ersten Blick setzt das eine primitive Gottesvorstellung voraus. Der Gottheit kommt zwar allerhand zu Ohren, aber allwissend ist sie nicht. Um sich genauer zu informieren, muß sie an Ort und Stelle nachschauen.

Der Jahwist liebt es, solche schon zu seiner Zeit altertümlichen Vorstellungen zu übernehmen, ihnen aber einen neuen Sinn zu geben. Das persönliche Nachschauen Jahwes soll die unbestechliche Gerechtigkeit dieses Weltenrichters illustrieren. Jahwe urteilt nicht nach Hörensagen; er stellt eine peinlich genaue Untersuchung an. Zugleich appelliert der Jahwist damit an die Richter seiner Zeit: Wenn selbst Jahwe seinen himmlischen Wohnsitz verläßt, um eine Rechtssache genau zu untersuchen, dann muß ein irdischer Richter noch sorgfältiger vorgehen, bevor er ein Urteil fällt.

Dem heutigen religiösen Sprachgebrauch ist es selbstverständlich, daß Gott gerecht sei. Zur Zeit des Jahwisten galt seit Jahrtausenden unumstößlich, daß die Gottheit mächtig ist, und daß sich ihre Macht darin offenbart, daß sie tut, was sie will, und sich nach niemand sonst richtet. Da war es eine atemberaubende Kühnheit zu behaupten, vor Gott könne man sich auf die Gerechtigkeit berufen. — Die spätere Theologie sagte, Gerechtigkeit sei Gottes Wesen. Die Frage, wie die gerechte Allmacht und die tatsächliche Wirklichkeit zusammenpassen, konnte auch sie nicht überzeugend beantworten. Daß Gott gerecht sei, kann man auch heute, so meinen wir, nur mit Herzklopfen sagen; es ist ein Bekenntnis, keine Feststellung.

Zweitens: Spätestens seit den Propheten Jeremia und Ezechiel hat man in Israel gegen die Auffassung protestiert, daß der Gerechte zusammen mit dem Ungerechten bestraft werde und der Sohn für die Sünden des Vaters büßen müsse. Hier geht es um eine weitergehende Frage: Sollte nicht der Gottlose um des Gerechten willen verschont bleiben? Wieviel ist der Gerechte in Gottes Augen wert? Die alte Auffassung sagte, ein Gottloser, ja, eine einzige Untat könne eine ganze Gemeinschaft zugrunde richten, und eben darin zeige sich die Gerechtigkeit. Der Jahwist hält dagegen: Gerecht ist, wenn wenige Gerechte mehr gelten als viele Ungerechte.

Das hat Folgerungen für die Gerechtigkeit unter Menschen. Der Rechtsfanatismus, der, um Unrecht zu ahnden, Leben zerstört, entspricht nicht der Gerechtigkeit Gottes. Auf sie kann sich nur berufen, wessen größte Sorge ist, das Leben zu schonen und zu stärken — selbst um den Preis, eine zu Recht verwirkte Strafe auszusetzen.

Das Gericht über Sodom und die Rettung Lots: 19,1—29

Die Sodomgeschichte ist eine *Ätiologie.* Ätiologien beschreiben einen Ort oder einen Landstrich (oder ein Volk oder einen Brauch), indem sie erzählen, wie er entstand. Es konnte vorkommen, daß die tatsächliche Entstehung noch bekannt war. Häufiger aber regte der gegenwärtige Zustand an, sich seine Entstehung auszudenken; dabei konnte der Erzähler auf zu seiner Zeit beliebte Motive zurückgreifen.

Trotz aller aufgewandten Mühe ist es nicht gelungen, die Lage von Sodom genau auszumachen. Aber der Text gibt genügend Hinweise, wo ungefähr er sich die Stadt denkt. Man geht von den Höhen bei Hebron dorthin hinunter; Lot rettet sich von dort nach Zoar, das öst-

lich des Toten Meeres liegt. Die Landschaft macht einen verbrannten Eindruck, trotz der Nähe des Jordans. Es gibt eine Salzsäule, die aussieht wie eine Frau, und vielleicht riecht es dort nach Schwefel.
Man braucht Palästina nur oberflächlich zu kennen, um zu wissen, wohin die Geschichte führt: in den tiefen Grabenbruch, der die Berge Palästinas von den Hochebenen Transjordaniens trennt, durch den im Norden der Jordan fließt, dessen tiefste Stelle vom Toten Meer ausgefüllt wird (400 m unter dem Meeresspiegel steht der Spiegel dieses Salzmeeres, in dem kein Leben möglich ist), und den man südlich vom Toten Meer die Araba nennt. Steinig und öde liegt das Land unter der Gluthitze der Sonne; bizarre Formationen aus Stein und Salz säumen seinen Rand, auf dem ungenießbaren Wasser warmer Quellen treiben Schwefelflocken, und das tiefblaue Wasser des großen Sees ist eine schwere, giftige Mineralbrühe — das kostbare Lebenselement pervertiert zum Bild der Unfruchtbarkeit und des Todes.
Wenn man die ein, zwei Seiten zurückblättert zu den Eichen von Mamre, oben in der klaren Luft der Berge, wo selbst in der Mittagshitze die Zweige im Wind rauschen, tritt man in eine andere Welt. Ätiologien beschreiben nicht nur, was man auf die Landkarte zeichnen kann; sie dringen ein in den Charakter des Ortes, sie stellen dar, wie er auf den Menschen wirkt. Dort oben bei Mamre waltet eine gütige Macht; hier unten lastet ein unheimlicher Fluch.
Wollen wir von der Geschichte aber Genaueres für die Landkarte wissen, läßt sie uns im Stich. Die Nennung des Jordan scheint anzudeuten, es gehe um das Land, das nun tief unter dem Spiegel des Toten Meeres liegt. Dazu paßt aber die Geschichte nicht; die Katastrophe hätte als Überflutung dargestellt werden müssen (übrigens auch, wenn nur an den seichten Südteil des Toten Meeres gedacht wäre). Darum ist wohl eher an die Gegend südlich des Meeres zu denken, an den Norden der Araba.
Ist die Erzählung geschichtlich? Hier werden wir zu keiner Sicherheit gelangen. Natürlich kann es dort Katastrophen gegeben haben; Erdbeben sind uns genug bezeugt, Schwefel entzündet sich leicht. Aber damit wäre ja nur das Material für die Geschichte gegeben. Der Zusammenhang der Katastrophe nicht nur mit dem Besuch himmlischer Boten, sondern überhaupt mit der Bosheit der Bevölkerung steht jenseits des geschichtlich Faßbaren. Selbst wenn wir das Ortsschild von

Sodom und das Türschild des Lot ausgegraben hätten, ließen wir diese Frage besser auf sich beruhen.
Viel wichtiger ist das Leitmotiv der Erzählung: die Heiligkeit des Gastrechts. Ähnlich wie in der Mamre-Erzählung scheint in der Zweizahl der Himmlischen eine Spur heidnischer Vorstellungen erhalten zu sein. Aber auch hier hat der biblische Erzähler an der Einzigkeit Gottes keinen Zweifel gelassen: Die zwei sind nur Boten, und als solche in geheimnisvoller Weise mit Jahwe identisch (vgl. den Wechsel in die Einzahl von V. 17 an und S. 58 ff).
Die Himmlischen werden von Lot gastlich aufgenommen. Lot verhält sich entsprechend dem heiligen Gastrecht: Er ist bereit, alles herzugeben, um die Gäste zu schützen, nicht nur die Ehre, sondern auch die Zukunft seiner Töchter und seine eigene Sicherheit.
Die Bewohner der Stadt aber machen ihrem schlechten Ruf alle Ehre. Die Sünde der Sodomiten ist später sprichwörtlich geworden; der heutige Sprachgebrauch entspricht jedoch nicht mehr ganz dem ursprünglichen Fall. Gewiß handelt es sich um widernatürliche Unzucht. Gleichgeschlechtliche Liebe, zumal Päderastie, hat bei vielen Völkern des östlichen Mittelmeeres eine lange Tradition. Oft war sie geduldet, bisweilen gehörte sie zum guten Ton. Übervölkerung in den engen Städten, der strenge Ausschluß von Mädchen und Frauen aus dem öffentlichen Leben und die in der ganzen Alten Welt hochgepriesene Freundschaft unter Männern haben dazu auf verschiedene Weise beigetragen. Für die aus den Steppen des Inneren einwandernden Nomaden dagegen war jede Art der Homophilie ein Greuel. Für Israel kam verschärfend hinzu, daß die heidnischen Gottesdienste mit Sexualriten durchsetzt waren; das vermehrte ihren Abscheu vor aller zur Schau getragenen Erotik.
Aber darum geht es hier erst an zweiter Stelle. Im Vordergrund steht der Bruch des Gastrechts. Das Vorgehen der Sodomiten erscheint als frecher Übergriff gegen durch das Recht geschützte Personen, als rohe Brutalität, wenn auch mit kanaanitischer Nuance. Wie gewalttätig sich der Erzähler die beabsichtigte Ausschweifung vorgestellt haben mag, zeigt ein Vergleich mit der Erzählung über die sehr ähnliche Freveltat der Benjaminiten von Gibea, nach der das mißbrauchte Opfer leblos auf der Straße liegen blieb (Ri 19,24—26). Die Bürger von Sodom sündigen also weniger durch geschlechtliche Zügellosigkeit,

als daß sie sich rücksichtslos über die Rechte anderer Menschen hinwegsetzen. Das meint auch die „Klage, die zum Herrn gedrungen ist". Wahrscheinlich lautete damals der Klage- (besser: Anklage-) Schrei „Gewalt" *(Chamás)*. Mit diesem Schrei wurde in Israel das Gericht zusammengerufen, wenn etwa ein Mord entdeckt worden war. Auch der Prophet Jesaja nennt als Sünde Sodoms (und Gomorras) die Ungerechtigkeit (Jes 1,10; 3,9).

Im Unterschied zur Mamre-Erzählung liegt der Nachdruck nicht auf dem Lob der Gastlichkeit (der Lohn für die Gastlichkeit besteht lediglich im Verschontwerden vor der Strafe!), sondern auf der Verurteilung der Gewalttätigkeit. Im Bruch des Gastrechts zeigt sich menschliche Bosheit am schrecklichsten; es ist die Sünde, die die Welt untergehen läßt. In der Sodom-Geschichte wird also das Sintflutthema abgewandelt. Ist die Wasserflut schrecklich durch ihre Ausdehnung, so der Feuerregen durch seine Plötzlichkeit. Höchste Eile tut not. In der Nacht geschah das Verbrechen, beim ersten Grauen des Morgens flieht man, und als die Sonne aufgeht, ist schon alles vorbei. Wer sich umblickt, ist verloren.

Die beteiligten Personen sind in ihrer Verschiedenheit meisterhaft gezeichnet. Jede stellt sich (oder entzieht sich) auf ihre Weise der Anforderung des Glaubens.

Lot ist gerecht; er entspricht dem Abraham der Mamre-Geschichte. Aber er ist nur ein Mann mit halbem Herzen. Unentschlossen weiß er nicht, ob er dem Ruf Gottes folgen oder in seiner liebgewordenen Umwelt bleiben soll. Schließlich geht er den Weg Gottes, aber mehr gedrängt als freiwillig.

Die einprägsame Szene, in der Lots Frau zur Salzsäule erstarrt, ist für mehrere Deutungen offen. Vordergründig erklärt sie eine Felsgestalt; noch heute zeigt man Lots Frau am Toten Meer. Das Verbot „Sieh dich nicht um!" ist häufiges Motiv in unheimlichen Geschichten; es bedeutet äußerste Gefährdung, solange der Bann des Unheimlichen dauert. Daß die Frau sieht und erstarrt, bezeugt besser als eine direkte Beschreibung die Furchtbarkeit des Geschehens.

Aber ebenso klingt das Motiv der nichtbestandenen Probe wegen mangelnder Entschiedenheit an, das auch aus anderen Erzählungen bekannt ist: Nur der Entschiedene rettet sich. Die Entschiedenheit, um die es in der Vätergeschichte geht, ist aber immer die Entschiedenheit des Glaubens. Lots Frau begibt sich zwar auf den Weg des Glaubens; aber sie unterbricht ihn, und das ist so gut, als sei sie ihn überhaupt nicht gegangen. Man wird an Jesu Wort erinnert: „Niemand, der seine Hand an den Pflug legt und umblickt, ist tauglich für das Reich Gottes" (Lk 9,62). Auf dem Weg Gottes kann man nicht unbeteiligt zusehen und abwarten.

Ganz ungläubig bleiben die Schwiegersöhne; sie lachen das Lachen des Unglaubens. Das angekündigte Ereignis scheint ihnen absurd; auf die Boten, die es ankündigen, geben sie nichts. Zum Glauben aber gehört nicht die Wahrscheinlichkeit des Geglaubten, sondern die Vertrauenswürdigkeit seiner Boten. Ohne Boten, wird später Paulus sagen, gibt es keinen Glauben und keine Rettung (Röm 10,14—15).

Ungemein eindrucksvoll nach der überstürzten Flucht und der jäh hereinbrechenden Katastrophe ist die Schlußszene: Schweigend steht Abraham und schaut von den Bergen hinab in das vernichtete Tal. Von den Höhen hat Lot einst auf die blühenden Gärten in der Ebene geschaut und sie zu seiner Heimat gewählt; klug glaubte er gewählt zu haben. Nun hat er keuchend das nackte Leben gerettet. Die Geduld des Glaubens hat den längeren Atem und die weitere Zukunft.

Vers 29 ist typisch für die Priesterschrift: Aus einer farbigen, spannenden Erzählung wird eine kurze Notiz, deren Stil an die Rettung des Noach erinnert (Gen 8,1).

Die Stammväter der Moabiter und Ammoniter: 19,30—38

Die Erzählung, wie die Töchter Lots mit ihrem Vater Unzucht treiben, mutet dem Bibelleser wieder einiges zu. Doch wäre Entrüstung ein Zeichen, daß er sie nicht verstanden hat — weder die Geschichte noch die Töchter.

Hier stoßen wir wieder auf eine Stammessage (vgl. S. 6). Ammon und Moab sind Nachbarvölker Israels. Ammon besiedelte das Hochland östlich des Jordantals; der Name ist bis heute in der jordanischen Hauptstadt Amman erhalten. Moab wohnte südlich davon, östlich von der Nordhälfte des Toten Meeres. David hat beide Völker unterworfen und hart behandeln lassen (2 Sam 8,2; 10,12.26—30); sie haben es später ihren verhaßten Zwingherren zurückgezahlt. Aber davon konnte der Jahwist noch nichts wissen.

Unsere Geschichte sagt über Ammoniter und Moabiter zweierlei: Erstens: sie sind Israels Vettern. Das ist historisch einwandfrei. Beide Völker gehörten (mit den Edomitern) zur selben geschichtlichen Einwanderungswelle wie die Zwölf Stämme.

Zweitens: sie sind reinblütig; sie haben sich nicht mit den älteren Einwohnern vermischt. Auch das ist historisch einigermaßen zuverlässig. Ihr Gebiet war, als sie es in Besitz nahmen, weniger besiedelt als Palästina.

Die Handlung wird aus den Namen entwickelt. Moab wird gedeutet als *me-ab*, „vom Vater"; Ammon („Volk") wird abgeleitet von *ben-ammi*, „Sohn meines Verwandten".

Ob die Geschichte in der jetzigen Form Ammoniter und Moabiter wegen ihrer Reinblütigkeit loben will, ist fraglich. Unmöglich ist es nicht. Die höchste Pflicht einer Frau war, der Sippe durch die Geburt eines Sohnes zu dienen. Dieser Pflicht kommen die beiden Töchter in einer ausweglosen Lage nach, indem sie eine List gebrauchen. Das charakterisiert beide Völker zusätzlich als klug und listenreich.

Wahrscheinlicher ist jedoch, daß die Erzählung beide Völker herabsetzen will: Sie haben keinen ordentlichen Stammbaum — ein vernichtendes Urteil im sippenstolzen Orient. Schon einmal hatte der Jahwist eine Geschichte übernommen, in der widernatürliche Unzucht mit übermäßigem Weingenuß in Verbindung gebracht wurde: die Erzählung vom trunkenen Noach und seinem verderbten Sohn-Enkel Kanaan (Gen 9,20—25). Dort war der Sinn eindeutig: Die Kanaaniter sind ein ausschweifendes, perverses Volk. Vielleicht will er auch diese Geschichte so verstanden wissen; die Moabiter galten immerhin als tüchtige Weintrinker (vgl. Jes 16; Jer 47).

Der Leser mag selbst entscheiden, woran er Anstoß nehmen will: an der List zweier vereinsamter Frauen oder an der gehässigen Herabsetzung zweier Nachbarvölker. Das zweite hat in der Geschichte eine ungleich verhängnisvollere Wirkung gehabt. Das Verhältnis Israels zu seinen schwächeren Nachbarn steht auf der dunkelsten Seite des Alten Testaments, und es ist ein schwacher Trost, daß diese Seite bei anderen Völkern jener Welt nicht heller war.

Abraham in Gerar: 20,1—18
Vergleiche dazu Seite 38 f.

Isaaks Geburt: 21,1—8

So kurz der Bericht über die Geburt des lange ersehnten Isaak ist, so mischen sich in ihm doch Stücke aus mehreren Quellen. Deutlich erkennen wir die Priesterschrift, die von der Beschneidung spricht (vgl. Gen 17!) und das Alter des Abraham nennt (vgl. S. 35). Das Alter der Sara läßt sich daraus berechnen (vgl. 17,17). Sie ist neunzig Jahre alt. Das ist in der Priesterschrift nach zwei Seiten hin bedeutsam. Einmal, auf der realen Ebene, unterstreicht es das Wunder ihrer Fruchtbarkeit. Dann aber, auf der mystischen Ebene, bedeutet höheres Alter höhere Würde, größere Nähe zum göttlichen Ursprung (vgl. in der Urgeschichte Gen 5!).
Vom Jahwisten würde man eigentlich erwarten, daß er von einem neuen Besuch Jahwes in Mamre erzählt (vgl. 18,10!). Der Redaktor scheint seine Vorlage gekürzt zu haben; er ist außer an der Geburt nur an zwei Einzelheiten interessiert.
Einmal bringt er weitere Erklärungen des Namen *Isaak*. Sara, die Mutter, lacht das Lachen derer, die ihre Hoffnung schon begraben hatten und wider alle Erwartung doch das ersehnte Ziel erlangen (6a). Die Leute lachen spöttisch über Sara; so lacht die Masse über den Außenseiter, selbst wenn er im Glück ist. Die Masse liebt keine Auffälligkeiten. Das Auffällige bringt sie nicht zum Staunen, sondern zum Spotten.
Zweitens schließt er eine kurze Notiz über die *Entwöhnung* des Isaak an. Wir erfahren, daß bei dieser Gelegenheit — wohl drei Jahre nach der Geburt — ein großes Fest gefeiert wurde. Bei der hohen Säuglingssterblichkeit der alten Zeit war es eine Art nachgeholtes Geburtsfest.

Hagar und Ismael: 21,9—21
Vergleiche dazu Seite 60—62.

Der Vertrag Abrahams mit Abimelech: 21,22—34
Vergleiche dazu Seite 106 f.

Abrahams Opfer: 22,1—19

Wie so manche Vätererzählung hat auch die berühmte Erzählung vom Opfer Abrahams ihre Geschichte gehabt. Diese Geschichte hat Spuren im Text hinterlassen, und noch heute sind drei Schichten zu erkennen. Die vielleicht älteste Schicht gehört zur *Ätiologie* eines *Kultorts,* einer Erzählung also, die an einem Heiligtum überliefert wurde und angab, warum man das Heiligtum besuchte. So gut wie immer — und daran hat sich bis zu den Wallfahrtsorten, die man heute besucht, nichts geändert — wurden Wallfahrten mit einer *Erscheinung* begründet. Wenn in Israel jemand hörte, daß auf diesem Berg Gott dem Abraham erschienen war, dann war es ihm Grund genug, auch dorthin zu gehen; wenn Abraham dort ein Opfer dargebracht hatte, durfte auch er ein Opfer darbringen. Die Frage der Historizität ist in solchen Fällen immer schwer zu klären, weil die meisten Wallfahrtsorte schon vor der Einwanderung der Abrahamsleute und der Zwölf Stämme Heiligtümer gewesen waren und man sie nicht als Jahwestätten erst einrichten, sondern zu solchen nur umwandeln mußte. Dabei könnten sie eine Zeitlang mehreren Verehrergruppen gleichzeitig gedient haben. Bekanntere Wallfahrtsorte haben heute noch ein größeres Einzugsgebiet; der ideale Wallfahrtsweg ist *drei Tagemärsche* lang.
Diese Schicht der Erzählung ist nicht vollständig erhalten. Zwar sind der Wallfahrtsweg, der Berg, das Opfer, die Erscheinung da, aber das Wichtigste fehlt: die genaue Ortsbezeichnung. Schon die ungefähre Ortsangabe „Land Morija“ ist geheimnisvoll, denn dieses Land ist sonst in der Bibel nirgends bezeugt. In einer späteren Schrift wird der Name auf den Tempelberg bezogen (2 Chr 3,1), aber den — ein Teil des Berges Zion — hätte man niemals ein Land nennen können, und so ist die späte Lokalisierung kaum mehr wert als die noch spätere muslimische Tradition, die meint, Morija sei der Ort der großen Moschee von Damaskus.

Zwei Wortspiele mit dem Namen des Opferberges hat uns der Text erhalten: „der Herr sieht“ und „der Herr läßt sich sehen“ (14); beide klingen im Hebräischen entfernt an *Morija* an. Ob man aber nun den ursprünglichen Namen des Ortes geändert oder weggelassen hat, ob der Wallfahrtsort in späterer Zeit den Jahweverehrern verdächtig geworden war oder einfach in Vergessenheit geriet — da der heutige Leser kaum noch ein Interesse daran hat, auf dem Berg Opfer darzubringen, wird es ihn nicht eben sehr bekümmern.

Ergiebiger ist die zweite Schicht der Erzählung; man könnte sie die *Ätiologie* eines *Kultbrauches* nennen. In Israel gab es seit alter Zeit die Gewohnheit, alle männliche Erstgeburt zu opfern, mit Ausnahme der menschlichen; die wurde „ausgelöst", das heißt durch ein anderes Opfer ersetzt. In späterer Zeit war das ein Geldopfer (Ex 34,19—20), in früherer sicher das Opfer eines Tieres, etwa eines Widders.

Genau das aber ist der Inhalt der Geschichte. Das Opfer des männlichen Erstgeborenen wird durch ein Ersatztier ausgelöst.

Der israelitische Kultbrauch war sehr alt und reicht sicher in die Zeit vor den Vätern zurück. Der allgemeine religiöse Grundgedanke war wohl, daß der Gottheit von allem das Beste gebührt. Das Erste aber galt als das Beste. Es war also zu opfern, das heißt der Gottheit zu übereignen oder besser: zurückzugeben. Die Opferhandlung sollte das Opfertier nicht vernichten, sondern es der Gottheit zuführen. Nur für den Menschen wurde es vernichtet, bzw. seiner Nutzung entzogen. Opfer sind der Tribut an die Herren der Welt.

Später hat Israel den Brauch als Erinnerung an ein wichtiges Ereignis aus seiner Geschichte gedeutet: Damals, als Jahwe uns aus Ägypten befreite, hat er die Erstgeburt der Ägypter geschlagen, die unsere aber verschont! Zur Erinnerung daran weihen wir heute noch dem Herrn unsere Erstgeburt (Ex 12.13).

Auch unsere Geschichte versucht, die alte Sitte zu erklären. Sie gibt Antwort auf die „Kinderfrage" (Ex 12,26; 13,8): Warum tun wir in Israel das? Daß die Heiden ihre Kinder opferten, wußte ganz Israel; daß auch in Israel noch in geschichtlicher Zeit Kinder geopfert wurden, erzählt uns die Bibel selbst (1 Kön 16,34). Für den abweichenden Brauch mußte eine Begründung gegeben werden. Und die war: Abraham, unser Vater, war bereit, seinen Erstgeborenen zu opfern; aber Gott hat es nicht gewollt, weil er ihm durch den Erstgeborenen eine große Zukunft schaffen wollte.

Die Erklärung verurteilt nicht einfach — wie es in Israel meist geschah (vgl. Lev 20,1—5) — das Kinderopfer als Greuel. Hätte Abraham Gott seinen Sohn geopfert, dann hätte er keine Untat begangen, sondern ein Beispiel der völligen Hingabe an seinen Gott gegeben. Daß — so lautet die Antwort unverschlüsselt — Israel seinem Gott keine

Kinder opfert, bedeutet nicht, daß Israel seinen Gott weniger verehrt als die Heiden die ihren. Es bedeutet, daß Gott keine Kinderopfer will, und da es immer möglich ist, im Besonderen das Allgemeine zu sehen, wird man auch hier verallgemeinern dürfen: Gott will für die Seinen nicht den Tod, sondern das Leben — so beim einzelnen, so beim Volk.

Auch zur Geschichtlichkeit dieser Schicht ist es fast unmöglich, etwas Bestimmtes zu sagen. Es ist durchaus denkbar, daß der historische Abraham versucht hat, seinen Erstgeborenen zu opfern im Glauben, damit eine Forderung Gottes zu erfüllen. Er hätte sich dabei ganz im Rahmen der Vorstellungen seiner Zeit bewegt. Aber ebenso kann die Geschichte als Antwort auf eine Frage konstruiert worden sein, als eine Lehrerzählung, in der Abraham von Anfang an Israel, sein Sohn Isaak die Erstgeborenen in Israel und der im Dornbusch verhedderte Widder das übliche Auslösungsopfer bedeutete.

Aber das ist nicht so wichtig, weil die Geschichte, wie sie uns jetzt vorliegt, eine dritte Ebene hat, und die ist jetzt die eigentliche. Sie geht von einem Glaubensproblem aus, das gleich in dem einführenden Satz genannt wird: der *Versuchung*.

Diesem Begriff, auf Gott bezogen, begegnet der heutige Mensch meist mit einem theologisch-moralischen Vorbehalt: Wie kann Gott den schwachen Menschen zur Sünde versuchen? Er sieht darin ein unnötiges Experiment, das zudem mit Quälereien verbunden ist. Daß die Quälereien in diesem Fall nicht körperlich, sondern seelisch sind, macht sie nicht annehmbarer. Die spätere biblische Zeit hat denn auch geflissentlich vermieden, Gott eine Versucherrolle zuzuschreiben; diese Funktion übernahmen böse Menschen oder der Satan (vgl. Ijob 1.2; 2 Sam 24,1 und 1 Chr 21,1). Aber böse Menschen oder Satan treten in unserer Erzählung nicht auf; desto unzumutbarer wird sie unserem moralischen Empfinden.

Wenn wir so argumentieren, haben wir den Ausgangspunkt dieser alten Geschichte verkannt. Sie will keineswegs in die Psychologie Gottes einführen, seine Motive bei der Behandlung der Menschen aufdecken. Sie geht aus von einer Situation, in die der glaubende Mensch geraten kann und die auch der Gemeinde nicht fremd ist: Der Weg des Glaubens führt allem Anschein nach in eine Sackgasse. Wie soll der Glaubende sich verhalten?

Gott hatte dem Abraham nicht allgemein das Heil, sondern im besonderen große Nachkommenschaft verheißen. Abraham geht den Weg, der ihm dieser Zukunft entgegenführen soll, im Glauben, das heißt im Vertrauen auf Gottes Wort. Nun geht er einen Weg, der in die entgegengesetzte Richtung führt: in die Kinderlosigkeit, und zwar in die endgültige. Auch diesen Weg geht er auf das Wort Gottes hin. Damit ist sein Glaube aber ad absurdum geführt; er widerspricht sich selbst.

In der Alten Welt war der Sohn für den Vater nicht in erster Linie ein zärtlich geliebtes Wesen. Man starb damals schnell; nur ein Teil der Kinder wurde überhaupt groß. Für Empfindsamkeit war da nicht viel Platz, sonst wäre man aus dem Weinen nicht herausgekommen. Ijob scheint ganz getröstet, als ihm nach dem Tod seiner Söhne und Töchter neue Söhne und Töchter geboren werden — Hauptsache, er hinterließ Nachkommen.

Denn eben darum geht es eigentlich: um die Zukunft des Vaters. Der Sohn war kein anderes, vom Vater verschiedenes Wesen. Er war das Weiterleben des Vaters selbst, mit dem Vater in mythischer Einheit verbunden. Im hochzivilisierten Mesopotamien verfügte das Gesetzbuch des Hammurapi etwa zur gleichen Zeit, daß der Sohn eines Baumeisters zu töten sei, wenn das vom Baumeister schlecht gebaute Haus zusammengestürzt war und den Sohn des Eigentümers erschlagen hatte. Es wäre nicht angemessen, empört zu fragen, welche Schuld denn das Kind treffe, wenn der Vater schlecht gebaut hat. Im Kind sollte der Vater selbst bestraft werden.

Isaak ist also die Zukunft seines Vaters. Die Erzählung betont seine Einzigkeit. Er ist der Sohn des Alters; einen weiteren Sohn kann der Vater nicht erhoffen. Ist Isaak tot, ist auch der Vater tot, ein Mann ohne Zukunft, dessen tatsächliches Sterben nur besiegelt, was schon entschieden ist. In Erzählungen aus unserem Kulturkreis kommt es vor, daß jemand seine Seele oder sein ewiges Leben hergeben soll. Das entspricht der Situation des Abraham, nicht das Motiv von König Blaubart, der, was er liebt, grausam zu Tode bringt.

So klafft ein unüberbrückbarer Gegensatz zwischen der Verheißung: „Gehe in das Land, das ich dir zeigen werde, und ich will dich zu einem großen Volk machen!“ (12,1—3) und der Weisung: „Gehe auf einen Berg, den ich dir nennen werde, und opfere dort deinen Sohn!“

Es geht dem Verfasser nicht darum, Gottes Handeln zu erklären, sondern die Krise des Glaubenden darzustellen. Gott erscheint dem Glaubenden als eine Macht, die ihre Zusicherung nicht einhält. Nachkommenschaft hat er verheißen, Kinderlosigkeit bringt er. Das Problem ist nicht, daß Gott hart und unverständlich, sondern daß er seinem eigenen Wort zuwider handelt.

Und es wird noch zugespitzt. Die Verheißung, die den Menschen auf den Weg des Glaubens gelockt hat, wird nur dann vernichtet, wenn der Mensch weiterhin glaubt, das heißt den Weg geht, den Gott ihn weist. Eben derselbe Glaube, der das Heil verheißt, bringt dem Glaubenden das Unheil.

Wie verhält sich Abraham in dieser unerträglichen Spannung? Er geht den Weg Gottes, den Weg des Glaubens, weiter, auch wenn er ins Leere führt. Mit quälender Genauigkeit beschreibt der Erzähler den Weg, den Abraham bis zum trostlosen Ende geht: „Schon streckte Abraham seine Hand aus und nahm das Messer, um zu schlachten seinen Sohn . . .".

Dennoch wäre es falsch zu sagen, Abraham handle im blinden Gehorsam, betäubt durch seine Verzweiflung, willenlos wie ein Erloschener. Denn er sagt seinen Knechten, die unten am Berg warten: „Wir kommen zu euch zurück!" Dieses Wort darf nicht psychologisiert werden. Abraham hat es nicht nötig, vor seinen Knechten etwas zu verbergen. Noch weniger hat er es nötig, sie zu beruhigen. Auf die Gemütsstimmung seines Knechts braucht ein Herr im Alten Orient nicht einzugehen. Wir müssen das Paradox stehen lassen: Abraham hat den festen Willen, seinen Sohn zu opfern. Dennoch weiß er, daß er mit seinem Sohn zurückkommen wird. Er geht in den Tod und macht sich darüber nichts vor; dennoch erwartet er, dort das Leben zu finden.

Diese paradoxe Gewißheit ist Zeichen des Glaubens in der Versuchung oder, wie wir lieber sagen, in der Anfechtung. Man darf sie nicht auflösen in den Gegensatz zwischen handgreiflicher Erfahrung und tieferem Gefühl, auch nicht in den zwischen natürlicher und übernatürlicher Erkenntnis, zwischen Wissen und Glauben. Denn gerade der Glaube sagt dem Abraham, daß er einsam zurückkehren wird. Er weiß zweierlei, und er weiß beides sicher: Ihm ist Nachkommenschaft verheißen, und er wird die verheißene Nachkommenschaft opfern. Keine bessere Einsicht kann hier den Sieg davontragen, die Zweifel verscheuchen; jede Einsicht ist so gut wie die andere. Die Lösung liegt am Ende des Wegs, und so lange er den nicht erreicht hat, bleibt er in der Zerreißprobe. Nur wer den Weg des Glaubens bis zum Tod geht, erreicht das verheißene Leben.

Das Thema ist aus der Bibel nicht mehr verschwunden. Der Glaubende (oder die Gemeinde) verläßt den aussichtslos gewordenen Weg des Glaubens nicht und erfährt gegen alle Erwartung eine neue Zukunft. Am Ende der alttestamentlichen Zeit hat eine solche Prüfung dem Glauben an ein jenseitiges Leben zum Durchbruch verholfen. Zu Beginn der Makkabäerzeit, gegen 165 vor Christus, hatten die Behörden die Ausübung der jüdischen Religion unter Todesstrafe verboten. Wer am Gesetz festhielt, fand nicht Leben, sondern den Tod; wer Gott die Treue hielt, mußte in das Dunkel des Todes gehen. Wer jedoch den Glauben aufgab, blieb am Leben (1 Makk 1.2). Damals gingen viele Juden in den sicheren Tod. Aber da sie den Weg zum Tod im Glauben gingen, der ihnen doch Leben verhieß, erwarteten sie jenseits des Todes das Leben.

Die alte Zeit kennt nur den Raum diesseits des Todes. Was sie erzählt, muß sich in diesem Raum zutragen; die Wende vom Tod zum Leben tritt vor der Grenze des Todes ein. Im buchstäblich letzten Augenblick erfüllt sich der Glaube des Abraham: Isaak, seine Zukunft, wird ihm wieder geschenkt. Der Glaube verläßt das Zwielicht der Ungewißheit und kann wieder hinaustreten in das ruhige Licht fester Zuversicht.

Zum Thema des *„Engels des Herrn“* vergleiche Seite 58ff. — Hier wird ein weiterer Schritt unternommen, den in die Welt hineinwirkenden Gott in die Transzendenz zu entrücken. Gott erscheint nicht leibhaftig auf der Erde; er ruft auch nicht selber vom Himmel herunter; er schickt auch keinen Engel zur Erde herab — nein, auch der Engel bleibt im Himmel, in der Transzendenz, und nur seine Stimme kommt zur Erde. — Auch dieser Engel ist auf geheimnisvolle Weise mit Gott identisch (vgl. 12 c.14 a).

Die Haltung des Abraham wird rückblickend als *Gottesfurcht* bezeichnet. Das Wort hat eine lange Geschichte gehabt und ist später der Gottesliebe entgegengesetzt worden, bis es zu Vereinfachungen kam, nach denen Gott des Alten Testaments der Gott der Furcht, der des Neuen Testaments der Gott der Liebe sei. Das hat jenes alte Wort nicht verdient.

Gottesfurcht im ursprünglichen Sinn hat mit dem Gefühl der Furcht nicht viel zu tun. Der Gegenspieler der Gottesfürchtigen war der Gottlose. Der Gottlose ist in der Alten Zeit niemals ein theoretischer Atheist; er lebt nur so, als gebe es keinen Gott, und folgt ausschließlich seinem eigenen Herzen. Der Gottesfürchtige dagegen sieht sich bei allem, was er tut oder entscheidet, Gott gegenüber und richtet sich nach dessen Willen. Gottesfurcht umschreibt also etwa, was man „Leben in der Gegenwart Gottes" nennt, oder einfach Religiosität.

Die zweite Gottesrede erkennt auch der ungeübte Leser als redaktionellen Zusatz. Ein Späterer hat, durchaus passend, an dieser Stelle die Verheißungen der Nachkommenschaft und des Landbesitzes wiederholt. Die Formulierungen hat er aus bekannten Texten zusammengeholt; dabei hat er sich die feierlichsten ausgesucht. Beim Schwören rief der antike Heide eine Gottheit als Zeugen an; Jahwe aber, der keinen neben sich duldet, muß sich selber als Zeugen anrufen! Das zeigt, wie sehr man an alten Formeln hing, auch wenn man sie eigentlich nicht mehr brauchen konnte, und wie man versuchte, ihnen ihr Heidentum auszutreiben. — Auch die Formel „spricht der Herr" paßt nicht recht. Sie stammt aus der Prophetenrede (eigentlich: „Raunen Jahwes"). Hier soll sie die Feierlichkeit erhöhen.

Neu ist lediglich die Formel vom „Einnehmen der Tore". Der politische Mittelpunkt der alten Städte Palästinas war das Tor; dort wurden die Beratungen abgehalten, die über die Geschicke des einzelnen und der Stadt entschieden. Zum erstenmal wird also angedeutet, wie die Nachkommen Abrahams in den Besitz des Landes gelangen sollten: durch Eroberung. Zwar mußte sich diese Möglichkeit der Landnahme einem Nomaden der alten Zeit aufdrängen. Aber der Text, wie er vorliegt, ist lange nach der Landnahme geprägt worden. Er sagt also nur etwas darüber, wie man sich später die Landnahme vorstellte. Die historische Wirklichkeit war weniger gewaltsam und viel komplizierter. Die einwandernden Israeliten konnten nur wenige Städte erobern (vgl. S. 96 und 107f).

Vers 19 verknüpft die Erzählung redaktionell mit dem Schluß von Kapitel 21. Da Beerscheba der Mittelpunkt der Isaakgruppe gewesen zu sein scheint, verknüpft der Aufenthalt des Abraham dort die Abrahamtraditionen mit denen des Isaak; theologisch ausgedrückt heißt das: der Gott des Abraham ist auch der Gott des Isaak (vgl. S. 16).

Abrahams Verwandtschaft: 22,20—24

Nahor, der Bruder Abrahams, hat von zwei Frauen zwölf Söhne. Diese Notiz aus der Priesterschrift beschreibt einen *aramäischen Stämmebund* unter der Form einer Genealogie. Einige der genannten Namen sind an anderen Stellen der Bibel als Stammesbezeichnungen überliefert: Uz, das Land des Ijob (Ijob 1,1; Jer 25,20); Bus (Jer 25,23); Maacha (2 Sam 10,6). Kesed sind die „Kasdim", die Chaldäer, in deren Gebiet die Stadt Ur liegt, von der aus Abraham nach einer von zwei alten Traditionen aufgebrochen war (Gen 15,7).

Saras Tod und Grabstätte: 23,1—20

Die Altersangabe gleich zu Beginn des Kapitels und die Genauigkeit der Darstellung lassen auch den Nichtfachmann vermuten, daß die Erzählung vom Grabstättenkauf der *Priesterschrift* zuzuordnen ist. Aber während diese Schrift sonst trocken und abstrakt doziert, weiß sie hier charmant zu plaudern, und während sie sonst gerne das Wünschenswerte entwirft, berichtet sie hier ganz lebensnah.
Lebensnah ist das Anliegen des Nomaden Abraham; bis auf den heutigen Tag haben die umherschweifenden Nomaden feste Grabstätten, oft als einzigen Bodenbesitz. Lebensnah ist vor allem die Verhandlung zwischen Abraham und den Grundbesitzern von Hebron: in ihrer ausgesuchten Höflichkeit, im Widerwillen, vom Geld überhaupt nur zu sprechen (noch heute wird ein orientalischer Händler seine Ware zunächst zu verschenken vorgeben!), in der zähen Beharrlichkeit, die auf beiden Seiten unter artigen Formeln versteckt bleibt, schließlich in der Genauigkeit des geschäftlichen Abschlusses, die in deutlichem Gegensatz steht zur Großzügigkeit des vorausgehenden Gesprächs.
Da alles, was mit Grund und Boden zu tun hat, gerade in einfachen Gesellschaften oft erstaunlich genau im Gedächtnis bewahrt wird, scheint uns diese Erzählung geradewegs in einen Tagesverlauf des Patriarchen hineinsehen zu lassen und damit historisch im wahrsten Sinn zu sein. In der Tat spricht nichts dagegen, daß genau so in der Mitte des zweiten Jahrtausends vor Christus in Hebron verhandelt worden ist. Allerdings spricht auch nichts dagegen, daß tausend, zweitausend, dreitausend Jahre später ganz gleich verhandelt worden wäre; in den

erwähnten Verhaltensweisen ist sich der Orient über Jahrtausende hinweg treu geblieben.

Die Erwähnung von Hetitern spricht eher dafür, daß in einer späteren Zeit ein guter Erzähler eine ältere Überlieferung mit Leben ausgefüllt hat. Die Hetiter besaßen im zweiten Jahrtausend ein großes Reich, aber weit nördlich im anatolischen Hochland; später wichen sie ins nordöstliche Syrien aus. Es scheint sicher, daß Hetiter bis nach Palästina verschlagen wurden und sich dort mit der einheimischen Aristokratie verbunden haben, vielleicht auch in Hebron. Die Vorstellung aber, die Bewohner von Hebron seien schlechthin Hetiter gewesen, geht darüber weit hinaus. Sie wäre leichter erklärlich in einer späteren Zeit, als man die Hetiter nur noch als Namen aus alten Schriften kannte und glaubte, sie seien die Ureinwohner Palästinas gewesen.

Nachweisbar seit zweitausend Jahren werden die Patriarchengräber an derselben Stelle in Hebron gezeigt. Über ihnen erhebt sich heute eine in eine christliche Kirche hineingebaute Moschee. Da nach dem Zusammenbruch des Königreiches von Jerusalem im Jahr 587 vor Christus Hebron lange Zeit außerhalb des jüdischen Siedlungsgebietes lag, ist diese genaue Lokalisierung nicht sicher. Doch spricht viel dafür, daß die Abrahamleute ihre Begräbnisstätte tatsächlich bei Hebron hatten, und nichts spricht dagegen, daß sie ihren Vater Abraham dort begraben haben.

In diesem historischen Kern erschöpft sich indes keineswegs der Sinn unserer Erzählung. Sie zeigt, wie Abraham ein Unterpfand des künftigen Landbesitzes erwirbt: Im Grundstückkauf ist der spätere Erwerb des Landes vorgebildet.

Das aber ist in einem sehr viel wesentlicheren Sinn geschichtlich. Denn die Landnahme geschah ja nur ausnahmsweise so, wie wir es meist, geblendet von einzelnen Eroberungsgeschichten der Bibel, sehen: gewaltsam und blutig. In der Regel sickerten die Israeliten mehr in das Land ein, als daß sie eindrangen; in kleinen Gruppen lebten sie neben der Landesbevölkerung, schlossen Verträge mit ihr, erwarben sich käuflich Land, gewiß auch Grabstätten. Deswegen ist Abraham, der friedlich, zuvorkommend, aber zäh mit den Einheimischen um Land verhandelt, nicht nur ein erfreulicheres, sondern auch ein geschichtlich angemesseneres Symbol der Landnahme als Josua, der mit dem Speer in der Hand die Mauern von Jericho stürmt. Das wiederum ist nur ein Beispiel dafür, daß eine ältere Zeit keineswegs immer primitiver und roher sein müßte als eine spätere, und daß der Weg in die alte Vergangenheit nicht nur zu ungeschlachten Anfängen des jetzt fein Vervollkommneten führt, sondern oft zu Schätzen, die die spätere Geschichte zugeschüttet hat, und die wiederzufinden für uns einen Schritt nach vorne bedeuten könnte.

Isaak und Rebekka: 24,1—67

Viele Vätergeschichten sind gut erzählt; aber kaum eine andere wird den Leser bis auf diesen Tag so bezaubern wie die von der Brautschau des Eliёser. Den Erklärer befällt Verlegenheit. Er muß befürchten, daß sein erhobener Zeigefinger das so fein Gewebte nur durchlöchert, daß seine gelehrten Bemerkungen den Fluß der Erzählung nur peinlich unterbrechen. Er möchte dem Leser den Rat geben, zu guter Letzt den Kommentar wieder zu vergessen und und sich die ganze Geschichte laut vorzulesen: Nur so wird er ihr gerecht werden.

Einstweilen aber seien ein paar Bemerkungen erlaubt. Immerhin stammt die Geschichte aus einer alten Zeit, deren Selbstverständlichkeiten nicht mehr die unseren sind. Auch hat die Erzählung ihre Geschichte gehabt, in deren Verlauf sie nicht ganz ungeschoren blieb. Beides könnte den Leser stocken lassen und ihn mehr irritieren als die Bemerkungen des Kommentars.

Abraham ist alt und hochbetagt: So beginnen in der Regel Erzählungen, die vom Sterben eines Menschen erzählen und sein Testament überliefern. Es spricht einiges dafür, daß auch Abraham den Auftrag als seine letzten Worte übergibt. Er überträgt dem treuen Knecht die Verantwortung für seinen Sohn: Das wäre nicht nötig, würde er nicht mit seinem Tod rechnen. Am Ende kehrt die Erzählung nicht zu Abraham, sondern zu Isaak zurück, und der führt seine junge Frau nicht ins Zelt seines Vaters, sondern seiner Mutter. Der letzte Verfasser der Genesis mußte Abrahams Leben über unsere Geschichte hinaus verlängern, weil er den priesterschriftlichen Text vom Tod des Abraham sonst nicht mehr hätte anfügen können (25,7—11). Wenn aber ursprünglich Abraham nach seinen Worten an Eliёser starb, dann hat die vaterlose Waise Rebekka zum vaterlosen Waisen Isaak gefunden. Denn auch der Name Betuёls, des Vaters der Rebekka, ist offensichtlich nachträglich in die Geschichte hineingebracht worden (V. 50); er hat in ihr gar nichts zu tun (vgl. 28—29.53.55); das hätte er aber, wenn er lebend gegenwärtig gewesen wäre.

Der Großknecht des Abraham dürfte derselbe sein, der nach dem unsicheren Text 15,2 Eliëser heißt. Knecht heißt er, weil er nicht blutsverwandt ist. Er nimmt offensichtlich eine hohe Stellung ein (Offiziere und Minister hießen „Knechte" des Königs!). Das Verhältnis zwischen ihm und Abraham ist mit *häsäd* zu umschreiben (vgl. S. 64): Abraham legt ihm das Schicksal seines Sohnes vertrauensvoll in die Hand; Eliëser betreibt die Sache seines Herrn, als sei es die eigene. Eliëser schwört, indem er das Zeugungsglied seines Herrn berührt: Ein ungleich stärkerer Gestus als ein Handschlag und sicher sehr alt; übrigens weist auch das auf eine Sterbeszene (vgl. 47,29).

Während die Kamele erst zu einer wesentlich späteren Zeit als Haustiere bezeugt sind und deshalb in unserer Geschichte wohl als Anachronismus zu gelten haben, trifft es zu, daß die Mädchen der älteren Zeit unverschleiert gingen und sich überhaupt freier bewegen konnten als später. Auch darin würden wir den Fortgang der Geschichte Israels kaum als Fortschritt bezeichnen.

Laban wird uns in der Jakobsgeschichte wieder begegnen. In Übereinstimmung mit den alten Bräuchen vertritt er den verstorbenen Vater. Eine Frau brauchte damals immer einen Mann als Patron; war es nicht der Ehemann oder Vater, dann eben der Bruder. Trotzdem kommt der jungen Rebekka die eigentliche Entscheidung zu. Hätte der Vater noch gelebt, hätte er allein entschieden; die Vollmacht des Bruders ist begrenzt.

So wirklichkeitstreu unsere Geschichte ist, so war doch die Wirklichkeit, die sie schildert, nicht auf ein bestimmtes Jahrhundert beschränkt. Der kunstvolle Aufbau weist eher auf eine literarische Entstehung als auf eine historische hin. Auch war das literarische Motiv vom „Mädchen am Brunnen" damals beliebt und verbreitet (vgl. Gen 29, 1—14; Ex 2,15—21). Neben den Kamelen weist schließlich auch die Formel von Jahwe, „dem Gott des Himmels und der Erde", auf eine spätere Zeit. Entscheiden können wir die Frage nach der Geschichtlichkeit nicht mehr.

Desto sicherer erkennen wir gleich zu Beginn eine Stellungnahme des Erzählers: Das Connubium (die Verschwägerung) mit Kanaanitern ist unerwünscht. Eine scharfe Abgrenzung gegenüber der kulturell hochstehenden städtischen Bevölkerung Palästinas wäre zwar bei den ersten einwandernden Gruppen denkbar; gerade Nomaden sind oft um die Reinheit des Blutes besorgt. Aber thematisch ist der israelitisch-kanaanitische Gegensatz erst in der späteren Geschichte geworden. Mit der Einführung des Königtums in Israel begann auch der Einfluß der alteingesessenen kanaanitischen Aristokratie zu wachsen. Eine Verbindung der einflußreichen Familien untereinander lag politisch nahe. Dagegen ist jedoch im Namen des Jahweglaubens immer wieder Protest erhoben worden, ein Protest, der aus der geschichtlichen Lage verständlich war. Denn die Kanaaniter waren durch andere religiöse, rechtliche und politische Traditionen geprägt. Nicht die Reinheit des Blutes, sondern die Reinheit der Überlieferungen stand für Israel auf dem Spiel. Das forderte Konsequenzen, die bis in den familiären Bereich gingen.

Weder Tendenz noch Lehre noch auch nur Botschaft mag man die Gläubigkeit nennen, die sich in der Erzählung ausdrückt — so absichtslos wird sie mitgeteilt. Die Geschichte lebt aus dem Glauben der Väter, dem Glauben an Gott, der die Seinen auf ihren Wegen geleitet und ihren Weg „gelingen" läßt. Nichts Außergewöhnliches geschieht, kein Engel steigt vom Himmel. Wunderbar ist nichts einzelnes; wunderbar ist, wie sich alles fügt. Eliëser geht seinen Weg und schaut aus nach Zeichen, an denen er erkennen kann, daß der Gott seines Herrn bei ihm ist. Er beobachtet klug, schaut schweigend zu. Dann aber, sobald ihm klar wird, daß der Herr seine Reise gelingen ließ, handelt er entschlossen, fast stürmisch. Den Zufall erkennt er als Zugewiesenes, die Gefundene als die Zugesandte. Gott greift nirgendwo ein, denn der ganze Weg, Aufbruch, Reise, Ankunft, Rückkehr, ist von ihm gefügt. Indem der Glaubende den Weg geht, erfährt er seinen Gott; denn der Weg selbst mit seinen Belanglosigkeiten und Merkwürdigkeiten offenbart den Begleiter.

Die Nachkommen Abrahams: 25,1—6

Wie das Verhältnis Israels dem Stamm Ismael und den Aramäern gegenüber, so wird auch sein Verhältnis anderen Völkern des Ostens gegenüber in Form einer Genealogie beschrieben: Sie sind Verwandte,

haben aber am besonderen Gottesverhältnis Israels keinen Anteil. Nicht das Blut garantiert die Auserwählung, sondern das Bekennen göttlicher Taten in der Geschichte. — Die „Enkel“ der Ketura sind Unterstämme der als „Söhne“ bezeichneten Stämme.
Mit dem Leben des geschichtlichen Abraham hat diese Notiz nichts zu tun. Sie enthält überhaupt keine Geschichte, sondern politische Geographie.

Abrahams Tod und Begräbnis: 25,7—11

Vom Tod des Patriarchen berichtet, wie leicht zu erkennen ist, die Priesterschrift. Zum Alter Abrahams siehe Seite 35 und 62f.
Wer alt wird, kann sich „lebenssatt“ zum Sterben niederlegen. Die alte Zeit empfand einen solchen Tod nicht als Problem; ihre Hoffnung für den einzelnen ging nicht über dieses Leben hinaus. Wer wie Abraham sterben kann, stirbt nicht nur ergeben, sondern zufrieden. Noch am Ende der alttestamentlichen Zeit formuliert ein Weiser gelassen:
Der Tod ist das Los, das allen Menschen von Gott bestimmt ist;
was sträubst du dich gegen das Gesetz des Höchsten? (Sir 41,4).
Isaak und Ismael bestatten gemeinsam ihren Vater: ein weiterer Beweis für die Weitherzigkeit der Priesterschrift gegenüber Nicht-Israeliten.

Der Stammbaum der Ismaeliter: 25,12—18

Die Priesterschrift bringt einen weiteren Beitrag zur politischen Geographie. Wie es im Nordosten den aramäischen Zwölfstämmeverband gab, so einen ismaelitischen im Südosten und Osten. Etwa die Hälfte der genannten Namen sind aus der Bibel auch als Stämmenamen bekannt: Nebajot (Jes 60,7), Kedar (Jes 21,16—17 u. ö.), Massa (Spr 31,1), Duma (Jes 21,11 hebr.), Jetur (1 Chr 5,19; der Stamm gab der im Neuen Testament genannten Landschaft Ituräa südwestlich von Damaskus den Namen), Tema (Jes 21,14; mehr als 400 Kilometer südöstlich von Amman). Das von diesem Bund kontrollierte Gebiet war sehr ausgedehnt, aber wenig besiedelt.

Ismael erreicht ein erstaunliches Alter: Er wird zehn Jahre älter als Sara, wenn auch bei weitem nicht so alt wie sein Halbbruder Isaak — Zeichen seiner Würde und seiner Grenzen.

Geburt Esaus und Jakobs: 25,19—26

Vergleiche dazu Seite 110 f.

Verkauf des Erstgeburtsrechts an Jakob: 25,27—34

Vergleiche dazu Seite 111.

Das Leben des Isaak: 26,1—34

Isaak in Gerar: 26,1—22

Im Vergleich zu den Abraham- und Jakob-Geschichten ist das Überlieferungsgut von Isaak kärglich. Wenn die Annahme richtig ist, daß die Isaak-Tradition ursprünglich selbständig war und erst nachträglich mit den Traditionen um Abraham und Jakob verbunden wurde, dann sind alle Erzählungen, in denen Isaak wesentlich (nicht nur redaktionell) als Sohn des Abraham oder Vater des Jakob erscheint, sekundär und keine ursprüngliche Isaak-Überlieferung. Eine selbständige Rolle aber spielt Isaak nur in den Erzählungen des Kapitels 26; es enthält also die gesamte alte Isaak-Tradition, soweit sie überhaupt erhalten ist.

Wer indes die Abraham-Geschichten vor Augen hat, ist geneigt, das hohe Alter und die Selbständigkeit der Isaak-Überlieferung in Gen 26 zu bezweifeln. Zu deutlich macht sie den Eindruck eines zweiten Aufgusses von Erzählgut, das schon im Abrahams-Zyklus ausführlicher und meist auch interessanter erzählt worden ist. Das Motiv von der Gefährdung der Ahnfrau zum Beispiel erscheint hier so verdünnt, daß es gar seine Pointe verloren hat (siehe S. 39 f). Vom Streit um die Brunnen, vom Bund mit Abimelek und vom Ursprung des Namens Beerscheba wird eher noch konfuser berichtet als in 21,25—33.

Aber andere Beobachtungen und Überlegungen legen uns nahe, die Isaak-Erzählungen doch für ursprünglicher zu halten als ihre Gegenstücke im Abraham-Zyklus.

Die Ortsbezeichnungen der Abrahams-Geschichten ließen uns vermuten, daß der Mittelpunkt der Abraham-Gruppe im Gebiet von Hebron lag, beim heiligen Hain von Mamre (13,18; 18,1) und der Grabhöhle von Machpela (23; 25,9—10). Sehr viel ausschließlicher noch bewegt sich Isaak im Raum von Beerscheba und Gerar (zwischen Beerscheba und Gasa) im nördlichen Negeb; das läßt schließen, daß die Isaak-

Gruppe dort zu lagern pflegte. Ausgerechnet nun in den Erzählungen, in denen von Abraham das gleiche erzählt wird wie von Isaak, hält sich Abraham in der Heimat des Isaak auf, in Beerscheba und Gerar. Dieser Einbruch des Abraham in das Weideland des Isaak läßt vermuten, daß Abraham in ursprüngliche Isaak-Geschichten eingedrungen ist.

Auch ist es wahrscheinlicher, daß Erzählungen von einem weniger bekannten auf einen bekannteren Namen umgeschrieben werden als umgekehrt. Abraham ist in viel höherem Maße als Isaak zum Stammvater Israels geworden; wenn er zum Helden altkanaanitischer Geschichten werden konnte, konnten auch Erzählungen aus dem verwandten Isaak-Kreis auf ihn übertragen werden.

Schließlich wäre es sonderbar, wenn uns von Isaak so gut wie nichts überliefert wäre. Das aber bliebe der einzig mögliche Schluß, wenn Isaak erst nachträglich mit den über ihn erzählten Vorfällen in Verbindung gebracht wurde. Wir werden darum die Isaak-Erzählungen für grundsätzlich älter ansehen müssen als die entsprechenden Abraham-Erzählungen.

Grundsätzlich heißt nicht, in allen Einzelheiten. Dem letzten Verfasser waren die Abraham-Versionen bekannt; er hatte sie ja selber erst erzählt. Auch war ihm längst selbstverständlich, Isaak als den Sohn und Erben des Abraham darzustellen. Auf beides mußte er jetzt im größeren Zusammenhang die Isaak-Geschichten beziehen.

So unterscheidet gleich der erste Satz des Kapitels die Hungersnot zur Zeit des Isaak von der des Abraham, obschon, wenn unsere Vermutung richtig ist, die Hungersnot aus der Isaak-Geschichte in die Abraham-Geschichte gewandert ist. Ganz ähnlich behandelt noch der Evangelist Markus den Bericht von der wunderbaren Brotvermehrung, der ihm in zwei Fassungen vorlag, und den er in beiden Fassungen übernahm und so verdoppelte (vgl. Mk 6,30—44 und 8,1—10; 8,19—20).

Bei einer Hungersnot lag es nahe, ins reiche Ägypten zu ziehen, das durch das Nilwasser vom Regen unabhängig war, während in Palästina jedes Ausbleiben des Regens zu einer Dürre führte. Gerade Nomaden oder Halbnomaden, die nicht fest an einen Wohnsitz gebunden waren, sind oft zeitweise in Ägypten eingewandert.

Das Naheliegende aber wird dem Isaak verboten. Das paßt zum geschichtlichen Patriarchen. Der Vätergott war Begleiter und Führer auf dem Weg. An wichtigen Wegpunkten wird man von ihm Weisung erwartet haben. Gott verweist Isaak auf die nächste Nachbarschaft. Isaak bleibt im hungernden Land, sät seine Saat aus und erntet überreichlich, ein Vorfall, den nicht als Sinnbild zu sehen schwer fällt (vgl. Ps 126,5—6).

Noch in anderer Hinsicht weist diese Episode über sich hinaus. Schon die doppelte Nennung der Hungersnot weist ja darauf hin, daß es sich hier um eine wiederkehrende, also typische Situation für Israel handelt. Wenn hungernde Nomaden an den Grenzen Ägyptens erschienen, wurde ihnen nur deutlich, was immer zutraf. Angesichts des Reichtums, der Zivilisation, der Kunst und der Macht Ägyptens waren die Berge, Hochflächen und Täler Palästinas immer kärglich, seine Städte kümmerlich, seine Kultur provinziell. Kein Wunder, daß die Bewohner des kleinen Palästinas, Städter und mehr noch Nomaden, fasziniert zum Wunderland Ägypten schauten; es fiel schwer, sich ägyptischem Einfluß zu entziehen. „Geht nicht nach Ägypten!" wurde in späterer Zeit zu einer religiös-politischen Losung (vgl. Jes 30,1—5; 31,1; Ez 16,26): sie hatte die allgemeine Bedeutung: Verkauft eure Freiheit, eure Eigenart und euren Glauben nicht um Sicherheit und Wohlstand!

Der ursprünglich wohl sehr viel kürzere Gottesspruch (Vers 2) bot dem Bearbeiter eine gute Gelegenheit, auf den Zusammenhang zwischen Abraham und Isaak hinzuweisen. So füllte er ihn kräftig auf; Formulierungen lagen ja in genügender Zahl bereit. Die Häufung der Worte in Vers 5 erinnert an die Formeln einer späteren Zeit, in der das Halten der Gesetze zum Inbegriff der Frömmigheit geworden war: Abraham erscheint als das Muster eines gesetzestreuen Juden.

Zu 26,7—11

Vergleiche Seite 39 f.

Isaak und die Brunnen: 26,12—22

Das kurze Stück ist ein buntes Mosaik von zum Teil recht kurzen Überlieferungsstücken und redaktionellen Bemerkungen; nicht immer passen die Teilchen glatt aneinander.

Da ist zunächst das Motiv vom *Gesegneten Gottes.* Dem Gesegneten gelingt alles; er ist die theologische Variante des Sonntagskindes. Das ruft den Neid der Umwelt hervor, die den Gesegneten unfreundlich aus ihrer Mitte stößt (12—14.16—17). Einem Gesegneten aber gereicht alles zum besten. So muß die Umwelt, der der Gesegnete unheimlich geworden ist, sich wieder mit ihm versöhnen (vgl. zu 26—31).
Mehr Raum nimmt das Motiv von der *Brunnensuche* ein. Auch das ist nicht einheitlich dargestellt, schon deswegen nicht, weil es ja nachträglich auf die Brunnengeschichten des Abraham bezogen werden mußte. Deutlich hebt sich die Geschichte der drei Brunnen Esek, Sitna und Rehobot heraus. Sie faßt drei aus den Brunnennamen entwickelte Ätiologien zusammen. Streit um Brunnen gehört zum Leben der Hirten, solange es Hirten gibt.

Anläßlich des Streites erfährt der Leser Wesentliches über die Gesinnung des Isaak, ohne daß darüber ein einziges direktes Wort verloren wird. Den Patriarchen widert das Streiten an. Mögen die anderen streiten! Er überläßt gelassen das Streitobjekt den Streithähnen und wendet sich geduldig der Suche nach neuen Brunnen zu.

Unter den Weisen des Alten Orients galt es als töricht, sich in kleinlichem Streit festzubeißen. Der Streit, so meinte man, lohne meist das nicht, um was man streite. Isaak aber ist nicht nur weise. Er weiß Gott als seinen Begleiter und ist sich in diesem Glauben seiner Zukunft sicher; *darum* braucht er nicht ängstlich um die Gegenwart zu feilschen. Er ist überzeugt, daß die Zeit für ihn arbeitet, weil die Zukunft ihm gehört. Auch diese überlegene Gelassenheit des Glaubens ist vorgebildet in der Lehre der alten Weisheit, die nicht nur biblisches, sondern bestes altorientalisches Erbe ist. Aus dem gleichen Jahrtausend ist uns ein ägyptischer Spruch überliefert: „Setz dich in die Arme Gottes, und dein Schweigen wird sie niederwerfen!"

Vom gleichen Stamm wie das hebräische *Rehobot* (= Weite) ist das heute übliche arabische Grußwort *marhaba* (= weiten Raum). Aus beiden Worten klingt das Entzücken des Nomaden über seine Freiheit. Gehen zu können, wohin man will, unter einem weiten Himmel in einem grenzenlosen Land: Das ist ein urtümliches Bild für ein Leben ohne Zwänge.

Isaak in Beerscheba: 26,23—33

Zu jeder Vätertradition gehörte die Erzählung, wie und wo dem Vater der Gott sich offenbart hatte. Eben durch diese Offenbarung hatte der „Vater" ja seinen Rang erhalten. Am Offenbarungsort brachte die Sippe später ihre Opfer dar; er wurde zu einem Wallfahrtsort mit einem Altar.

Der letzte Verfasser hat den Gottesspruch am Anfang und am Ende erweitert, um ihn der Abrahams-Tradition anzupassen. Abgesehen davon dürfte der Text uraltes Gut enthalten, das aus den Anfängen der Isaak-Gruppe tradiert wurde.

Beerscheba, der Mittelpunkt der Isaak-Gruppe, ist sehr alt. Schon zweitausend Jahre vor der Zeit des Isaak war dort ein blühender Handelsort. Brunnen haben den Ort erst bewohnbar gemacht, und gewiß gab es dort ein altes Heiligtum, wahrscheinlich unter einem Baum. Denn daß Abraham, der Nomade, eine heilige Tamariske gepflanzt hätte, ist doppelt unwahrscheinlich. Heilige Bäume pflanzt man nicht, man findet sie vor, und das Sinnbild kanaanitischer Fruchtbarkeitskulte paßt schlecht in die Väterreligion.

Aus dem hohen Alter Beerschebas folgt, daß es keine Gründung der Väter sein kann. Die Geschichten vom Patriarchen, Isaak oder Abraham, und Beerscheba sind aus dem Namen des Ortes herausgesponnen worden. *Beér* heißt *Brunnen, schéba* heißt *sieben.* In der hebräischen Sprache stehen die Worte *sieben* und *schwören, einen Eid leisten,* in einem nicht mehr sicher zu klärenden Zusammenhang; *einen Eid leisten* hieße, wörtlich übersetzt, *sich versiebenen.* Aus dieser Doppeldeutigkeit sind die Geschichten wenigstens teilweise entstanden; Beerscheba heißt je nachdem *Siebenbrunn* oder *Eidbrunn.*

Unsere Geschichte geht von der zweiten Deutung aus. In Beerscheba hat Isaak mit den Einheimischen einen durch Eid bekräftigten Bund geschlossen. Dieser Bundesschluß schließt die Geschichte vom *Gesegneten* (siehe oben) ab. Am selben Tag, so weiß diese Fassung, haben die Knechte Isaaks einen Brunnen gegraben und Wasser gefunden; darum wurde der Brunnen nach dem Eid genannt.

Dieselbe Geschichte wird von Abraham in Beerscheba erzählt (21,22 bis 34). Abraham geht auf die Forderung Abimelechs und Pichols ein,

mit ihnen einen Bund zu schließen (22—24). Der Bund wird mit einem Eid bekräftigt; darum heißt der Brunnen „Eidbrunn" (27,31).
Daß in beiden Fassungen die Namen des Königs und seines Feldherrn so beharrlich genannt werden und der Vertrag auf dieselbe Weise begründet wird, obschon beides nichts mit dem Namen Beerscheba zu tun hat, läßt eine geschichtliche Grundlage dieser Tradition wahrscheinlich erscheinen. Isaak hat also mit den Einheimischen einen Friedensvertrag geschlossen. Das Interesse an dem Vertrag erlosch nicht, solange Isaak-Leute mit den Einwohnern von Gerar in Frieden lebten. Die etwas gereizte Darstellung der Isaak-Geschichte könnte darauf hinweisen, daß das Verhältnis keineswegs herzlich war, daß man sich aber an den Nichtangriffspakt hielt.
In die Erzählung vom Bundesschluß des Abraham ist eine zweite Brunnenerzählung eingesprengt. Der Brunnen von Beerscheba war Streitobjekt zwischen den Nomaden und den Seßhaften. Zunächst setzen sich die Seßhaften mit Gewalt durch. Dann wird die Angelegenheit vertraglich geregelt; der einheimische König erkennt gegen ein Geschenk — wer Geschenke nimmt, verpflichtet sich — das Recht der Nomaden auf den Brunnen an. Da das Geschenk aus *sieben* Lämmern bestand, heißt der Brunnen nun *Siebenbrunn* (21,25—27.29—30).
Der heutige Leser wird sich fragen, was ihn die Streiterein um Brunnen und Weiderechte in jenem verlassenen Winkel des Orients vor mehr als drei Jahrtausenden angehen. Gerar ist längst ein Trümmerhaufen, und die Brunnen dürften verfallen sein. Überdies bohrt man heute bessere.

Zweierlei, scheint uns, bleibt an jenen Hirtengeschichten bedenkenswert:

Einmal der Wert, den jene alte und vergleichsweise primitive Zeit auf *Verträge* legte. Im Bereich des menschlichen Zusammenlebens verließ man sich nicht auf Wohlwollen und Freundschaft, auf spontane Empfindungen. Zuneigung erschien als ein zu unsicheres Gut; auf seine Gefühle kann der Mensch nicht sicher bauen, so stark sie im Augenblick sein mögen. Er braucht die verläßlichere Sicherheit des Rechts. Der Mensch sichert sich im Vertrag vor sich selber.
Zweitens sind diese Verträge wiederum Beispiele einer ganz anderen Art von *Landnahme,* als wir sie aus anderen Erzählungen der Bibel

gewohnt sind. Vielfältige Interessen werden in vielerlei Verträgen gegeneinander abgegrenzt. Nicht immer sind die Verträge von herzlicher Zuneigung diktiert; aber sie erhalten Leben und Lebensmöglichkeiten. Darin sind sie den einfachen und konsequenten Gewaltlösungen überlegen (siehe auch S. 96).

Das Leben des Jakob: 25,19—34; 26,34—36,43; 38,1—30

Geschichten von Jakob und Esau: 25,19—34; 26,34—35; 27,1—46

Wie Abraham und Isaak ist auch Jakob eine Gestalt der Geschichte gewesen, Oberhaupt einer wandernden Sippe, Empfänger einer Offenbarung, Begründer eines Kultes. Wir werden in den Jakobs-Geschichten in vielen Fällen etwas von ihm und seiner Gruppe erfahren.

Aber stärker als Isaak, stärker auch noch als Abraham ist Jakob zu einem Inbegriff, einer Verkörperung geworden — zur Verkörperung jener politisch-ethischen Gruppe, die man in späterer Zeit die Jakobstämme nannte. Mit anderen Worten: viele Geschichten haben nichts zu tun mit dem historischen Jakob, sondern mit den historischen Jakobstämmen. Sie bringen Geschichte, aber nicht die Geschichte eines einzelnen oder die einer Sippe, sondern die eines Stämmeverbandes. In diesen Fällen sind sie einer späteren, wenn auch immer noch sehr frühen Zeit zuzuordnen, als nämlich die Stämme im Land Palästina seßhaft geworden waren.

Insbesondere gehören zu solchen Stammessagen die Erzählungen, in denen vom Verhältnis zwischen den beiden Brüdern Jakob und Esau die Rede ist. Sie spiegeln das Verhältnis zwischen zwei Völkern wider, Israel und Edom. Ähnlich hatte die Ismaelgeschichte das Verhältnis zwischen Israel und seinen nomadischen Nachbarn im Süden und Südosten beschrieben. Aber während man in Israel über die Ismaeliten und ähnliche Stämme ruhig, ja wohlwollend nachdenken konnte, war das Verhältnis zu Edom belastet.

Die Edomiter gehörten zu der gleichen Einwanderungswelle aus der Steppe wie die Stämme Israels. Sie scheinen früher als die Zwölf Stämme aus dem Dunkel der Geschichte aufgetaucht zu sein; auf jeden Fall wurden sie früher seßhaft. Sie hatten die zum Teil fruchtbaren Hochebenen und Täler des sonst sehr wilden Gebietes östlich und südöstlich des Toten Meeres in ihren Besitz gebracht. Sie waren also in vielerlei Hinsicht ihrem westlichen Nachbarn Israel zuvorgekommen; sie bildeten schon einen Staat mit eigenem Königtum, als die Zwölf Stämme noch in halber Anarchie zwischen den Kanaanitern lebten. Vor allem blieben sie freie Leute, als die Stämme Israels unter die Herrschaft der Philister gerieten. Außerdem war ihre Klugheit sprichwörtlich (vgl. Jer 49,7; Obd 8).

Unter David wurde Edom von Israel unterworfen (2 Sam 8,13—14) und sehr grausam behandelt (1 Kön 11,15—16). Aber schon unter Salomo gelang es den Edomitern, sich wieder zu befreien (1 Kön 11,21 bis 22.15). Seitdem herrschte zwischen beiden Völkern erbitterte Feindschaft. Für die Juden wurde Edom später zum Inbegriff der gottfeindlichen Macht (Jes 34). Nach einer langen, leidvollen Geschichte wurden endlich im ersten vorchristlichen Jahrhundert die Edomiter (die *Idumäer,* wie sie dann gräzisiert hießen) zwangsweise judaisiert. Herodes den Großen schimpften seine Gegner einen Idumäer.

Geburt Esaus und Jakobs (25,19—26): Die einleitenden Verse stammen aus der Priesterschrift. Wie für Abraham die Zahl 25, so scheint für Isaak die Zahl 20 wichtig: Er heiratet mit 2mal 20 Jahren, wird Vater mit 3mal 20 Jahren und stirbt mit 9mal 20 Jahren.

Die folgende, vergleichsweise kurze Notiz ist voll von stammesgeschichtlichen Anspielungen. Der alte Spruch kennzeichnet das Verhältnis zwischen den beiden Völkern Israel und Edom: Sie *streiten* sich unablässig. „Von Anfang an" heißt in biblischen Erzählungen oft so viel wie „grundsätzlich", „überhaupt". — Esau ist *rötlich.* Ein Wortspiel, denn *rot* heißt auf hebräisch *adum* (= Edom). Der Grund dafür könnten die roten Sandsteingebirge im Land Edoms gewesen sein. — Esau ist der *ältere* Bruder. Die beiden Völker sind nahe verwandt, aber Esaus Geschichte begann früher. — Esau ist mit *Haaren* bedeckt. Das ist wieder ein Wortspiel. *Se'ar* heißt *Haar,* das Bergland von Edom hieß *Se'ir.* — Ein drittes Wortspiel deutet das Verhältnis der beiden Völker zueinander. Der Name Jakob (eigentlich: Gott schützt) wird gedeutet „er packt nach der Ferse Edoms". Die Ferse galt im Altertum als verwundbarster Teil des Menschen (vgl. Gen 3,15 und die antike Sage von Achilles, der nur an der Ferse verwundbar war).

Auf die Frage, warum das jüngere Israel es doch weiter gebracht hat als das ältere Edom, hat diese Geschichte zwei Antworten bereit: Erstens: die Edomiter sind rauhe, wenig zivilisierte Burschen; Israel aber ist ein kluger Kämpfer. Der Kluge ist dem Starken überlegen. Zweitens: durch Gottes Willen ist es so geschehen, denn Jahwe selbst hat es so angesagt; für einen Orientalen war damit das Problem erledigt.

Verkauf des Erstgeburtsrechts an Jakob (25,27—34): Auch diese burleske Episode behandelt das Verhältnis zwischen Israel und Edom. Wieder wird mit dem Wort *rot (adum)* gespielt, wieder spielt das *höhere Alter* des Esau eine Rolle.

Der Nachdruck liegt diesmal bei der *Torheit* Edoms. Denn um eines augenblicklichen Vorteils willen ein viel wichtigeres zukünftiges Gut aufzugeben, ist unüberbietbare Dummheit. Auf die Frage, warum das jüngere Israel auf die Dauer das ältere Brudervolk Edom an Macht übertreffen konnte, antwortet diese Erzählung: weil Edom so über die Maßen dumm ist (oder: weil Israel so viel klüger ist).

Eigenartigerweise ist hier — und in der bekannten Erzählung Gen 27 — Esau ein *Jäger,* Jakob ein *Hirte.* Das ist eigentlich nicht repräsentativ für den Unterschied zwischen den beiden Völkern Israel und Edom. Zwar dürfte es in dem sehr gebirgigen Edom viele Jäger gegeben haben; in Israel gab es immer Hirten. Dennoch mutet es willkürlich an, die beiden Völker nach diesen Berufsgruppen zu typisieren. Vielleicht hat eine ältere Fassung der Erzählung nicht Edom mit Israel, sondern Hirten und Jäger miteinander verglichen. Solche liebenswürdigen Abgrenzungen zwischen verschiedenen Ständen gibt es ja in vielen Kulturkreisen; zwischen Fellachen (Bauern) und Beduinen (Hirten) sind sie in jener Gegend heute noch gang und gäbe, und jede Partei liebt es, sich als die klügere hinzustellen.

Der Erstgeburtssegen (27,1—40): Niemand wird bestreiten, daß der Jahwist in dieser Geschichte wieder meisterhaft erzählt: vom blinden Vater Isaak, der trotz seines Argwohns überlistet und dann entsetzt seines Irrtums inne wird; von der entschlossenen Mutter Rebekka, die skrupellos ihrem Liebling den ersten Platz verschafft; vom ängstlichen Muttersöhnchen Jakob, das, einmal auf der schiefen Bahn, sich wacker durchlügt; vom ehrlichen Naturburschen Esau, dem seine körperlichen Vorzüge nichts einbringen und, vom Klügeren überlistet, nichts Besseres weiß, als sich hemmungslos dem Schmerz hinzugeben.

Aber das Entzücken über die literarischen Vorzüge wird doch beträchtlich gemindert durch das Entsetzen über den sittlichen Tiefstand. Die Erzählung gehört zu den anstößigsten der Bibel, und viele Generationen frommer Erklärer haben sich viel Mühe gegeben, sie den Lesern verständlich zu machen.

Dabei ist das gar nicht so schwierig, wenn man sich nur von der Vorstellung löst, die Bibel dürfe nur erbauliche Geschichten enthalten. Allenfalls müssen wir uns eine Voraussetzung wieder lebendig machen, die dem alten Hörer selbstverständlich war, uns aber verlorengegangen ist: die Vorstellung vom *wirksamen Wort.*

Für uns ist ein Wort wesentlich *Aussage;* es soll vorgegebene Wirklichkeit nachzeichnen. Kommt es dem nach, nennen wir es wahr. Wir messen Worte vor allem an ihrer Wahrheit. In der alten Zeit aber erwartete man von einem Wort vor allem, daß es *Kraft* habe; ein Wort sollte Geschehen nicht nachzeichnen, sondern in Gang setzen, Wirklichkeit schaffen. — Das können wir übrigens durchaus noch nachvollziehen; auch für uns werden Befehle, Anordnungen und Gebrauchsanweisungen etwa erst sinnvoll durch ein Tun, das von ihren Worten ausgelöst und bestimmt wird.

Nun glaubte man zusätzlich in der Alten Welt, daß die Kraft eines Wortes unter anderem abhänge von dem, der es ausspricht. War der Sprechende kraftbegabt, dann war auch sein Wort mächtig; sprach er es gar in einer besonderen Situation seines Lebens aus, wurde es unwiderstehlich. Das galt insbesondere für Segen und Fluch. Zwar galt nicht jeder Segen oder Fluch als gleich mächtig; wenn jedoch ein besonderer Mensch in einem besonderen Augenblick segnete oder fluchte, dann waren seine Worte mit ungeheurer Macht geladen, die imstande war, auf lange Zeit hinaus die Wirklichkeit zu bestimmen.

Dieser Art war der Segen des sich dem Tode nahe fühlenden Patriarchen Isaak. Der greise Isaak hatte all seine Segenskraft in seine Worte gelegt und dem vor ihm Knienden zugesprochen. So wenig man einen losgeschossenen Pfeil aus der Luft wieder zurückholen kann, so wenig kann man einen wirkmächtigen Segen widerrufen. Er ist ja nicht Ausdruck einer Gesinnung, sondern entlassene Kraft. Sobald die Worte auf den Gesegneten treffen, entlassen sie ihre Macht in ihn hinein.

Beim Fluch wäre es genau so. Jakob hat Angst, sein Vater könne ihm, wenn er den Betrug merkt, fluchen. Dieser Fluch hätte ihn wie ein

Geschoß getroffen und zugrunde gerichtet. Wenn die Mutter dem Furchtsamen sagt: „Überlaß den Fluch mir!“, dann will sie ihn nicht nur beschwichtigen. Auch sie hat damit ein wirkmächtiges Wort gesprochen. Zwar kann das mütterliche Wort nicht den väterlichen Fluch unwirksam machen, aber es kann ihn umlenken, so daß der Fluch nicht den Jakob, sondern die Mutter träfe. Die Mutter ist bereit, ihr Leben für den Sohn zu opfern, denn am Fluch, den sie auf sich gelenkt hätte, wäre sie zugrunde gegangen.

Vermutlich wird der Leser die Vorstellung vom wirkmächtigen Segen oder Fluch als magisch abtun. Er würde sie betrachten als Befangenheit eines biblischen Textes in den Ideen seiner Zeit. Nur hätte diese abgetane Idee nichts mit Religion und Glaube zu tun. Sie würde mehr auf einer Fehleinschätzung der natürlichen Kraft des gesprochenen Wortes beruhen und etwa der inzwischen ja auch überholten Vorstellung, die Sonne umkreise die Erde, an die Seite zu stellen sein.

Man kann sich aber die Sache auch weniger einfach machen. Der moderne Leser könnte bedenken, wie oft auch heute noch ein einmal ausgesprochenes Wort einen Tatbestand schafft, der durch nichts mehr aus der Welt zu schaffen ist; oder welch unübersehbare Wirkungen von Kriegserklärungen und Friedensschlüssen, die doch nur aus Worten bestehen, ausgehen, und wie unwiderruflich manches ist, was wir sagen. Dann würde er den einmal ausgesprochenen Segen, den der fassungslose Sprecher nicht mehr zurückholen kann, zwar als dichterische Übertreibung, aber nicht als Irrtum sehen, und unter einer überkommenen Form würde er eine ewig gleiche Wirklichkeit erkennen.

Auf jeden Fall ist die Erzählung nun schlüssig. Ihre Antwort auf immer die gleiche Frage nach dem Verhältnis zwischen Israel und Edom ist: Israel ist listiger, darum hat es Edom überwunden. Es ist kaum wahrscheinlich, daß die ersten Hörer dabei moralische Entrüstung empfanden. Man konnte doch nur sein Vergnügen daran haben, wenn man hörte, wie der Kluge den Starken aussticht. Vor allem unter Hirten galt und gilt Verschlagenheit als lobenswerter Vorzug. Im Vergleich zu anderen alten (und neuen) Geschichten, die körperliche Kraft über alles setzen, ist das gar kein so tadelnswerter Zug.

Zwar galt es auch damals als schändlich, den eigenen Vater zu hintergehen. Aber es geht ja nicht um einen Gegensatz zwischen Vater und Sohn, sondern zwischen den beiden Söhnen. Der Text sagt nichts vom

Unwillen oder Zorn des betrogenen Vaters. Der Vater scheint sich dreinzugeben, nur der ältere Bruder gerät außer sich. Darüber konnte sich der israelitische Zuhörer nur amüsieren. — Außerdem stand die Mutter von Anfang an auf der Seite des Jakob, die schöne kluge Rebekka. Und daß die Frau sich durchsetzt gegen den Patriarchen, oder vielmehr: daß man sich darüber in Israel freuen konnte, sollte der moderne Leser eher als einen Vorzug dieser Geschichte werten. Das Lob der klugen Frau ist in Israel auch nicht verstummt.

Wenn wir diese Betrugsgeschichte als Persiflage auf das Volk Edom verstehen, haben wir sie in gewisser Weise entschärft. Sie beschreibt nur, was geschehen ist. Israel hat ja in der Tat dem nahe verwandten Edom in der Geschichte den Rang abgelaufen, und zwar viel nachhaltiger, als der Jahwist damals ahnen konnte. Niemand wüßte heute den Namen Edom, hätte Israel nicht solche Bedeutung gewonnen. Darin, daß Jakob-Israel trotz seiner ungünstigen Ausgangsposition so hoch emporstieg, und dem älteren Esau-Edom den Rang ablaufen konnte, zeigt sich seine Erwählung. Die Geschichte soll gedeutet, nicht begründet werden.

Doch immer noch bleibt eine hartnäckige Frage. Gewiß, der geschichtliche Jakob hat seinen Vater Isaak nicht betrogen, schon deswegen nicht, weil ja der geschichtliche Isaak gar nicht sein Vater gewesen war. Aber zumindest die Erzählung läßt seine Auserwählung von einem Betrug abhängen. Darf man sich denn auch nur denken, Gottes Segen dürfe man sich erlügen?

Nein, man darf nicht. Im Zusammenhang der Vätergeschichte hat der Betrug des Jakob seinen schwankartigen Charakter verloren: Die Geschichte spricht das Urteil über ihn. Der Betrüger wird betrogen, sein Verhängnis holt ihn ein. Um die sieben besten Jahre seines Lebens betrügt ihn sein Schwiegervater und Onkel; um das Glück vieler Jahre betrügen ihn seine eigenen Söhne. Am Ende, wenn sich alle Lügengespinste lösen, ist er ein alter Mann; ein Mann, den Gott nicht wegen seiner Verschlagenheit, sondern trotz seiner Gaunereien zum guten Ziel geführt hat. Der Name, aus dem die Geschichte seines Betrugs herausgesponnen war, wird zum Leitmotiv seines Lebens: Jakob heißt nun sowohl Betrüger als auch Betrogener. Wenn er durch seine List einen Schritt weiterkommt, wird er durch die List anderer um viele Schritte zurückgeworfen, und nicht seine Klugheit, sondern Gottes Gnade läßt ihn das Ziel erreichen. Aus einer Schelmengeschichte ist eine Gerichtsszene geworden.

Jakobs Flucht: 27,41—28,9

Wenn wir davon ausgehen, daß die Überlieferung von Jakob ursprünglich selbständig war, kann der Anfang des Jakob nicht in der Familie des Abraham gelegen haben. In der Tat finden wir Hinweise auf eine Herkunft des Jakob aus dem Nordosten, aus Haran — aus derselben Gegend also, in der auch Abraham beheimatet war. Für den späteren Erzähler, der die drei Väter in einen genealogischen Zusammenhang gebracht hatte, blieben zwei Möglichkeiten: entweder er ließ die Haran-Überlieferung fallen, oder er brachte Jakob aus der Gegend von Beerscheba wieder nach Haran zurück.

Es spricht für die Treue des Jahwisten gegenüber allem Überkommenen, daß er die zweite Möglichkeit wählte. Dazu gab die eben erzählte Geschichte vom Betrug des jungen Jakob die beste Gelegenheit. Um ihn der Rache seines Bruders zu entziehen (mit der dieser warten muß, solange der Vater noch lebt), gibt ihm die Mutter den Rat, nach Haran zu fliehen. Die Erzählung von der Brautwerbung um Rebekka hatte dafür vorgearbeitet: In Haran wohnt der Onkel des Jungen, Laban. (Zu 45 c vgl. 2 Sam 14,6—7.)

Eine andere Begründung für den Ortswechsel nach Haran gibt die aus der *Priesterschrift* stammende Notiz *27,46—28,9* (zu der man noch 26,24—25 vergleichen muß). Jakob-Israel soll es nicht so machen wie der ältere Bruder: Esau hatte Kanaaniterinnen geheiratet. Mit anderen Worten: die Edomiter haben sich mit den Kanaanitern vermischt; sie sind Bastarde. Das darf in Israel nicht geschehen.

Diese gehässige Beurteilung verwundert in der Priesterschrift; diese Schrift hatte doch den anderen Völkern gegenüber immer Toleranz bewiesen. Zwei Vorfälle in der jüngeren Vergangenheit, bzw. Gegenwart des Verfassers machen jedoch die Ausfälligkeit gegen Edom und gegen Mischehen verständlich.

Zum einen hatte sich das kleine Nachbarvolk über die Zerstörung Jerusalems 587 hocherfreut gezeigt und es der verhaßten Stadt, soweit das unter babylonischer Oberherrschaft möglich war, heimgezahlt. Das Büchlein Obadja zeigt, wie empfindlich die Judäer sich getroffen fühlten; auch andere biblische Texte bezeugen die Rachegedanken, die damals unter den überlebenden Juden umgingen (vgl. etwa Jes 34; Mal 1,2—5; Jer 49,7—22; Ez 35). Davon hat sich, wie es scheint, nicht einmal die aufgeklärte Priesterschrift ganz freihalten können.

Wichtiger war ein anderer Anlaß. Als das Großreich Babel sich den ganzen syro-palästinensischen Raum einverleibte, fielen mit den zahlreichen kleinen Staaten auch deren Grenzen. Die Juden lebten mit den heidnischen Nachbarn unter der gleichen Behörde. Die Mischehen zwischen Juden und Heiden häuften sich. Es ist schwer, diesen Vorgang aus dem Abstand zu beurteilen. Jedenfalls glaubten maßgebliche Kreise in Jerusalem, diese Heiraten könnten zur Auflösung der jüdischen Gemeinde führen (vgl. Neh 13,23—31). Wahrscheinlich wendet sich die Polemik der Priesterschrift gegen Heiraten zwischen Abrahamssöhnen und Heiden: Wer eine heidnische Frau heiratet, betrübt die Urmutter, und fällt wie Esau aus der Verheißung heraus.

Im übrigen ist kaum anzunehmen, daß die Edomiter sich mit der einheimischen Bevölkerung mehr vermischt hätten als später die Jakobstämme. Reinrassig war die Gemeinde Jahwes nie; sie war es desto weniger, je länger sie durch die Geschichte gegangen war. Unter der Losung des „reinen Blutes" ging es eigentlich immer um die Reinheit der Traditionen, um die „Reinheit des Glaubens". Dieses Streben ist zum Wesensmerkmal biblischer Religion geworden; allerdings auch zu einer beständigen Gefährdung. Entschiedenheit kann Vorwand eines engen Geistes sein.

Der Vorwurf, Esau habe zum Verdruß seiner Eltern Kanaaniterinnen geheiratet, setzt die Edomiter immerhin weniger herab, als es die älteren Geschichten getan hatten; und eine gewisse tolpatschige Gutwilligkeit ist dem Esau der Priesterschrift nicht abzusprechen. Er sieht wenigstens ein, daß seine Heiraten unklug waren, und nimmt zu seinen heidnischen Frauen noch eine aus dem verwandten Stamm der Ismaeliter. Die Edomiter sind eine edomitisch-kanaanitisch-ismaelitische Mischbevölkerung — so lautet der entschlüsselte Text, und diese Feststellung traf auch wohl zu.

Die Priesterschrift schont nicht nur Esau; sie schont auch Jakob. In ihrer Fassung ist nichts mehr zu finden von den unerfreulichen Vorfällen in der Familie des Isaak. Vielmehr sind Isaak und Jakob ein Herz und eine Seele. Isaak denkt gar nicht daran, Esau zu segnen, der

die Mesalliancen eingegangen war; nein, seine Wahl ist Jakob, der getreu dem väterlichen Rat in die alte Heimat geht, um sich dort eine Frau zu holen und die Familie rein zu erhalten.
An dieser Verklärung der Vergangenheit erkennt man eine spätere Zeit. Das Ideal der Priesterschrift war der „Rechtschaffene", der sich ohne Hintergedanken der Gerechtigkeit und dem göttlichen Gesetz hingibt. Da sie von der Vergangenheit nur erzählt, um ein Programm für die Gegenwart zu entwerfen, muß sie die Väter als rechtschaffene Männer darstellen. Über eine List, selbst wenn sie erfolgreich war und der eigenen Sache diente, konnte sie sich nicht mehr freuen.

Die Offenbarung an Jakob in Bet-El: 28,10—22

Die Erzählung von der Offenbarung in Bet-El ist eine Kultätiologie: Sie beschreibt diesen heiligen Ort.
Bet-El hatte einen ganz anderen Rang als Mamre oder gar das unbekannte Morija. Es war eines der großen Heiligtümer Israels. Als sich nach dem Tod Salomos Nordisrael von Jerusalem trennte, erhob Jerobeam, der König des Nordreichs, Bet-El zum Reichsheiligtum, um das Volk davon abzubringen, nach Jerusalem zu wallfahren. In der Bibel ist Bet-El zum Sinnbild gottwidrigen Kultes geworden. Allerdings entspricht dieses Urteil der Sicht Jerusalemer Theologen einer späteren Zeit. Von ihrem Standpunkt aus hatten sie recht: Jerusalem war längst zum Mittelpunkt des reinen Jahweglaubens geworden; Bet-El hatte sich vom Heidentum verseuchen lassen.
In der älteren Zeit jedoch war die Lage keineswegs so eindeutig. Jerusalem war ein noch neues Heiligtum, das keine alte Tradition für sich hatte (vgl. S. 46 f). Bet-El dagegen war uralt; es war mit der Jakob-Tradition schon verbunden gewesen, ehe David auch nur denken konnte, Jerusalem zum Mittelpunkt seines Reiches zu machen. Schon Jakobs Leute hatten dort ein Heiligtum vorgefunden; das beweisen nicht nur Ausgrabungen, sondern auch der „Gedenkstein", den unsere Erzählung auf Jakob zurückführt. Solche aufrechtstehenden langen Steine sind typisch für die Religion Kanaans (Ex 23,24; Lev 26,1; Dtn 12,2—3; Mich 5,12 u. a.); aller Wahrscheinlichkeit nach waren sie Phallussymbole, Fruchtbarkeitszeichen (wie die heiligen Bäume), und als solche dem Väterglauben völlig fremd.

Der Gott, der dort verehrt wurde, hieß vermutlich schon bei den Kanaanitern *El Bet-El,* der „Gott von Bet-El". An jenem uralten Heiligtum also, das soviel älter war als Jerusalem, hatte Jakob nach der Tradition seine entscheidende Gottesoffenbarung. Bet-El hat dann für seine Anhänger (zusammen mit Sichem weiter nördlich) eine ähnliche Bedeutung gewonnen wie Mamre für die Abrahamsippe und Beerscheba für die Isaakgruppe.

Vielleicht ist der Bericht aus zwei verschiedenen Quellen zusammengefügt. Die eine berichtete von Jakobs Traumgesicht; als Jakob aus dem Traum erwacht, erkennt er, daß der Ort heilig ist (V. 10—12.17 bis 18.20—22). Die andere wußte von einer im Schlaf gehörten Verheißung, nach deren Empfang der erwachende Patriarch dem Ort den Namen Bet-El gab (V. 13—16.19). Ein solcher Ursprung würde einige Unstimmigkeiten erklären: Vers 11 scheint anzudeuten, daß die Gegend einsam war, nach Vers 19 war dort schon eine Stadt namens Lus; Vers 16 gibt ebenso wie Vers 17 eine Erklärung für die Heiligkeit des Ortes; das Gelübde 20—22 hinkt etwas nach. Doch hat der letzte Verfasser die Texte so gut zusammengefügt, daß wir sie als Einheit erklären können.

Die nächtliche Offenbarung an Jakob enthält nun zwei Elemente: eine Schau und einen Gottesspruch. In der berühmt gewordenen Schau sieht der Schlafende eine Treppe (nicht Leiter!), auf der Boten Gottes auf und ab steigen. Die Treppe führt zu einer Himmelspforte. Um diese Schau zu würdigen, müssen wir in der Erklärung ein wenig ausholen.

Die Erdoberfläche, auf der der Mensch lebt, gilt der alten Zeit nicht nur als geographischer Begriff; sie war auch ein mythischer Raum. Sie war die Welt des Menschen, dem Menschen zugänglich, handgreiflich, offen für seine Beobachtung, seinem Zugriff unterworfen.

Diese Welt nun unterliegt dem Einfluß von Mächten, die nicht zu ihr gehören. In der mythischen Geographie werden sie über und unter der Menschenwelt beheimatet: im Himmel und in der Unterwelt.

Sprechen wir zuerst über die Unterwelt, denn die Wirklichkeit des Todes ist bis heute unbestreitbar.

Wo immer Menschen leben, erstreckt sich unter ihren Füßen die Unterwelt. Jeder fährt hinab; jedes Grab ist ein Zugang zu ihr. Aber es gibt keine Rückkehr. Einen einzigen Zugang gibt es, den man, dieser Welt zugehörig, benutzen kann; er liegt am äußersten Rand der Erde. We-

nige Heroen der Urzeit haben ihn gefunden. Aber der Masse der Menschen, dir und mir, bleibt er verborgen.
Das heißt in unserer Sprache: Der Tod hat Macht über *alle* Menschen; der Mensch aber hat letztlich keine Macht über den Tod. Er weiß nicht einmal, was der Tod ist, denn er kann ihn nicht erfahren. Doch treibt ihn brennende Neugier, das Geheimnis des Todes zu durchschauen.
Wie die Unterwelt ist der Himmel dem Menschen zugleich gegenwärtig und unzugänglich. Das heißt: Mächte, die der Mensch weder in den Griff bekommen noch auch nur erforschen kann, beherrschen ihn. Aber wie es am Rande der Welt einen Zugang zur Unterwelt gibt, so gibt es auch irgendwo eine Pforte zum Himmel. Wer sie findet, kann das Göttliche so wirklich und handgreiflich erfahren wie die Dinge des täglichen Lebens. Wir würden sagen: Diese Pforte symbolisiert die unmittelbare religiöse Erfahrung.
Diese Pforte nun findet der wandernde Jakob; aber er findet sie im Traum. Gotteserfahrung ist nicht Sache der wachen Sinnes- und Geisteskräfte des Menschen; man kann sich nicht vornehmen, sie zu machen. Sie überkommt den Menschen und überwältigt ihn. Erst im nachhinein kann er davon reden; aber dann hat er ihren Bereich schon wieder verlassen. Wirklich einordnen in seine Welt kann er sie nicht, denn das Erfahrene ist ganz anders als alles andere. Was aber den Rahmen des Gewohnten so völlig sprengt, wirkt unheimlich. Es erregt Furcht, aber die Furcht, die Antwort ist auf das Göttliche, nicht auf das Gefährliche (vgl. S. 52f).
Die auf- und absteigenden Engel bringen ein rationales Element in das archetypische Bild. Die Transzendenz der Gottheit bleibt gewahrt: Trotz der Öffnung im Himmel kann der Mensch die Gottheit nicht schauen. Ihre Immanenz, ihre Mächtigkeit im Bereich der Menschen, wird durch Engel dargestellt. Man wird sie sich vorstellen müssen als Kundschafter (vgl. Sach 1,8—11) und als Boten — als Boten allerdings nicht einer bloßen Nachricht, sondern eines wirkmächtigen Gotteswortes (vgl. Jes 55,10—11), also als Vollstrecker göttlichen Willens (vgl. etwa 2 Sam 24,16—17), nicht nur als Informanten. Gott, der unendlich Erhabene und Jenseitige, kennt doch genau die Menschenwelt und hält sie völlig in seiner Macht (vgl. dazu oben S. 60).
Der folgende Gottesspruch wiederholt in wesentlichen Teilen die Verheißungen an Abraham und Isaak, an die er auch ausdrücklich erin-

nert (vgl. zu 12,2 und 7, S. 29 und 33 f). Der letzte Vers der Verheißung ist jedoch so noch nicht vorgekommen. Zwar paßte auch die Verheißung der Nachkommenschaft und des Landbesitzes in den Erwartungshorizont wandernder Hirten; sie mögen durchaus ursprünglicher Bestandteil des Väterglaubens gewesen sein. Aber erst der letzte Vers zeigt uns das Herzstück jenes Glaubens. Gott ist der Begleiter auf dem Weg. Seine Verheißung heißt: „Ich bin mit dir!" Aus dieser Urverheißung hat sich der Urglaube artikuliert: Du bist bei mir! Und das ist wiederum der Ausgangspunkt fast aller biblischer Glaubensbekenntnisse. Ein Psalmist wird später sagen: Ich fürchte kein Unheil, denn: du bist bei mir — und es ist nur eine Frage der Zeit, was als Unheil erfahren wird — die Verlorenheit des Einsamen etwa oder die Todesangst des Sterbenden. Dieser Glaube hat das junge Christentum so unwiderstehlich gemacht: Wenn Gott mit uns ist — wer ist dann gegen uns? (Röm 8,31). In ihm liegt auch die Forderung der Nachahmung Gottes begründet: Seid heilig, denn ich, der Herr, euer Gott, bin heilig! (Lev 19,2 u. o.; vgl. auch Mt 5,48): Dem Gefährten auf dem Weg muß man sich angleichen. Die frühe christliche Theologie schließlich hat die Person Jesu nicht besser definieren können, als daß er sei der „Gott mit uns" (Mt 1,23).

Wenn wir von hier aus zurückschauen auf den Traum von der Himmelstreppe, läßt sich ein gewisser Gegensatz nicht verkennen. Im Traum war der *Ort* Bet-El außerordentlich wichtig. Warum — so fragte der Wallfahrer der alten Zeit — gehen wir nach Bet-El? Weil dort der Himmel offen steht, weil uns dort die Gottheit eher sieht und hilft.

Schon die Kanaaniter, die zum Gott von Bet-El pilgerten, hatten diesen Glauben. Vielleicht geht sogar die Vorstellung von der Himmelstreppe auf sie zurück. Vermutlich haben sie geglaubt, daß, wer dort am Heiligtum sich zum Schlafen niederlege, Offenbarungsträume habe; so ist es uns jedenfalls von vielen heidnischen Kultstätten überliefert.

Es hilft uns nicht viel weiter, wenn wir solche Vorstellungen als überholt abtun. Damit werden wir dem jetzigen Bibeltext nicht gerecht, der die besondere Erfahrung des Jakob mit der allgemeineren der frommen heidnischen Pilger nach Bet-El verbunden hat. Die Vorstellung von der Heiligkeit eines bestimmten Ortes beruht auf Erfahrung: daß man des Göttlichen nicht überall in der gleichen Weise inne werden kann; daß es Orte gibt, die darauf einstimmen, andere, die davon ablenken (vgl. S. 72f).

Der Vätergott aber ist nicht an einen bestimmten Ort gebunden; er ist der Gott des ganzen Weges. Wenn er sich offenbart, dann weniger an bestimmten Orten als in bestimmten Situationen, im erfüllten Frieden wie in härtester Not. Beides wird Jakob auf seiner Reise erleben: die Freude, am Ziel zu sein, und die Enttäuschung, sich umsonst gemüht zu haben, die Liebe zur schönen Rahel und den zähen Kampf mit dem habgierigen Schwiegervater, die Erleichterung nach der geglückten Flucht und die würgende Angst vor der Rache des Bruders. In allem wird er die Nähe des geleitenden Gottes erfahren, und auch dieser Erfahrung mag er sich oft erst im nachhinein bewußt geworden sein, in der sinnenden Rückschau auf die zurückgelegte Wegstrecke.

Es wäre vielleicht im Sinne einer bestimmten theologischen Richtung, aber nicht im Sinn der Bibel, die eine Erfahrung gegen die andere auszuspielen, die echt biblische gegen die vorbiblische. Der biblische Erzähler hat den wandernden Patriarchen alles zusammenfassen lassen: die Erfahrung des Weges und die Erfahrung des Ortes.

Und schließlich hat er noch an die Priesterschaft des Reichsheiligtums Bet-El gedacht, der es viele Jahrhunderte später oblag, den Gottesdienst zu gestalten und das Heiligtum zu verwalten. Indem er Jakob, den Vater ganz Israels, den Zehnten versprechen läßt, will er andeuten, daß jeder Israelit den Zehnten nach Bet-El entrichten soll. Der moderne Leser wird befremdet oder amüsiert feststellen, wie rasch man auch damals von den höchsten Dingen des Glaubens zur Forderung nach Kirchensteuern herabzusteigen wußte. Aber er sollte bedenken, daß die tiefsten Erfahrungen durch Banalitäten gestört und verhindert oder angeregt und ermöglicht werden können. Es ist nicht biblische Frömmigkeit, das Innerliche von den „Äußerlichkeiten" zu sehr zu trennen, die Andacht des Herzens vom ordentlichen Verlauf des Gottesdienstes.

Jakobs Ankunft bei Laban: 29,1—14

Wie der greise Eliëser Rebekka am Brunnen traf, so trifft nun Jakob an einem Brunnen die schöne Rahel. Es ist schwer zu sagen, welche Geschichte besser erzählt ist. War die erste vielleicht inniger, so ist diese überaus lebendig. Dem Leser sei dringend angeraten, nach dem Kommentar auch hier den Text sich noch einmal laut vorzulesen.

Die Fügung Gottes erkennt man an der Leichtigkeit, mit der Jakob sein Ziel erreicht; in wenigen Schritten, so stellt es der Erzähler dar, ist er von Bet-El nach Haran getreten, genau zum Brunnen, an dem Rahel ihre Schafe tränkt.

Wasserrechte werden im Grenzgebiet der Steppe strengstens geregelt. Hier haben die Benutzer eines Brunnens durch einen Trick verhindert, daß sie einander übervorteilen: Der Brunnendeckel ist so schwer, daß nur alle zusammen ihn heben können.

Der neugierige Fremde muß den am Brunnen lungernden Hirten die Würmer aus der Nase ziehen; man sieht förmlich, wie die Burschen sich faul in der Nachmittagshitze auf den Steinen räkeln. Ihre Antworten sind im Hebräischen von nicht unterbietbarer Kürze.

Völlig anders ist das Zusammentreffen zwischen Jakob und Rahel. Wurde bis dahin nur geredet, damit man nichts tun mußte, so gerät die Szene mit einem Mal in Bewegung. Jakob sieht Rahel kaum, da wälzt er den schweren Stein schon vom Brunnen und schöpft das Wasser in die Tränkrinne. Auch ohne daß darüber auch nur ein Wort fällt, erkennt man: Jakob ist jäh von der Liebe getroffen. Er, der eben noch wißbegierig müßige Fragen stellte, kann nicht mehr das Selbstverständlichste herausbringen. Er küßt das Mädchen, bricht in Weinen aus. Dann erst, reichlich spät, stellt er sich der schönen Hirtin vor.

Rahel hat es genauso getroffen. Sie läuft nach Hause und läßt den Kavalier am Brunnen stehen. Erst ihr Vater bringt die Geschichte wieder ins Lot; doch so aufgeregt war seine Rahel, daß ein Funke von ihrer Begeisterung auf den knauserigen Viehhändler überspringt und ihn zu stürmischer Gastlichkeit hinreißt.

Jakobs Heiraten: 29,15—30

Die berühmte Geschichte, wie Laban seinen Neffen betrügt, muß als Folge der anderen verstanden werden, die erzählte, wie Jakob seinen Vater betrog.

Stürmisch war die Entwicklung vorangegangen; alles hatte sich für Jakob zum Vorteil gewendet. Seine List hatte sich bezahlt gemacht; nun war nur noch die Frau zu gewinnen, ohne die der väterliche Segen schlechterdings nicht in Erfüllung gehen konnte. Der Leser weiß schon, daß Jakob sie auf Anhieb fand; der Weg Jakobs scheint gerade zum Ziel zu führen.

Eine gewisse Verzögerung tritt ein durch die einmonatige Wartezeit, in der nichts geschieht. Zwar ist sie auch Zeichen der Gastlichkeit des Laban; es galt als unhöflich, einen Gast sofort nach Absicht und Verweildauer zu fragen (eine Erzählung hätte allerdings über diese Höflichkeitsregel hinwegsehen können; Elieser hatte nicht einmal bis zum Abendessen gewartet: 24,33—35).

Aber die Wartefrist gibt dem Laban auch reichlich Möglichkeit, seiner Gemütswallung Herr zu werden. Er stellt fest, daß Jakob ein guter Arbeiter ist. Ein Vertrag soll ihn seinem Onkel erhalten.

Großartig wird beschrieben, wie durchtrieben Laban, wie leidenschaftlich Jakob verhandelt. Jakob bietet in seiner Verliebtheit einen unerhörten Preis für Rahel. Sieben Jahre war nach wohl schon altkanaanitischem Recht die Höchstzeit, für die ein Freier sich als Knecht verdingen konnte (Ex 21,2—6). Laban scheint zuzustimmen; wer jedoch seine Worte genau prüft, entdeckt, daß sie gar nichts fest zusagen. Aber der stürmische Jakob prüft sie nicht.

Nach altorientalischem Recht, das bei den Mohammedanern bis heute gilt, erhält der Brautvater ein Brautgeld; der Mann bringt also die Mitgift ein, aber nicht in die eigene Familie, sondern in die des Schwiegervaters.

Aus dem Alten Orient ist uns überschwengliche Liebespoesie erhalten; auch aus dem Alten Testament. Aber die schwungvollsten Strophen des Hohen Liedes sagen über die Macht der Liebe kaum mehr als der kurze Satz, der die sieben Jahre beschreibt, die Jakob um Rahel diente. Es ist heute üblich, sich über die Benachteiligung der Frau zu entrüsten, und man hat Recht, wenn man diesen Vorwurf vor allem an die Adresse der Vergangenheit richtet. In der extrem patriarchalischen Gesellschaftsordnung des Alten Testaments war die rechtliche Stellung der Frau in der Tat beklagenswert. Das zeigt sich gerade hier, wo das Recht des Vaters sich so selbstverständlich über das Verlangen der Liebenden hinwegsetzt. Aber man wird der tatsächlichen Rolle der Frau nicht gerecht, wenn man nur das Recht berücksichtigt. Schon von Sara gewann der Leser wohl nicht den Eindruck, sie sei ein unterdrücktes Eheweib gewesen. Welche Macht erst hatte Rahel über ihren

Mann, der vierzehn Jahre ihretwegen Knechtsdienste leistete! Es macht dabei wenig aus, ob die Erzählung historisch ist oder nicht; wenn sie erfunden wurde, dann gibt sie wieder, was man damals für möglich, ja, für bewundernswert hielt. Sie lebt dann aus der Erfahrung vieler Liebender, nicht nur eines einzigen Paares.

Labans List trifft den listigen Jakob völlig unvorbereitet. Er bemerkt sie erst, als alles viel zu spät ist. (Die Braut wurde am Ende der Hochzeitsfeier dem Bräutigam verschleiert ins Gemach geführt.) Genauso hatte Isaak den Betrug des Jakob zu spät gemerkt, als nichts mehr zu ändern war. Als Laban sich kaltschnäuzig vor dem Betrogenen rechtfertigt, indem er auf das Recht der Älteren verweist, müssen seine Worte in Jakobs Ohren einen bösen Hintersinn gewinnen: Hatte Jakob doch tatsächlich dem Älteren sein Recht genommen. Der Betrüger wird zum erstenmal betrogen und um sieben Jahre seines Lebens gebracht.

Jakobs Söhne: 29,31—30,24

Waren bislang die Personen der Väter zweifellos historisch, nur die Generationsfolge vom einen zum anderen ersonnen, so wird jetzt der historische Sachverhalt komplizierter. Nicht nur daß die Zwölf Jakobs Söhne waren, sondern daß sie überhaupt Einzelpersonen waren, steht in Frage. Es wiederholt sich, was wir schon beim Aramäer- und Ismaeliter-Bund feststellten: Alle Namen kommen auch als Stammesnamen vor. Und wem es schwerfällt zu glauben, daß der aramäische Zwölferbund auf zwölf Söhne Nahors, der ismaelitische Zwölferbund auf zwölf Söhne Ismaels zurückgeht, der muß auch die zwölf Söhne Jakobs, die zu den zwölf Stämmen Israels geworden sein sollen, mit Argwohn ansehen.

Die Stämme Israels sind aus verschiedenen Richtungen zu verschiedenen Zeiten in Palästina und Ostjordanien eingewandert und haben sich dann zu einem heiligen Zwölferbund zusammengetan. In einer längeren geschichtlichen Entwicklung haben sie andere, kleinere Gruppen in sich aufgenommen und deren Traditionen adoptiert: so die Abraham-, die Isaak- und die Jakobgruppe. Die geistige Vaterschaft wurde rückschauend zu einer genealogischen, und so wurde Jakob, der Vater der Jakobgruppe, zum Vater der zwölf Stämme, die ihrerseits in den zwölf Söhnen personifiziert wurden (vgl. S. 5).

Der bizarre Bericht, wie zwei (bzw. vier) Frauen um die Wette gebären, ist also kein Stück Familiengeschichte, sondern eine Stammesliste; er bringt nicht die Geburtenfolge der Jakobsöhne, sondern Gruppierungen unter den zwölf Stämmen Israels.

Schon die Namen der Mütter könnten stammesgeschichtliche Bedeutung haben: Lea heißt zu deutsch „die Kuh", Rahel „das Mutterschaf". Da das alte Israel Rinder für schöne Tiere hielt und Schafe mit jungen Mädchen verglich, sind beide Namen als Frauennamen wahrscheinlich. Doch könnte der Name *Lea* auch auf Bauern hinweisen, die Rinder als Haustiere haben, während *Rahel* besser zu Hirten paßt. Die Lea-Stämme wären also schon seßhaft gewesen, als die Rahelstämme noch nomadisierend hin- und herzogen.

Auch wird man annehmen müssen, daß die Söhne der „Älteren" früher ins Land eingewandert sind als die Söhne der „Jüngeren". Mit anderen Worten: Rahel ist deswegen jünger, weil die Rahelstämme später gekommen sind. Darauf gibt es einen weiteren Hinweis; fast alle uns erhaltenen, also wohl jüngeren Einzugsberichte kommen aus den Traditionen der Rahelstämme Josef und Benjamin.

Schließlich ist bemerkenswert, daß Lea genau *sechs* Söhne hat; neben Zwölfer-Bünden waren Sechser-Bünde häufig. Vielleicht haben sich zunächst die sechs Lea-Stämme zusammengeschlossen, bis daraus sich später der Zwölfer-Bund entwickelte.

Auch die Zuweisung einiger „Söhne" an die Mägde dürfte stammesgeschichtliche Hintergründe haben. Aber sie liegen zu weit in der Vergangenheit zurück, als daß wir sie noch klären könnten.

Nicht alles, was wir im Text lesen, ist historisches Material. Eine Reihe von im Deutschen gar nicht wiederzugebenden Wortspielen füllt die stammesgeschichtlichen Erinnerungen auf. Ob sie als geistreiche Wortspiele oder als Gedächtnisstützen gedacht waren — sie entsprechen in den seltensten Fällen der ursprünglichen Bedeutung des Stammesnamens. Man gewinnt fast den Eindruck, ein semitischer Erzähler könne keinen Namen aussprechen, ohne sofort eine Geschichte herauszuspinnen.

Ferner liefern alte Ehebräuche Erzählungsstoff: daß eine Magd für ihre Herrin Kinder gebären kann, die dann als Kinder der Herrin gelten; daß der Ehemann nicht nach Lust und Laune entscheiden darf, mit welcher seiner Frauen er schlafen will, sondern daß das Beilager durch Gesetz geordnet ist. Auch Liebesmedizin spielt eine Rolle; Alraunen wurden als Mittel zur Fruchtbarkeit angesehen. Es wäre müßig, zwischen Heil- und Zaubermitteln der alten Zeit zu unterscheiden. Man wußte nicht, wodurch Medizinen wirkten. Die Heilkraft der Natur hatte für die Menschen etwas Zauberhaftes; Zauberei gab sich als Wissenschaft (vgl. S. 128 f).

Das dankbarste Motiv aber, das der kunstvolle Verfertiger dieser Geschichte einbringen konnte, war die Rivalität zwischen der geliebten, aber erfolglosen (das ist kinderlosen), und der ungeliebten, aber (als Mutter) erfolgreichen Ehefrau (vgl. 1 Sam 1,1—3). In einem für uns kaum mehr vorstellbaren Maß hing damals und lange danach das Prestige einer Frau daran, daß sie Mutter eines Knaben wurde. Eine kinderlose Frau mußte ihr Leben als sinnlos ansehen; sie hatte den Zweck ihres Daseins nicht erfüllt. Niedergeschlagenheit und Verzweiflung der Unfruchtbaren waren so sprichwörtlich wie die Not des Todkranken (vgl. etwa Ps 113,9; Jes 54,1). Der Kampf der schönen Rahel um ein Kind ist deswegen von elementarer Kraft.

Trotzdem wäre es unrecht, der alten Zeit vorzuwerfen, sie hätte die Frau *nur* als „Gebärmaschine" geschätzt. Geliebt zu sein wie Rahel, um die Jakob vierzehn Jahre gedient hatte, galt als unerhörter Ruhm, und es ist schwer zu sagen, wie die alten Zuhörer über die beiden Frauen geurteilt hätten — ob sie nicht doch der geliebten, aber kinderlosen Rahel vor der ungeliebten, aber kinderreichen Lea die Krone zuerkannt hätten.

Vom Glauben des Jakob, von der Religion der Väter ist in diesem Abschnitt nicht die Rede. Das ist in einer zur Geschichte gewordenen Liste auch nicht unbedingt erforderlich. Aber diese Liste ist ja in eine größere Geschichte eingefügt worden, und im größeren Zusammenhang gewinnt sie eine Tiefe, die sie von Hause aus nicht hat.

In ihr zeigt sich zum erstenmal angedeutet der Gegensatz zwischen dem leidenschaftlichen Begehren des Erwählten und dem Plan Gottes. Jakob will Rahel, nicht Lea; Gott läßt Lea zur Mutter vieler Kinder werden, nicht Rahel; das sagt der Verfasser ausdrücklich. Nicht mehr ausdrücklich wird gesagt, was viel wichtiger ist: Lea ist die Stammmutter von Juda und Levi, Stammutter der Priester und Könige in Israel, auch die Stammutter des erwarteten Messias. Lea, mit der Jakob betrogen wurde, ist viel bedeutsamer als Rahel, die er ersehnte.

Ob Jakob auch erkennen soll, wie ähnlich Lea, die er zurücksetzte — so lautet der Urtext eigentlich (29,31) — ihm selber war? Sie mit ihren glanzlosen Augen ihm, dem verschmitzten Lügner? Trotz, nicht wegen ihrer Fehler in Gottes Plan einbezogen?

Jakobs List gegen Laban: 30,25—43

Wie Jakob nicht nur zu einer großen Familie, sondern auch zu großem Reichtum kommt, ist in zweifacher Form überliefert worden; ein Redaktor hat daraus in recht geschickter Weise den vorliegenden biblischen Text gemacht. (Zur rechtlichen Lage des Jakob, die den Hintergrund bildet für die Abmachung zwischen Laban und Jakob, vgl. zu 31,1—24!).

Die im Text vorherrschende Fassung stammt vom Jahwisten. Danach macht Jakob dem Laban folgenden Vorschlag: Laban soll alle schwarzen Schafe und gefleckten Ziegen aussondern. Jakob wird also nur die weißen Schafe und die einfarbigen Ziegen für Laban weiterweiden. Das ist die große Mehrzahl; sie bleibt Labans Eigentum. Was aber von den weißen Schafen an schwarzen Lämmern, von den einfarbigen (schwarzen) Ziegen an gefleckten Ziegen geworfen wird, das soll dem Jakob in Zukunft zugehören.

Dieser Vertrag scheint für Laban außerordentlich günstig. Schwarze Lämmer und gefleckte Zicklein, ohnehin schon selten, stammen fast nie von weißen, bzw. einfarbigen Tieren ab; das war den Hirten auch ohne Kenntnis der Mendel'schen Gesetze bekannt. Laban geht gerne auf den Vertrag ein. Zur Vorsicht bringt er die schwarzen Schafe und gefleckten Ziegen gleich drei Tagemärsche weit weg, damit Jakob sie nicht doch für die Aufzucht mitverwendet und die Wahrscheinlichkeit schwarzer, bzw. gefleckter Würfe erhöht.

Aber diesmal hat er sich verrechnet. Jakob ist nicht mehr der junge Bursche, der sein Herz auf der Zunge trägt und sieben Jahre für seine Liebe bietet. Er ist dem Laban an Gerissenheit überlegen. Durch einen Trick bringt er es fertig, daß weiße Schafe schwarze Lämmer zur Welt bringen und einfarbige Ziegen gefleckte Zicklein. Von Jahr zu Jahr wächst Jakobs Anteil, Labans Herden werden kleiner und schwächer.

Der Hirtenkniff mit den geschälten Ästen macht dem heutigen Leser Schwierigkeiten. Es ist ihm klar, daß man auf solche Weise nicht die

Farbe der Jungtiere vorprogrammieren kann; er hielte es für verwunderlich, wenn diese Prozedur durch Gottes Eingreifen Wundermacht erhalten hätte. Darum bleibt der Geruch der Magie über den Schafhürden hängen.

Um gerecht zu urteilen, müssen wir unterscheiden. Der Trick des Jakob ist nur die besondere Ausprägung einer sehr viel allgemeineren, innerhalb und außerhalb der Bibel bezeugten Überzeugung: daß nämlich der erste Anfang eines jeden Wesens entscheidend ist für seine spätere Geschichte. Alle „Anfangsgeschichten" beruhen darauf. Auf unseren Fall angewendet ergibt sich daraus: nicht erst mit der Geburt, sondern bereits mit der Zeugung beginnt die Geschichte eines Lebewesens; das Neugeborene ist kein unbeschriebenes Blatt mehr, es ist schon durch eine Geschichte geprägt. Niemand wird heute bestreiten, daß diese alte Auffassung auf verblüffende Weise wissenschaftlich bestätigt wurde; die Psychoanalyse arbeitet aufgrund sehr ähnlicher Voraussetzungen. Wie häufig in alten Erzählungen erscheint dem nachdenklichen Betrachter, daß eine durchaus richtige Einsicht nur auf eine fast bizarre Weise übersteigert wird.

Doch auf der anderen Seite kann man nicht leugnen: Auf die angegebene Weise läßt sich das noch ungeborene Leben im Mutterschoß nicht beeinflussen. Wir könnten diesen Fehler einfach auf die Unvollkommenheit vorwissenschaftlichen Denkens zurückführen und ihn so entschuldigen; denn niemand kann von Schriftstellern jener alten Zeit die Erkenntnisse unseres Jahrhunderts voraussetzen. Leider wird man aber sagen müssen, daß hier mehr zugrunde liegt als die vorschnelle Anwendung einer richtigen Hypothese. Denn unter Hirten — und unter Hirten wurde die Erzählung gewiß zuerst erzählt — wußte man, daß es so nicht geht. Wie also sollte man Hirten dennoch diesen unglaublichen Kunstgriff glaubhaft machen? Entweder indem man Jakob geheimnisvolle Riten vollziehen ließ, die die Prozedur erst wirkmächtig machten; oder indem man dem Jakob übermenschliche Kräfte zusprach. Beides aber macht aus dem Vorgehen des Erzvaters Zauberei. Zauberei in der Bibel?

Ja und nein: ja in der Urform dieser Erzählung, nein in ihrer jetzigen Gestalt. Der Jahwist war kein Hirt und seine Leser auch nicht. Was bei Schafen und Ziegen im einzelnen möglich war, wußten beide nicht. So hat er alles Zauberhafte weggelassen; für ihn ist das Ganze einfach ein kluger Kunstgriff. Jakob war der klügere Hirt; er wußte mehr von den Tieren als Laban. Vermutlich meinte der Jahwist, man könne Jakobs Prozedur jederzeit mit gleichem Erfolg wiederholen. — Es scheint, als seien nicht alle Leser davon überzeugt gewesen. Ein späterer, der von Schafen mehr verstand, hat durch die rätselhafte Erweiterung des Traumes 31,10—12 angedeutet, das Ganze sei doch eher ein Wunder gewesen, auf göttliche Anweisung durchgeführt und durch göttliche Macht ermöglicht.

Für den heutigen Leser bedeutsamer als die Übereinstimmung unserer Geschichte mit den Gesetzen der Kleintierzucht ist die Abwehr der Zauberei. In einer Welt, da die Grenzen zwischen Magie und Technik verschwammen, hat der biblische Schriftsteller die Erzählung von magischen Elementen gefiltert. Darin zeigt sich eine Rationalität, die der Umwelt weit voraus war; daß er statt dessen fehlerhafte Anweisungen gibt, wie man von weißen Schafen schwarze züchtet, sollten wir ihm verzeihen.

Die Erzählung bringt im Zusammenhang der jahwistischen Jakobsgeschichte einen wichtigen Fortschritt. Laban hatte Jakob hintergangen; das hatte nicht nur an der Gewinnsucht des Laban gelegen, sondern war auch göttliche Gerechtigkeit, die sich an dem Betrüger Jakob erwies. Aber auch Laban muß für seinen Betrug zahlen; dann erst kommt die Gerechtigkeit wieder ins Lot.

Jakob hat diesmal nicht betrogen; er hat seinen Gegner (man ist versucht zu sagen: ehrlich) überlistet, genau nach den Buchstaben des ausgehandelten Vertrags. Der heutige Leser mag selbst das für bedenklich halten; einen Fortschritt gegenüber den Lügen, die die Blindheit des Vaters ausnutzen, um den eigenen Bruder auszustechen, wird er nicht leugnen können.

Die zweite Fassung der Geschichte läßt sich nur noch aus späteren Andeutungen (31,7—9.41—42) rekonstruieren; sie wird auf die elohistische Quelle zurückgeführt, die im Fortgang der Erzählung ausführlich zu Wort kommt.

Danach hat Laban den Lohn für seinen Schwiegersohn selber bestimmt, wie er glaubt, kärglich genug: Nur die schwarzen Schafe, nur die gesprenkelten (oder gestreiften oder scheckigen) Ziegen sollte Jakob erhalten als eigene Herde. Aber beim nächsten Wurf kamen wunderbarerweise nur solche zur Welt. Der irritierte Laban änderte sofort die

Bestimmung. Er mochte ändern, so oft er wollte (zehnmal! 31,7.41) — immer warfen die Tiere solche Junge, die er seinem Schwiegersohn zugesprochen hatte.
In zwei Punkten unterscheidet sich die elohistische Version von der jahwistischen. Erstens ist Jakob ein durchaus ehrenwerter Mann; es ist kaum denkbar, daß der Elohist vom Betrug an Isaak erzählt hat. Das ist die gleiche Tendenz wie bei anderen elohistitischen Neufassungen alter Geschichten (vgl. S. 61 f). Zweitens überlistet hier nicht Jakob, sondern Gott selbst den Laban. Jakob ist ein Geliebter Gottes: Was immer er tut, gereicht ihm zum besten. Wir treffen auf das Grundthema der Josefgeschichte. Ganz nebenher erfahren wir übrigens, daß Jakob schon vorher zum Vorteil des Laban ein „Glückskind" war: Alles gedieh unter seinen Händen, und die Herden des Laban vermehrten sich so auffällig, seitdem Jakob sie hütete, daß selbst dieser kalte Rechner göttliches Walten dahinter erahnt (V. 27).

Jakobs Trennung von Laban: 31,1—32,1

Auch im Fortgang der Erzählung könnte man, bisweilen deutlicher, bisweilen weniger deutlich, zwei verschiedene Stränge unterscheiden. So wird der doppelte Grund des Jakob, sich von Laban zu trennen, gleich zweimal erzählt (1.3 und 2.4—6): Er fürchtet den Neid der Sippe Labans und erhält ein göttliches Orakel. Da aber — mit Ausnahme des letzten Abschnitts, der vom Vertrag zwischen Laban und Jakob berichtet (31,44—32,1) — beide Stränge geschickt miteinander verflochten wurden und die Unterschiede zwischen beiden Traditionen immer die gleichen sind, werden wir den Text als Einheit behandeln.
Die rechtliche Lage des Jakob bei Laban war nicht so eindeutig, wie der heutige Leser meint. Das sehr alte Sklavengesetz (Ex 21,4) erklärt den Sklaven, der sich selbst als Knecht verdingt hatte, zwar nach sieben Jahren wieder für frei; seine Frau und seine Kinder aber bleiben Eigentum des Herrn. Will der Freigewordene sich von ihnen nicht trennen, dann muß er sich für immer der Sippe seines Herrn anschließen. Daß die Bezeichnung *Sklave* für einen Hausknecht nicht ganz zutrifft, war schon aus der Stellung des Eliëser bei Abraham zu ersehen (vgl. S. 98). Enger als wir uns heute vorstellen können, war da-

mals der einzelne dem Verband eingegliedert. Er war fast nie frei, zu gehen wohin er wollte. Allerdings war er durch diese Bindung auch in jeder Hinsicht gesichert.

Auch wenn Jakob als Neffe und Schwiegersohn nicht nach den Regeln des Sklavengesetzes zu behandeln war, hatte er sich durch Einheirat doch der Sippe Labans angeschlossen. (Anders war der Fall Isaaks gewesen; dort hatte Rebekka ihre Familie verlassen und war zur Familie des Mannes gekommen.) Auch in diesem Fall war es gegen alles Recht und gegen jeden Anstand, die Sippe der Frauen einfach zu verlassen. Ein Vertrag wäre das mindeste gewesen, die Angelegenheit zu regeln.

Darum verwundert nicht, daß beide Quellen Jakobs Flucht doppelt begründen. Die erste Begründung ist ethischer Art: Laban, bzw. seine Söhne verhalten sich Jakob gegenüber nicht solidarisch. Wenn sie Jakob als einen der Ihren ansähen, müßten sie sich über sein Glück freuen. Statt dessen lassen sie ihn fühlen, daß er nicht wirklich zu ihnen gehört. Sie haben also die *häsäd* (vgl. S. 64) zuerst gebrochen und damit das Verhältnis zu Jakob im Grunde schon gelöst. Die Rede der Frauen (14—16) bestätigt das ausdrücklich: Ihr Vater hat sich ihnen gegenüber wie ein Fremder, wie ein Händler gezeigt. Es scheint in reicheren Familien üblich gewesen zu sein (vielleicht unter dem Einfluß des Zweistromlandes, wo dies allgemeiner Brauch war), wenigstens einen Teil des Brautgeldes (vgl. S. 123) der jungen Frau wieder mitzugeben, damit diese in der Ehe eigenen Besitz hatte und nicht nur vom Besitz des Mannes leben mußte. Nach dem Jahwisten und der Priesterschrift hatten beide Frauen ja auch wenigstens je eine Leibsklavin vom Vater in die Ehe bekommen. Der Elohist setzt dagegen voraus, daß die Mädchen vom Vater nichts erhalten haben. Damit hätte er sich sehr knauserig gezeigt, sie sozusagen weggegeben, um selbst reicher zu werden. Wenn Jakob weggeht, zieht er die Folgerungen aus dem Verhalten der Labansippe.

Aber als wäre diese Begründung nicht ausreichend für einen so schwerwiegenden Schritt, lassen beide durch Gott an Jakob die ausdrückliche Weisung ergehen, in die Heimat zurückzukehren. (Über die Zufügung im elohistischen Gottesspruch vgl. S. 129.) Beide Gottesworte sind Wegweisungen; sie dürften zum ältesten Bestand der Vätertradition gehören. Daß sie überarbeitet wurden, zeigt beim Elohisten der deutliche Bezug auf das (dem Elohisten zugewiesene) Gelübde von Bet-El (vgl. zu 28,20—22), beim Jahwisten die Kluft zwischen der Weisung und dem tatsächlichen Ziel der Reise Jakobs: Er kehrt nicht zurück zur Verwandtschaft nach Beerscheba, sondern zieht ins mittlere Palästina, in die Gegend von Bet-El und Sichem. Die Parallele zur Einwanderungsroute Abrahams ist also deutlich; beide kommen aus dem nordöstlichen Syrien, aber während Abraham in das Gebiet des späteren Stammes Juda zieht, bleibt Jakob weiter nördlich im Bereich des Josefstammes. Die Gottesweisung hat einen zweiten Sinn. Die Flucht ist — wie sich dann auch herausstellt — außerordentlich gefährlich; Jakob nimmt ein großes Risiko auf sich. Auf Gottes Wort hin soll er es bestehen: eine Urforderung des Glaubens.

Es ist für den Jakob unserer Erzählungen kennzeichnend, daß er sich zwar auf Gottes Wort verläßt, aber immer noch eine eigene Sicherung mit einbaut. Er paßt den günstigsten Augenblick für seine Flucht ab; Laban hat mit der anstrengenden Schafschur zu tun, die mit einem Fest abgeschlossen wurde (vgl. 2 Sam 25,2—7.36—37). Die Herden mußten ohnehin in weitem Abstand voneinander lagern, um genügend Weide zu finden. Früher war von Laban berichtet worden, daß er einen Teil der Tiere drei Tagesmärsche weit von der Hauptherde, die er dem Jakob überließ, getrieben hatte (30,26). Vielleicht setzt der Verfasser das jetzt voraus; dann hat Jakob einen Vorsprung von sechs Tagen gewinnen können.

Rahel nimmt heimlich die Götterbilder ihres Vaters mit; Jakob, nach der elohistischen Tradition immer ein ehrenwerter Mann, weiß davon nichts. Die *Terafim,* wie sie im Hebräischen heißen, hatten menschliche Gestalt (1 Sam 19,13), galten als Glücksbringer, und man befragte sie mittels einer uns nicht mehr bekannten Technik, ob etwa ein Weg Erfolg verheiße oder Unglück bringe (Ri 17—18).

Was dachte sich der Erzähler, als er Rahel die Terafim mitnehmen ließ? Zu seiner Zeit waren solche Hausgötter längst in Acht und Bann getan.

Es lassen sich mehrere Gründe denken. Der Diebstahl bereitet eine der köstlichsten Wendungen der Geschichte vor (vgl. zu V. 30—42). — Auch das Eingraben der Götter in Sichem (35,1—5; vgl. den Kommentar!) erfordert, daß welche vorrätig sind. — Ursprünglich, in einer Zeit, in der die Verehrung des Einzigen noch nicht so konsequent durchgeführt wurde, haben die Terafim wohl als wertvolle Gegenstände gegolten; für Hirten war Stehlen eine Art Sport, und Rahel zeigt sich an kluger List ihrem Gemahl gewachsen.

Wie in allen anderen Fällen — die Vorsichtsmaßnahmen des Jakob nützen ihm nichts. Laban holt ihn trotz Entfernung und Schafschur ein. Wir dürfen uns Laban mit seinen Begleitern allerdings nicht als Reiterschar vorstellen, die über die Steppe dahinjagt; auf die Pferde gewagt hat sich der Mensch des Vorderen Orients erst viele Jahrhunderte später. Die Labansippe ist also zu Fuß dem flüchtenden Jakob „nachgejagt". Dann sind sieben Tage notwendig, um den erheblich langsamer vorankommenden Jakob (vgl. 33,13—14) einzuholen.

In der höchsten Not erweist sich Gott als verläßlicher Begleiter. Obschon Laban nicht den Gott Jakobs verehrt (vgl. zu Vers 53!), hat er doch längst erkannt (wie vor ihm Abimelech bei Abraham: Gen 20), daß Jakob von diesem Gott sichtbar unterstützt wird. Mit der nächtlichen Warnung Gottes an Laban ist für den alten Erzähler und seine Hörer der Höhepunkt der Spannung überschritten. Die Flucht ist gelungen. Man erwartet allenfalls noch amüsiert, auf welche Weise Laban, da ihm so plötzlich die Luft ausgeht, seine wilde Hetze beendet. Der Hörer wird auch nicht enttäuscht; Laban hält eine entrüstete Rede. Aber die Empörung ist so übertrieben (Vers 27!) und vor allem so wirkungslos, daß er nur der bellende Hund ist, von dem jeder weiß, daß er nicht mehr beißen darf. Schon lenkt er ein — da erhebt sich im letzten Satz wieder eine neue, sehr ernste Gefahr: Laban wirft dem Jakob den Diebstahl seiner *Terafim* vor.

Ganz meisterhaft treibt der Erzähler die schon abgefallene Spannung in drei Sätzen auf einen neuen Höhepunkt. Jakob, der Ahnungslose, spricht über Rahel das Todesurteil — über Rahel, um die er vierzehn Jahre gedient hat. Wie soll Laban in den wenigen Zelten seine Götter nicht finden?

Die Spannung löst sich in befreiendes Gelächter. Rahel ist die echte Tochter des verschlagenen Laban und die passende Frau für den durchtriebenen Jakob. Mit einer wunderbar einfachen List rettet sie nicht nur ihr Leben und die Terafim; sie gibt ihren Vater der Lächerlichkeit preis — und die *Terafim.*

In ihrer jetzigen Form ist die Geschichte erzählt worden, als die Terafim längst als heidnische Scheusale, als verbotene Götzenbilder galten.

Israel, wenigstens das rechtgläubige, verachtete sie. Diese Verachtung war kämpferischer als das blasierte Überlegenheitsgefühl des aufgeklärten Christen gegenüber solchem Aberglauben. Denn die ganze Umwelt Israels hielt Amulette und Götterbilder hoch in Ehren; selbst in Israel begeisterten sich viele heimlich und zu Zeiten auch offen für sie. Die echten Jahweverehrer griffen die Götzen deswegen oft mit einem Aufwand an Spott und Sarkasmus an, der uns übertrieben vorkommt (vgl. etwa Jes 44,9—20; Bar 6).

Hier haben wir ein frühes Beispiel; ätzender Spott ist versteckt in einfachen Worten. Schon daß die armen Götter sich hatten von Rahel stehlen lassen, offenbarte ihre Hilflosigkeit. Daß nun eine menstruierende Frau sich auf sie setzt und so durchschmuggelt, ist der Gipfel der Lächerlichkeit. Köstlich ist auch die boshafte Höflichkeit Rahels, mit der sie ihren Vater anredet.

Wie die Spannung der Verfolgung sich in der Rede des Laban entladen hatte, so entlädt sich die Spannung der Götterfahndung in der Rede des Jakob. Jakob erhält Gelegenheit zur großen Abrechnung. Seine Empörung ist berechtigt, seine Argumente stechen; nun sitzt jedes Wort. Höchst wirkungsvoll setzt er seine Loyalität der kleinlichen Knausrigkeit seines Onkels entgegen. Treffend kennzeichnet er die Härte des Lebens, das er im Dienst Labans verbracht hat. (Wenn ein Hirt ein Tier der Herde durch wilde Tiere verlor und das beweisen konnte, indem er Reste des Tieres vorzeigte, brauchte er das Tier dem Eigentümer nicht zu erstatten: Ex 22,12!). Zum Abschluß erinnert er den Onkel daran, daß nicht nur das bessere Recht, sondern auch die größere Macht auf seiner, Jakobs, Seite stehe.

Laban nimmt mit kräftigen Worten noch einmal grundsätzlich Stellung zur Rechtsfrage. Aber das ist Geplänkel, nur bestimmt, den völligen Rückzug zu decken. Durch einen Vertrag soll die Sache ein für allemal geregelt werden.

Wie schon angedeutet, liegen im folgenden zwei verschiedene Vertragsabschlüsse vor, die sich in Einzelheiten und im Vertragsinhalt unterscheiden. Einmal ist das Zeichen ein Steinhaufen, dann ein Gedenkstein; einmal ist der Name Galed, dann der Name Mizpa wichtig: schließlich geht es einmal um einen Nichtangriffspakt, dann um eine Familienabmachung; und zweimal setzen sich die Partner zum Essen nieder.

Ursprünglich handelt es sich wohl, verbunden mit dem Namen Mizpa und dem Steinhügel, um einen Vertrag zwischen ostjordanischen Sippen Israels und benachbarten Aramäerstämmen. Die beiden Volksgruppen legten durch den Steinhaufen die Grenze zueinander fest. Vielleicht schon früh wurden sie in der Erzählung durch Jakob und Laban verkörpert. Diese Tradition führt in sehr alte Zeit zurück und ist geschichtlich durchaus glaubwürdig.

Als später aus alten Jakobs-Überlieferungen, aus Stammessagen und novellistischen Motiven der Kreis der Jakobs-Erzählungen entstand, der alle Einzelelemente in den Rahmen einer Familiengeschichte einspannte, wurde aus dem politischen Vertrag ein Familienabkommen. Der Inhalt dieses Vertrages war durch die vorher erzählten Begebenheiten bestimmt: Laban entläßt seine Tochter aus der sie bisher schützenden Sippe (vgl. zu 12,1); Jakob übernimmt die Verpflichtung, für sie zu sorgen. Schwüre enthielten damals für den Fall, daß sie gebrochen würden, Selbstverfluchungen und waren in einer Zeit, die von der Wirkmacht des Wortes überzeugt war (vgl. S. 112 f) eine sehr verläßliche Absicherung, zumal wenn zusätzlich noch die Zeugenschaft einer Gottheit angerufen wurde.

Genaugenommen werden sogar zwei Götter zu Zeugen gerufen: Auch darin zeigt sich ein sehr alter Zug. Jede Sippe hat je ihren Vätergott: die des Laban den Gott Nahors, die des Jakob den Gott Abrahams. Jede Gruppe erkennt den Gott des Partners an, wenn sie auch nur den ihren verehrt. Es ist ja gerade das Überraschende der Abraham-, Isaak- und Jakobgruppen gewesen, daß sie, im Laufe einer längeren Geschichte natürlich, lernten, im Gott der anderen den eigenen wiederzuerkennen (vgl. Einleitung S. 16 f).

Wer mit einem anderen vom selben Tier ißt, wird durch die genossene Speise auf geheimnisvolle Weise mit seinem Partner vereint. Einem völlig unbekannten Gast gegenüber hat man, sobald man ihm zu essen gegeben hat, die gleichen Verpflichtungen wie dem eigenen Bruder gegenüber; er ist zu halten, „als wär's ein Stück von mir". So eignet sich das gemeinsame Mahl vortrefflich, um zwei Parteien zu einigen. Da in der ganzen Alten Welt das Tier aber nicht einfach geschlachtet, sondern geopfert wurde, ist der Dritte beim Mahl die Gottheit selbst: Ihr wird ein Teil des Tieres geweiht, indem es ihr als Duft und Rauch, sozusagen vergeistigt, zugeteilt wird. Wer an einer heiligen Macht teilnimmt, ißt gleichzeitig vom Gleichen wie die Gottheit und geht auch mit ihr eine geheimnisvolle Bindung ein. — Zum Gottesnamen „Schrecken Isaaks“ vgl. S. 20.

Wenn man bedenkt, wie kriegerisch sich der Glaube Israels in späterer Zeit oft gegeben hat, wird man zweifellos erfreut sein zu hören, wie unblutig sich hier alle Gegensätze lösen. So ängstlich der Leser um seine Lieblinge gebangt haben mag — nicht nur sie, sondern auch ihre Gegenspieler sind mit dem Leben davongekommen. Mehr noch: die Streitenden sind im Frieden auseinandergegangen, und auf dem Weg Gottes hat sich die verletzte Gerechtigkeit wiederhergestellt. — Das wird, fast noch eindringlicher, auch im folgenden Abschnitt des Weges gezeigt.

Boten und Geschenke für Esau: 32,2—22

Kaum ist Jakob einer Gefahr entronnen, erhebt sich vom anderen Ende seines Weges die zweite, nicht minder tödliche. Je weiter er sich vom übervorteilten Onkel entfernt, desto näher kommt er dem betrogenen Bruder. Auch der Elohist setzt voraus, daß Jakob seinen Bruder zu fürchten hat.

Wieder sind hier, recht deutlich voneinander zu unterscheiden, zwei verschiedene Fassungen derselben Begegnung überliefert. Beidemal geht es darum, daß sich Jakob, trotz der göttlichen Zusage des Geleits, durch eigene Klugheit absichern will. Beidemal wird das Geschehen aus einem Ortsnamen herausgesponnen.

Kurz bevor das ostjordanische Gebirge zur Jordanebene steil abfällt, liegt der Ort *Mahanajim*; tief unter ihm im Tal fließt der Jabbok, einer der beiden größeren Zuflüsse des Jordan von Osten. Der Ort hat in der Geschichte Israels eine gewisse Bedeutung gehabt; sein Name hat — wie könnte es anders sein! — zu mehreren Wortspielen Anlaß gegeben. Die eine Fassung deutet den Namen als „Doppellager“. Jakob hat, als er vom Heranrücken Esaus hörte, seine Habe in zwei Lager geteilt, um wenigstens eines zu retten. Esau wird mit der Plünderung des einen so viel Zeit verlieren, meint Jakob, daß er mit dem anderen entkommen kann. Er selbst hat sich, so muß man annehmen, zwischen beiden Lagern verborgen gehalten. Diese für Jakob nicht gerade schmeichelhafte Version kommt, wie zu erwarten, vom Jahwisten.

Wohl weil selbst der Erfolg dieser List für Jakob immer noch ein harter Schlag wäre, ruft Jakob im Gebet seinen Gott an. Trotz aller demütigen Beteuerung der eigenen Unwürdigkeit darf man nicht übersehen, daß Jakob seinen Gott an zwei Zusagen erinnert, die er von ihm erhalten hatte: an die des Schutzes auf dem Weg (31,3; 32,10; auch 28,15) und an die der zahlreichen Nachkommenschaft (28,14; 32,13). Sehr schön deutet die Formulierung des Betenden die Uroffenbarung Gottes; aus dem „Ich bin mit dir" wird „Ich will es dir gut gehen lassen!" (vgl. den Kommentar zu 28,15).

Die zweite (elohistische) Fassung gewinnt durch eine etwas gewaltsame Schüttelei aus dem Ortsnamen das Wort „Geschenk" *(minha).* Jakob sondert aus seinem Besitz fünf Herden aus, die er als *Geschenke* für seinen Bruder Esau dem Zug vorausschickt. Der Listenreiche baut dabei auf ein Gesetz, das heute noch gilt: Wer ein Geschenk annimmt, verpflichtet sich. Denn indem man von dem anderen etwas annimmt — so fühlte die Alte Welt —, wird man mit dem Schenkenden eins; im Geschenk hat man ja den anderen selbst angenommen. Durch die Art aber, in der er seinem Bruder die Geschenke zukommen läßt, will Jakob ein anderes psychologisches Urgesetz für sich wirken lassen: Er zeigt sich dem Stärkeren gegenüber in der Demutsgebärde. Diese Taktik hält er bis zum Schluß durch.

Eine dritte Deutung des Ortsnamens, die ursprünglich in keinerlei Zusammenhang mit den Jakobsgeschichten stand, wird als kurze Notiz eingeschoben: die geheimnisvolle Begegnung mit den *Engeln Gottes.* Der Ort Mahanajim war gewiß auch ein Kultort. Dort, so erzählte man sich, sei ein Lager der Himmlischen (wie in Bet-El die Treppe zum Himmel). Israel deutete die Himmlischen als Engel des einzigen Gottes. Es ist nicht ganz leicht, diese Erscheinung in ihrer nachträglichen Bedeutung für die Jakobsgeschichte zu erkennen. Soll sie den Schutz Gottes andeuten? Dann hat sich Jakob nicht sehr darauf verlassen. Soll sie die Nähe des von Gott verheißenen Landes bedeuten, in dem Jakob unter dem besonderen Schutz Gottes stehen wird? In der Erzählung durchschreitet Jakob aber eine Zone erhöhter Gefahr. Vielleicht hat nur der Ortsname diesen Rest einer alten Kultätiologie an diese Stelle der Erzählung gebracht; wie so oft, wollte der biblische Erzähler auch hier auf ein Stück Tradition, das er vorfand, nicht ganz verzichten, obschon er es eigentlich nicht recht brauchen konnte.

Die sorgfältigen Vorbereitungen Jakobs haben die Größe der Gefahr, die ihm droht, eindrucksvoll gezeigt. In einer höchst überraschenden Wendung tritt der zwar anrückende, aber immer noch ferne Bruder nun mitten ins Bild. Jakob benutzt die wenigen Augenblicke, die ihm bleiben, zu einer neuen Vorsichtsmaßnahme. Er staffelt seine Familie so, daß die weniger Geliebten der Gefahr am nächsten stehen, während die geliebte Rahel mit ihrem kleinen Josef den sichersten Platz einnehmen kann; Jakob selbst tritt als erster dem Bruder entgegen.

Und wieder eine unerwartete Wendung: die ganzen Vorbereitungen Jakobs waren umsonst — nicht, weil sie nichts ausgerichtet hätten, sondern weil sie unnötig waren. Esau ist nicht der betrogene Rivale, der auf Rache sinnt, sondern der herzliche Bruder, der sich freut, den lange entbehrten Bruder wiederzusehen. Es ist ein ganz anderer Esau als der aus der Jugendgeschichte: großmütig, freundlich, zwar kriegsstark, aber keineswegs kriegslüstern — ein ritterlicher, vornehmer Charakter. Ein wenig fassungslos steht er vor dem Übermaß berechnender Höflichkeit, mit der ihn der jüngere Bruder überfällt.

Jakob aber ist derselbe wie eh und je, vorsichtig, undurchsichtig, ja, unehrlich. Er verläßt sich nicht auf das freundliche Gesicht des Bruders. Er drängt ihn, die Geschenke anzunehmen; er steigert sich in die Rolle des Unterwürfigen, daß er seinen Bruder gar mit einem Gott (in Anspielung auf den Namen *Penuel,* vgl. S. 142) vergleicht. Dann sucht er, mit immer neuen Ausreden, sich wieder vom Bruder zu trennen. Ob er, der Verschlagene, an ehrliches Vergeben nicht glauben kann?

Jakob steht in dieser Szene im Zwielicht, eine verschlagene Krämerseele vor einen offenherzigen, edlen Krieger. Und wie er sich eilig und zugleich vorsichtig davonstiehlt, macht er den Eindruck eines Mannes mit schlechtem Gewissen, der seiner dunklen Vergangenheit lieber ausweicht, als sie zu bewältigen. Er wird noch einen langen Weg der Läuterung gehen müssen.

Der behandelte Stoff scheint eine lange Geschichte durchlaufen zu haben. Am Anfang könnte eine Stammessage gestanden haben, eine Erinnerung an eine sehr frühe Begegnung der Jakobsgruppe mit einem ostjordanischen Stamm oder der Israeliten mit Edomitern. Edom, bzw. der jetzt mit ihm identifizierte Stamm, ist den Wanderhirten trotz großer kriegerischer Überlegenheit freundlich begegnet. Über Edom ist tatsächlich eine ähnliche Nachricht erhalten (vgl. Dtn 23,8.4 f).

Diese frühe und freundliche Begegnung, in den Gestalten Esaus und Jakobs personifiziert, ist dann Teil der Familiengeschichte des Jakob geworden. Es ist kein Wunder, daß es mit anderen Traditionsstücken nicht in allem übereinstimmt.

Desto besser paßt es in die Theologie der Jakobsgeschichte. Wieder hat Gott dem Jakob alle Wege geebnet; die verblüffende Sinnesänderung des rachsüchtigen Esau kann im jetzigen Zusammenhang nur auf göttliches Eingreifen zurückgeführt werden. Und wieder geschieht das Eingreifen Gottes auf eine fast unmerkliche, sanfte Weise: Nicht das Heerlager der himmlischen Boten schlägt den Weg mit dem Flammenschwert frei, sondern es gelingt einem Mann, zu vergessen und zu verzeihen. Niemandem geschieht ein Unrecht, keine Gewalttätigkeit wird nötig, und alle listige Absicherung ist vergeudete Mühe. Allein in der Kraft des Glaubens hätte Jakob den von Gott gewiesenen Weg ziehen können, gelassen und zuversichtlich. Daß es ein Weg voller Ängste und Gefahren wurde, eine Flucht vor und durch Tod und Gefahr, lag am Menschen, dem es so schwer fällt, gerade Wege zu gehen und einfach zu glauben.

Jakobs Kampf mit Gott: 32,23—33

Diese Geschichte ist dunkel und geheimnisvoll. Sie steht im Zusammenhang wie ein erratischer Block; ja, sie scheint kaum recht in die Bibel zu passen. Wer sie nicht mystisch, mit geschlossenen Augen liest, muß an ihr Anstoß nehmen. Nur wer den holprigen Pfad des Wortlauts verläßt und der Spur des tieferen Sinnes folgt, gewinnt aus dieser Erzählung Erbauung. So haben jedenfalls viele Erklärer gemeint.

Wir möchten zeigen, daß es sich immer lohnt, die Augen aufzuhalten. Diese Erzählung ist geradezu ein Paradebeispiel dafür, wie ein Text dadurch verständlicher wird, daß man seiner Geschichte nachgeht. Denn wie die Erzählungen von Mamre, von Sodom und Bet-El hat auch diese eine lange Geschichte hinter sich, und alle wichtigen Stadien haben ihre Spuren in ihr hinterlassen.

Die älteste Schicht ist noch gut zu erkennen: Da überfällt an einer Flußfurt in der Nacht ein Unbekannter den Jakob. Als die Morgenröte aufsteigt, gerät der unheimliche Fremde in Bedrängnis, denn, so muß man annehmen, er erträgt das Licht der Sonne nicht. Jakob aber gelingt es, ihn festzuhalten, sodaß der Geheimnisvolle nur um den Preis eines Segens sich loskaufen kann. Es stellt sich heraus, daß der Unbekannte ein *Elohim*, ein übermenschliches Wesen ist.

Wir kennen solche Geschichten auch aus unserem Kulturkreis. In der Nacht (meist um Mitternacht) überfällt an einer bestimmten Stelle eines Wegs (oft am Kreuzweg) ein Wesen den Menschen und will ihn töten. Der Mensch kann sich retten entweder durch Kraft (das Gespenst ist ja nicht allmächtig) oder indem er es festhält, bis die Sonne aufgeht, deren Licht die Macht der Dunkelheit nicht erträgt. Man nennt sie „Erzählungen vom wegelagernden Dämon".

Wir haben hier eine solche Gespenstergeschichte in fast klassischer Form vor uns. Mit dieser Feststellung haben wir ihr Alter bestimmt: Sie ist sicher vorisraelitisch, also heidnisch. In die Welt des Heidentums, die voll göttlicher und halbgöttlicher Wesen, voll guter Feen und böser Unholde ist, paßt sie sehr gut. In die Welt des Alten Testaments, in die Welt des Einen, paßt sie gar nicht. Wie ist sie dann in die Bibel geraten? Auf eine sehr menschliche Weise. Die einwandernden Stämme waren als Semiten von guten Geschichten begeistert. Es fiel ihnen schwer, einer guten Erzählung zu widerstehen. Als sie an jenen Ort kamen, der den Namen Penuel trug, und die Geschichte hörten, die man dort erzählte, erzählten sie die Geschichte weiter. Das christliche Mittelalter hat es genauso gehalten; christliche Vorstellungen haben in das Erzählungsgut, etwa die Märchen, so gut wie keinen Einlaß gefunden. Bis heute haben sich, leicht abgewandelt, urheidnische Mythen wie die Geschichte vom Rotkäppchen durch die Jahrhunderte gehalten.

Anders aber als das christliche Mittelalter bekamen die eingewanderten Stämme ein schlechtes Gewissen. Wie konnte man von einem Gott oder doch übermenschlichen Wesen erzählen, das nicht der Eine war, von dem allein man in Israel reden durfte? Und gewaltsam, ja, grobschlächtig änderte man die Erzählung: Der wegelagernde Dämon wurde durch den einzigen Gott ersetzt. Der Glaube an den Einzigen war gewahrt; aber um welchen Preis!

Der Heilige Israels agiert wie ein Dämon. Er wird zu einem Nachtwesen, überfällt seinen Erwählten, läßt sich von ihm überwältigen. Er handelt auf eine unerklärliche Weise anders, als Israel sonst von ihm bekannte.

Aber gerade diese unvollkommene, ja, stümperhafte Angleichung der heidnischen Geschichte an den Glauben Israels zeigt wie in einem Schlaglicht, worauf es Israel in erster Linie ankam: auf die Einzigkeit seines Gottes, nicht auf seine Erklärbarkeit.

Der Heide sah sich vielen Mächten gegenüber, guten und bösen, und neckischen Schabernacksgeistern. Der Dämon brachte ihm Zahnweh und der Regengott eine gute Ernte; überall waltete oder lauerte unter der dünnen Oberfläche der Welt Göttliches. Die Welt war lebendig; es gab keine bloße Materie. Solche Haltung war vernünftig und religiös zugleich; sie sah überall Göttliches und konnte alles erklären.

Israel sah sich einer einzigen Macht gegenüber. Aber es fiel ihm schwer — wie es dem späteren Judentum und dem Christentum schwerfiel — diese Macht mit allem Geschehen in der Welt in Verbindung zu bringen. Es war leicht, Gott zu bekennen bei der Geburt eines Sohnes, nach einer guten Ernte, angesichts der Schönheit der Welt. Aber was sollte man sagen, wenn der Sohn starb, wenn Hunger die Menschen dahinschwinden ließ, wenn Katastrophen die Welt verwüsteten? War es dann nicht richtiger, andere, mindere Geister am Werk zu sehen, Dämonen, Teufel, eine gottfeindliche Macht? Die spätere Theologie hat im Judentum und vor allem im Christentum Schritte in diese Richtung gemacht.

Dem alten Israel wäre das als Abfall vom Glauben an den Einzigen erschienen. Wenn nur ein Einziger Macht hat, dann ist hinter allem der Einzige zu bekennen, auch wenn man verzichten muß, ihn zu erklären, sein Handeln einsichtig zu machen. Dafür ist diese unsere Geschichte eines der besten Beispiele: Im Dunklen, im Unheimlichen, im Tod selbst kann man immer nur dem Einen begegnen, und wem diese Gewißheit nicht genügt, wer glaubt, zuvor das Dunkle erhellen, das Unheimliche wegdiskutieren, den Tod verharmlosen zu müssen, der hat noch nicht begriffen, was Israels Glauben heißt: mit dem Einzigen zu leben, nicht nur zu „wissen“, daß es keine anderen Götter gibt, sondern ihm in allem zu begegnen und als den ewig Einen wiederzuerkennen.

In einem dritten Stadium ihrer Geschichte schließlich wurde die Erzählung um ein weiteres Motiv erweitert. In ihr war die Rede von einem Kampf, und das Wort „kämpfen“ kam auch im Namen vor, den seit alter Zeit die Zwölf Stämme trugen, *Israel*. Natürlich heißt Israel „Gott streitet“. Aber in einer Umdeutung, die durch ihre Gewaltsamkeit verblüfft, wird der Name hier gedeutet „der mit Gott streitet".

Damit gewinnt die Glaubensaussage eine in Worten nicht mehr auslotbare Tiefe. Israel, das Volk Gottes, ist nicht das Volk, das seinem Gott treu ergeben ist, seine Gesetze hält; es ist das Volk, das mit seinem Gott kämpft. Glaubensgeschichte entsteht nicht dadurch, daß die alten Glaubenssätze besser ausgestellt, angeordnet, vervollkommnet werden. Sie ist ein Ringen um Gott und mit Gott, dem so oft Unverständlichen. Gläubige Existenz heißt: an Gott festzuhalten, auch wenn man meint, Gott wolle den Glaubenden von sich fortschleudern. Man wird bei diesem übermenschlichen Kampf verwundet, man wird hinkend, aber gesegnet herauskommen. — Was aus der kleinen Gespenstergeschichte geworden ist!

Die übrigen Züge der Geschichte sind schnell erklärt. Es liegt natürlich auch eine Kultätiologie vor. In Penuel (Angesicht Gottes) opferte man, weil dort die Gottheit erschienen war. (Im alten Israel nannte man den Gottesdienstbesuch „das Antlitz Gottes suchen".) Auch hier wird man Name und Altar von den älteren Einwohnern übernommen haben.

Zusätzlich verband man die Geschichte mit einem sonst nicht bezeugten alten Speisebrauch. Die Israeliten (oder ein Teil von ihnen) verzehrten neben anderen Teilen eines geopferten Tieres (z. B. dem Blut, dem Nierenfett u. a.) einen bestimmten Hüftmuskel nicht. Dadurch gewann die Geschichte einen weiteren „Sitz im Leben". Nicht nur in Penuel, sondern oft, jedesmal, wenn der Sohn fragte: Warum essen wir denn nicht dieses Stück Fleisch? war sie zu erzählen (vgl. Ex 12,26).

Die Rache der Jakobssöhne an den Sichemiten: 34,1—31

Die unerfreuliche Begebenheit von Sichem steht fremd unter den bisherigen Jakobsgeschichten. Jakob war nicht immer ehrlich; aber er war nie gewalttätig, obschon ihm die alten Erzählungen geradezu übermenschliche Kraft zuzuschreiben scheinen (vgl. 29,10; 32,26—28). Hier aber fließt Blut in Strömen.

Dem entspricht, daß Jakob, der Listenreiche, nur eine Randfigur ist. Die Handlung ist auf seiten der Jakobssippe ganz in die Hände der beiden Jakobssöhne Levi und Simeon gelegt. Diese aber sind, wie wir wissen, historisch keine Einzelpersonen, sondern Stämme gewesen. Das ist aus der Erzählung übrigens noch zu erkennen: Simeon und Levi überfallen die Stadt Sichem und ermorden alle männlichen Einwohner. Das ist nicht das Werk einzelner!

Geschichtlich stoßen wir in diesem Kapitel wahrscheinlich auf einen Vorfall aus der ältesten Zeit der in Palästina eingewanderten Stämme. Die Stämme Levi und Simeon (oder Teile von ihnen) halten sich in Mittelpalästina auf. Simeon ist später im Süden seßhaft geworden; also wandern die Gruppen noch unstet mit ihren Herden durch das Land.

Sichem gehörte zu den bedeutendsten alten Städten Palästinas. Es hatte eine sehr günstige Lage am Eingang zum engen Tal zwischen den Bergen Ebal und Garizim; nach Osten dehnt sich eine fruchtbare Ebene aus. Im späteren Nordreich lag es zentral, und es muß früher auch eine bedeutende Rolle im Gottesdienst Israels gespielt haben. Wenn die Sekte der Samaritaner Sichem für die von Gott auserwählte Stadt hält und den Garizim für den heiligen Berg (bis in die römische Zeit gab es dort einen Tempel), Jerusalem und den Zion dagegen für späte Kuckuckseier, so hat sie, historisch gesehen, nicht ganz Unrecht. Noch heute sind die kyklopischen Stadtmauern der altkanaanitischen Stadt eindrucksvoll, und auf den Sockel eines Tempels, der einem El-Berit, einem „Bundesgott", geweiht war (vgl. Ri 9,46), kann sich jeder Tourist stellen.

Der junge Sichem, der sich an der armen Dina vergreift, ist die Verkörperung der Stadt. Sichem, *schekäm,* heißt *Schulter* und ist ein Orts-, nicht ein Personenname. Geheimnisvoll ist der Name seines Vaters *Hamor.* Das Wort bedeutet „Esel"; den Esel aber bevorzugte man im Alten Orient als Opfertier, wenn man einen Bund schloß. Nach einer sehr verläßlichen Tradition wurde der Bund der Zwölf Stämme unter Joschua bei Sichem geschlossen (Jos 24)!

Im weiteren Sinn steht Sichem für die ganze alte kanaanitische Stadtkultur. Die einwandernden Stämme, viel zu schwach, die stark befestigten Städte zu erobern, zogen zwischen ihnen her und knüpften auch wohl mancherlei Beziehungen zu ihnen an, so wie bis in diese Zeit die Beduinen mit den Städtern, die sie im übrigen verachten, Handel treiben. Es erhob sich die Frage, wie weit man sich mit den Städtern einlassen sollte. Im Laufe der Jahrtausende hatten immer neue Wellen von Einwanderern aus der Steppe und von Norden Palästina überflutet und zu einem Schmelztiegel verschiedener, wenn auch meist miteinander verwandter Völker gemacht. Sollten die einwandernden Stämme denselben Weg gehen?

Die Erzählung gibt zumindest die Stellungnahme, wahrscheinlich auch die Praxis der beiden Stämme Simeon und Levi wieder. Da Simeon früh seine Bedeutung verloren und wenig Spuren in den biblischen Traditionen hinterlassen hat, können wir ihn in diesem Zusammenhang vernachlässigen.

Der Stamm Levi ist desto bekannter geworden. Er gehörte zu den energischsten Jahwe-Verehrern. Aus vielen Einzelspuren des Alten Testaments wissen wir, daß die Leviten stolz auf ihren „Eifer" waren. Die Zeloten, „Eiferer", der Zeit Jesu waren ihre späten Nachfahren. *Eifern* heißt: mit der Waffe in der Hand für die Belange des Glaubens eintreten. Ihre kompromißlose Entschiedenheit, um nicht zu sagen: ihr Fanatismus im Dienst des Glaubens wird an mehreren Stellen des Alten Testaments bezeugt (Ex 32,25—29; Num 25).

Levi hat sich also nachdrücklich gegen jede Vermengung mit den Kanaanitern zur Wehr gesetzt; wieder gibt es einen Hinweis darauf, daß insbesondere er Heiraten mit Heiden für ein todeswürdiges Verbrechen hielt (Num 25,6—8). Nomadischer Sippenstolz mag sich dabei mit der Sorge um die Reinheit der rechten Jahweverehrung gemischt haben; da der Bereich der Sexualität in der Religion Kanaans besonders heilig war, lag nahe, daß sexuelle Beziehungen heidnische Riten mit sich brachten. Schließlich hielten — und halten heute oft noch — Nomaden die Städter für sittlich verderbtes Volk; mit Leuten, die sich dem strengen Sittenkodex der Steppe nicht unterwarfen, die, um bei unserem Fall zu bleiben, die Vergewaltigung einer israelitischen Jungfrau als Kavaliersdelikt ansahen, das mit Geld und ein bißchen Liebe wieder gutzumachen sei, wollte man nichts zu tun haben.

Schließlich spielen noch Erinnerungen an eine frühe Zeit mit, in der die Beschneidung nicht ein Geburts-, sondern ein Mannbarkeitsritus und der Hochzeit zugeordnet war.

Was genau vorgefallen ist, wird man kaum mehr herausfinden können. Aber die Auffassungen, die sich damals gegenüberstanden, sind noch deutlich: auf der einen Seite eine liberale Verbrüderungspolitik, auf der anderen Seite strenge Absonderung, verbunden mit rücksichtsloser Gewalt im Dienst der rechten Sache. Was der armen Dina zum Wohl sei, das wird in der Erzählung nicht einmal gefragt. Wir stoßen auf eine Haltung, die in der einen oder anderen Form die ganze Geschichte der Bibel begleitet und die Geschichte der christlichen Gemeinde noch stark beeinflußt hat.

Es ist außerordentlich interessant zu sehen, wie dieser levitische *Eifer* in der Bibel beurteilt wird. Die deuteronomische Theologie sah darin ein Ideal; im Segen des Mose wird Levi wegen seiner rücksichtslosen Entschiedenheit gepriesen (Dtn 33,8—11). Unsere sehr viel ältere Erzählung urteilt anders.

Sie läßt Jakob, den Träger der Verheißung, das Verhalten seiner beiden gewalttätigen Söhne ausdrücklich mißbilligen. Angesichts des Todes wiederholt Jakob seine Verurteilung; anstatt Levi und Simeon zu segnen, verflucht er sie wegen ihrer Gewalttätigkeit (49,5—7). Diesen Fluch hat der biblische Verfasser vorgefunden. In ihm spricht sich deswegen nicht nur sein eigenes Urteil aus. Schon in einer sehr frühen Zeit hat man sich in Israel der Frage gestellt, ob man der guten Sache mit dem Schwert dienen dürfe, und schon sehr früh haben sich einflußreiche Kreise dagegen ausgesprochen. Daß man das Urteil, wohl auch schon früh, Jakob in den Mund gelegt hat, könnte echte Geschichte widerspiegeln: Die Anhänger der duldsamen Väterreligion dürften das *Eifern* in der Tat anders beurteilt haben als die entschiedenen Jahweverehrer (siehe S. 18 f).

Jakob in Bet-El: 35,1—15

Im Bericht über die Wanderung Jakobs von Sichem nach Bet-El sind viele Jahrhunderte alttestamentlicher Religionsgeschichte zusammengefaßt.

Sichem war ein altes kanaanitisches Heiligtum; das läßt sich archäologisch beweisen, und daraufhin weist auch die heilige Eiche (siehe S. 72). Nicht beweisen, aber doch vernünftig vermuten läßt sich, daß schon die Kanaaniter zu bestimmten Zeiten Götterfiguren unter der Eiche vergruben. Über den Sinn dieses Ritus ließe sich streiten. Vielleicht sollten die heiligen Gegenstände die Heiligkeit des Ortes steigern und ihn schützen; vielleicht stand das Vergraben in Zusammenhang mit dem Kult des sterbenden und wiederauferstehenden Gottes, dem Geheimnis des „Stirb und werde!“.

Als die Sippe des Jakob in die Gegend von Sichem zog, verehrte sie ihren Gott in der duldsamen Art der Väterreligion wohl am selben Heiligtum wie die Heiden. Vielleicht übernahm sie auch schon den heidnischen Brauch, Götterbilder zu vergraben. Spätestens als der Stamm Josef einwanderte, wurde der Sinn des Ritus von diesen entschiedenen Jahweverehrern ins Gegenteil verkehrt: das Vergraben wurde zum Abtun der fremden Götter.

Die Faszination, die von heidnischen Amuletten und Kultgegenständen ausging, war stark. Immer wieder war der Israelit — und vor allem die Israelitin — versucht, es mit ihnen zu versuchen. Das hatte seinen Grund in der Erhabenheit der eigenen Religion. Jahwe war der Gott des Volkes, er war Gott des Rechts, der Zukunft, auch des Landes, der Welt, des Himmels — aber was tat man, wenn das Kind Halsschmerzen hatte? Wenn die Kuh Verdauungsschwierigkeiten bekam? Wenn Ungeziefer die Ernte wegfraß, wenn eine Frau in Streit mit ihrer Rivalin geriet? Dann schien der mächtige und einzige Gott dem einfachen Gläubigen zu groß und fern; er wandte sich lieber an die handgreiflichen Tröster des heidnischen Volksglaubens. Wer bedenkt, erstens: wie zäh sich der Aberglaube in unserer so fortgeschrittenen Welt hält, und zweitens: wie schwer sich gerade der „geistige" Christ tut, Gott in die Banalitäten seines Alltags einzubeziehen, wird deswegen über die Bauern und Frauen Israels nicht die Nase rümpfen. Er wird eher mit Staunen beobachten, wie entschieden sich Israel von diesen heidnischen Resten zu befreien suchte, oder besser: wie entschlossen es alles daran setzte, mit Gott als seinem Einzigen zu leben, ihn nicht nur im Dunkel der Nacht, sondern auch in den Kleinigkeiten des Tages zu finden — immer nur ihn, den Einen.

Eine solche Selbstreinigung kostete den Israeliten damals gewiß soviel Überwindung wie später den Christen das Sündenbekenntnis vor der Gemeinde, und wie dieses wird der Ritus an bestimmte Tage und Feste gebunden gewesen sein. So kurz der Bericht ist, so läßt er doch durchscheinen, daß die Reinigung zu einer Wallfahrt gehört hat. „Alles Volk" (6) sammelte sich in Sichem, in jener schönen Ebene, die von Bergen umstanden wird, vergrub die Götzen, legte neue Kleider an und zog dann hinauf nach Bet-El, wohl drei Tage weit nach Süden in die Berge, um dort Opfer zu bringen und vor dem Herrn fröhlich zu sein.

„Gottesschrecken" bezeichnet etwa das, was die Griechen nach dem Wald- und Hirtengott Pan *Panik* nannten: Das plötzliche Entsetzen, das eine Menge überfällt, sie bewegungslos macht oder in wilder Flucht ausbrechen läßt, und von dem man heute noch sagt, daß es „über einen kommt". In Verbindung mit dem Blutbad von Sichem schützt der Gottesschrecken die *Eiferer* vor der Rache der Einheimischen. Aber diese Verbindung hat erst der spätere Redaktor hergestellt; ursprünglich gehört das Motiv wohl zur Wallfahrt. Die Wallfahrer ließen ja ihren Besitz, ihre Kinder, die Kranken und Alten schutzlos zurück. In den acht oder mehr Tagen bis zu ihrer Rückkehr konnte in unruhigen Zeiten viel geschehen. So sicherte der „Gottesschrecken" Habe und Familie der Wallfahrer: eine frühe Form des Gottesfriedens.

Vers 7 erinnert daran, daß Jakob schon einmal in Bet-El war, damals, als er den Traum von der Himmelstreppe hatte. Er kittet die beiden Erzählungen lose zusammen; das feierliche Gelübde, das Jakob auf seiner Flucht gemacht hatte, erfüllt er sehr nachlässig.

Im Unterschied dazu machen die Verse 14 und 15 dem längeren Bericht von Kapitel 28 Konkurrenz. Wieder errichtet Jakob einen Gedenkstein, wieder gießt er Öl darüber und nennt, an dieser Stelle etwas unbegründet, den Ort Bet-El, „Haus Gottes". Der Vorfall ist offensichtlich verdoppelt worden; ursprünglich gehörte er wohl eher an diese zweite Stelle. Von hier ist er übertragen worden auf die Flucht Jakobs von Beerscheba nach Haran, aber so stark war die ursprüngliche Überlieferung, daß sie sich nicht ganz wegtransportieren ließ. Ein Trümmerstück blieb an der alten Stelle stehen.

Der Satz vom Begräbnis der Debora, die weder vorher noch nachher je erwähnt wird, ist wohl der Rest einer längeren Geschichte. Der Verfasser wollte sie nicht ganz bringen, vielleicht, weil sie ihm nicht ins Konzept paßte; aber er wollte sie auch nicht ganz auslassen. Sie dürfte damals jedermann bekannt gewesen sein. Da sie im Zusammenhang mit der Gegend erzählt wurde, in der der Held der Geschichte sich gerade aufhielt, hat der Verfasser sie hier eingefügt (vgl. zu 32,2—3).

Benjamins Geburt und Rahels Tod: 35,16—20

Tragische Gestalten sind in der Bibel nicht eben häufig. Rahel würde man dazu zählen müssen. Sie war schön und klug, und ihr Mann liebte sie leidenschaftlich; ihre Stellung unter den Frauen ihrer Zeit war beneidenswert. Aber sie hatte auch tüchtig sein wollen auf die damals landläufige Weise: Sie wollte ihrem Mann Söhne gebären. An diesem heftigen Wunsch starb sie; ihr zweiter Sohn brachte ihr, der Zarten, den Tod.

Die Amme tröstet sie mit dem Wort, das ihrem Leben den ersehnten Erfolg zuspricht. Was könnte sie noch mehr vollbringen, als ihrem Mann einen Sohn zu schenken? Aber die Sterbende gibt dem Neugeborenen einen Unheilsnamen — eine schlimme Erbschaft ins Leben in einer Zeit, die an die Macht des Wortes, zumal wenn es vor dem Sterben gesprochen war, glaubte. Was empfanden die ersten Hörer dieser Geschichte? Das Aufbegehren derer, die ihr Leben der Sippe opferte? Den Gegensatz zwischen der Schönen, die geliebt sein will, und der Mutter, die ihre Kraft anderen hingibt? oder einfach nur die Freude über ein gelungenes Wortspiel mit dem Namen Benjamin? Die Notiz ist zu kurz.

Für unser modernes Gefühl zwielichtig ist wiederum die Haltung Jakobs. Gewiß wird man annehmen müssen, er habe um die geliebte Rahel getrauert; das schrieb nicht nur die Sitte vor. Aber der Text spricht mit keinem Wort von seiner Betroffenheit, obschon das zu erwarten wäre. Mehr als auf seine sterbende Frau scheint Jakobs Sorge auf seinen jüngsten Sohn gerichtet; er widerspricht dem letzten Wort seiner Frau um des Sohnes willen, gleichsam als reiße er das Kind mit einer hastigen Bewegung aus der Macht der dem Tode Verfallenen.

Zum Namen des Sohnes ist zu vermerken, daß er offensichtlich kein Personenname ist. *Ben* heißt *Sohn*, und *jamin* (eigentlich „rechts", nämlich wenn man nach Osten schaut) *Süden;* Benjamin ist also der „Mann aus dem Süden". Wir wissen aus Texten des gleichen Jahrtausends, daß es einen großen Stamm der bene jamin, der „Südleute", gegeben hat. Ob der biblische Stamm Benjamin mit diesem identisch ist, oder nur den Namen (der sich für alle Gruppen eignete, die aus dem Süden kamen), gemeinsam hatte — er hat seinen Namen aus einer geographischen Bezeichnung, nicht von einem Personennamen abgeleitet.

Kürzer noch als die Traditionsreste über Mahanajim und über Debora, die Amme, ist die Notiz über die Schandtat des Ruben. Vorgefallen sind solche Dinge in der alten Zeit, sonst hätten sie nicht so streng verboten werden müssen (vgl. Lev 18 (8!); Dtn 23,1; 27,20). Die Groß-

familie schlief in den Zelten auf engstem Raum, und ein Sohn konnte durchaus älter sein als die jüngste Frau oder Nebenfrau seines Vaters; er war ja auch im übrigen mit ihr gar nicht verwandt. Vielleicht ist die Notiz der Rest einer längeren Erzählung, vielleicht soll sie nur den Ruben-Spruch aus dem Jakobs-Segen vorbereiten (s. diesen S. 183).
Eine spätere Glosse setzt Efrata mit Betlehem gleich; das Efrata der ursprünglichen Geschichte muß dagegen im Gebiet des Rahelstammes Benjamin gelegen haben (vgl. 1 Sam 10,2), nördlich von Jerusalem. Der neutestamentliche Verweis anläßlich des Kindermords bezieht sich auf die spätere Tradition (Mt 2,18).

Verheißung an Jakob, Söhne Jakobs und Isaaks Tod: 35,9—13. 22c—29

Auf ihre trockene Weise erzählt die Priesterschrift von Jakob, durchweg mit Wendungen, die uns von den anderen Patriarchen her vertraut sind. Wieder werden die zwei überlieferten Namensformen des Patriarchen verbunden. Der letzte Verfasser hat auch hier möglichst alle Überlieferungsstücke angeführt, auch wenn dadurch Doppelungen und kleinere Unstimmigkeiten entstanden. Der Segen besonderer Fruchtbarkeit gehört eigentlich *vor* die Geburt der zwölf Söhne. Der ähnliche Segen über Noach wirkt sich aus in der Liste der Nachkommenschaft (Gen 10); der Segen über Jakob in der Liste seiner Söhne. Jetzt steht die Wirkung vor der Ursache und wird deswegen gleich noch einmal wiederholt (22c—26).
Drei Besonderheiten der priesterschriftlichen Überlieferung wären hervorzuheben:

Erstens: Das genealogische Verhältnis zwischen Abraham, Isaak und Jakob wird konsequent durchgeführt. Dafür zeugt nicht nur der Gottesspruch, sondern auch die Rückkehr Jakobs ins väterliche (und großväterliche) Zelt bei Hebron.

Zweitens: Der Name des Orts, an dem dem Erzvater die Offenbarung zuteil wurde, wird (nicht nur hier, sondern auch bei Isaak und Abraham!) verschwiegen. Zur Zeit der Priesterschrift war das einzig rechtmäßige Heiligtum der Tempel von Jerusalem, der sich in einer langen

Geschichte gegen die älteren Heiligtümer Mamre, Beerscheba und vor allem Bet-El erst durchgesetzt hatte. Die Priesterschrift vermeidet peinlich jede Nennung, die diese alten, gerade überwundenen Kultstätten wieder aufwerten könnte.

Drittens: Sehr viel unbefangener im Vergleich zu den älteren Schriften beschreibt die Priesterschrift Offenbarungen: Sie läßt Gott leibhaftig erscheinen. Zu ihrer Zeit ist die Erhabenheit und Transzendenz Gottes so zweifellos, daß sie sich dieses Bildes bedienen kann, ohne zu fürchten, mißverstanden zu werden.
Zum Alter des Isaak vergleiche Seite 35 und 110.

Die Nachkommen Esaus: 36,1—43

Das Kapitel enthält wiederum Stammeslisten in der Form von Genealogien, wie wir sie nun schon öfter hatten. Der Text gibt Hinweise genug auf seine literarische Eigenart. Die Stämme Timna und Oholibama werden einmal als Frauen, ein andermal als Männer personifiziert (2:41; 12:40); Edom ist sein eigener Vater (1:9). Die meisten Namen bezeichnen Stämme, andere Landschaften und wieder andere Ortschaften. Ihre Zuordnung zueinander spiegelt zum Teil politische Verhältnisse wider; zum Teil ist sie vom gelehrten Verfasser konstruiert, der versucht, ihm vorliegende Namen, die zu seiner Zeit zum Teil alt und vergessen waren, in eine Ordnung zu bringen.
Da der heutige Leser kaum mehr an den ethnisch-politischen Verhältnissen des südlichen Jordaniens vor etwa dreitausend Jahren interessiert sein wird, ist es wenig sinnvoll, die Namen geographisch zu bestimmen, bzw. (in den meisten Fällen) zu bestimmen versuchen. Dennoch bleiben einige Punkte von allgemeinerem Interesse.
Wie schon vorher (26,34; 46; 28,8—9) werden die Edomiter als Mischbevölkerung gekennzeichnet und damit herabgesetzt: Das echte Blut des Isaak mischt sich mit dem von Hetitern, Hiwitern; der Schuß Ismaeliterbluts macht die Sache nur wenig besser. Auch hier ist die Reinheit des Bluts nur ein Zeichen der Reinheit der Tradition (vgl. S. 116).
Interessant ist das Zugeständnis, daß es in Edom vor Israel Könige gegeben habe; eben dadurch erweist sich Esau-Edom ja als das ältere

Volk. Aus der Liste ist zu ersehen, daß Edom kein erbliches Königtum kannte. Die Stämme wählten jeweils einen König, der in seinem angestammten Ort wohnen blieb. In Israel war nur das Königtum des Saul und des David von dieser Art; dann setzte sich grundsätzlich das erbliche Königtum durch. Edom hat also die alte Gewohnheit länger erhalten als Israel — ein Widerspruch zur Behauptung, es habe die alten Traditionen durch die Vermischung mit den Kanaanitern gefährdet.

Wichtiger als die historischen Details ist, daß hier ein ganzes Kapitel dem Nachbarvolk gewidmet wird; sogar die Ureinwohner Edoms, die Horiter, werden ausführlich berücksichtigt (die Horiter waren der Rest einer frühen Einwanderungswelle, der sich an manchen Orten als städtische Aristokratie hatte halten können). Ein solches Interesse am Nachbarn ist für das alte Israel keineswegs selbstverständlich.

Bei aller Zurückhaltung ist überdies die Haltung den Edomitern gegenüber nicht gehässig. Kein Streit treibt Jakob und Esau, also Israel und Edom auseinander; der Segen Gottes, der in beiden wirksam ist, läßt sie so viel Raum brauchen, daß sie sich trennen müssen. Zur Zeit der Priesterschrift, als in der jüdischen Gemeinde die Abneigung gegen Edom besonders heftig war (vgl. S. 115 f), ist das von bemerkenswerter Freundlichkeit.

Josef und seine Brüder: 37,1—36

Vergleiche weiter unten Seite 168—170.

Familiengeschichte Judas: 38,1—30

Wieder erfährt der Leser von einem handfesten Familienskandal. Nachdem er vor wenigen Seiten lesen mußte, wie es der Sohn mit seiner Stiefmutter trieb — wobei der unerfreuliche Vorfall wenigstens wohltuend kurz mitgeteilt wurde —, muß er sich jetzt ausführlich darüber belehren lassen, wie es der Schwiegervater mit der Schwiegertochter machte. Man muß nicht gerade prüde sein, um solche Geschichten für wenig erbaulich zu halten.

Bevor man sich entrüstet, sollte man jedoch den Text sorgfältig untersuchen. Da wird dem geübten Leser manches auffallen. Er hört den Namen eines Stammes, Juda; er hört von Heiraten und Zeugungen.

Er wird also vermuten, daß auch hier in der Form einer Familiengeschichte eine Stammessage vorliegt.

In der Tat informiert uns die Erzählung über Verhältnisse im Stamm Juda zu einer sehr frühen Zeit. Der Stamm hatte sich von den anderen getrennt. Diese Tatsache ist für den Verlauf der biblischen Geschichte von größter Bedeutung geworden. Der Stamm Juda besiedelte den äußersten Süden Palästinas. Bis zur Zeit König Davids war er von den anderen Stämmen des Bundes durch einen Korridor kanaanitischen Gebiets auf der Höhe von Jerusalem getrennt. Vielleicht deshalb hatte er sich in der vorköniglichen Epoche abseits gehalten und sich an keinem der großen Unternehmen der anderen Stämme beteiligt. Erst durch David und vor allem durch die Eroberung Jerusalems wurde er nachhaltig mit den Bruderstämmen verbunden. Wie stark indes die lange Sondergeschichte Juda seinen Brüdern entfremdet hatte, zeigte die weitere Geschichte: Schon nach dem Tod Salomos riß das Reich wieder auseinander. Künftighin gab es zwei Königreiche: das im Norden, das sich stolz nach dem heiligen Namen Israel nannte, und das von Juda, dessen Hauptstadt Jerusalem und dessen König immer ein Nachkomme Davids war. Die gemeinsame Geschichte Judas und der Stämme des mittleren und nördlichen Palästinas hatte kein Jahrhundert gedauert.

Doch das alles konnte der Erzähler noch nicht wissen, der die Abseitsstellung Judas umschrieb mit dem Satz: „Um jene Zeit verließ Juda seine Brüder und begab sich hinunter zu einem Mann aus Adullam" (eine Tagereise nordwestlich von Hebron).

Wohl wußte er, daß Juda sich mit der einheimischen Bevölkerung vermischt hatte. Der Stamm, der unter David zu so großer Bedeutung kam, war also ein Mischvolk von eingewanderten Hebräern und einheimischen Kanaanitern.

Zwei Sippen des Stammes Juda, Er und Onan, waren ausgestorben; man führte ihr Verlöschen auf Vergehen zurück. Es ist nicht unmöglich, daß man näherhin an Praktiken der Geburtenbeschränkung dachte. In übervölkerten Gebieten mochte eine zu zahlreiche Nachkommenschaft nicht immer willkommen gewesen sein. Auch die gleichgeschlechtliche Liebe, die bei der einheimischen Bevölkerung vorkam, kann ja in diesem Zusammenhang gesehen werden.

Zur Zeit des Erzählers nahmen den Platz der ausgestorbenen Sippen zwei andere judäisch-kanaanitische Familien ein, Perez und Serach. Die beiden Familien waren miteinander verfeindet: Schon im Mutterschoß hatten sie um den Vortritt gekämpft! Was der Erzähler nicht wissen konnte: Beide Familien existieren noch im fünften vorchristlichen Jahrhundert; vielleicht lagen sie immer noch in Rivalität miteinander (vgl. Neh 11,4—6.24). Es könnte sein, daß man die Frauen der beiden Familien für besonders schlank (Tamar heißt „Palme") und klug gehalten hat. Da alle längst tot sind, braucht uns das so wenig zu kümmern wie die Frage, was aus Schela geworden ist.

Einiges aus dieser Stammesgeschichte bleibt von Interesse. Da ist die Aussage, daß die Judäer früh zu einem Mischvolk geworden sind. Das entspricht der Geschichte sehr viel mehr als die Tradition, nach der die einwandernden Stämme die Einheimischen — von wenigen Ausnahmen abgesehen — samt und sonders massakriert und ein entvölkertes Land besiedelt hätten. Diese kriegerische Tradition entsprang der Wunschvorstellung einer späteren Zeit, die sich die levitische Radikalität zum Vorbild genommen hatte (vgl. S. 144), zwar nicht mehr als strategisches Konzept — dazu war die Zeit längst vorbei — sondern als religiöses Programm. Unser Kapitel entwirft ein anderes Programm, wenn es die Kunde überliefert, daß in Davids Adern kanaanitisches Blut floß, und es steht im Einklang mit dem Neuen Testament, das von Jesus von Nazaret dasselbe behauptet. Reinheit der Rasse war kein Prinzip der Offenbarungsgeschichte. Wir finden in der Tamargeschichte keine antikanaanitische Tendenz, es sei denn, man führt die Entartung der beiden ältesten Söhne Judas auf ihre mütterliche Herkunft zurück. Das aber deutet der Text mit keinem Wort an. Im Gegenteil: Tamar, die Kanaaniterin, steht am Ende gerechter da als Juda, und klug ist sie überdies.

Wäre das der ganze Ertrag, den wir aus der Tamargeschichte einbringen, so wäre ihr Platz in der biblischen Überlieferung schon gerechtfertigt. Eine solch unbestechliche Erinnerung an die eigene Frühzeit hat kein Volk der Alten Welt bewahrt. Auch die spätere Gemeinde, die an dieser Geschichte großen Anstoß nahm, hat sie treu weiterüberliefert, und auch das ist einzigartig. David und Jesus tragen das Erbe nicht nur eines, sondern mehrerer alter Völker in sich; dem untergegangenen Kanaan wird in den heiligen Schriften bezeugt, daß es zur Erlösung der Welt beigetragen hat.

Die Tamargeschichte ist Ausdruck einer weiteren Haltung, die zu kennen sich lohnt, wenn man die Bibel verstehen will. Da die Erzählung sehr alt ist, setzt das Verständnis die Kenntnis einiger Bräuche jener Zeit voraus.

Die sogenannte „Leviratsehe“ war im ganzen Alten Orient verbreitet. Ihr Sinn ist im Text klar angezeigt. Sie war eine Pflicht nicht der Witwe, sondern dem Verstorbenen gegenüber. — Noch heute fürchtet sich mancher, in einem Zimmer oder gar in einem Bett zu schlafen, in dem jemand gestorben ist, als hätte der Gegenstand durch die Nähe zum Tod selbst todbringende Kraft gewonnen. Ähnlich fürchtet Juda, von Tamar gehe eine Todesmacht aus. Schon damals konnten solche Ängste einer eindeutigen rechtlichen Forderung nicht offen entgegentreten; Juda muß seinen Verdacht hinter einer Ausrede verbergen. Sein Verhalten ist überdies unklar; Tamar hätte in seinem Haus (das ist in seiner Familie) bleiben müssen, wenn er sie weiterhin als zur Familie gehörig betrachtete. Andernfalls hätte er sie in aller Form entlassen müssen.

Kleidung war in der Alten Welt nie nur Bekleidung oder Schmuck; sie zeigte auch an, welchen Standes der Träger war. Unverheiratete, Verheiratete und Witwen waren verschieden gekleidet, ebenso Dirnen. Wörtlich übersetzt heißt das hebräische Wort „Heilige“. Daß heilige Frauen den Schleier nehmen, ist vielen Lesern eine vertraute Vorstellung; daß sie sich der Prostitution hingeben, wird sie eher befremden. Wir haben schon mehrfach darauf hingewiesen, daß sexuelle Riten in der kanaanitischen Religion eine wichtige Rolle spielten. Grund dafür war der Glauben, im Entstehen (und Vergehen) des Menschen sei göttliche Macht besonders gegenwärtig und erfahrbar. Der Mensch kommt aus dem göttlichen Geheimnis und kehrt dorthin zurück, und auch wie er kommt und wieder geht, ist göttliches Geheimnis. So pflegten sich Frauen für kürzere oder längere Zeit der Gottheit des Lebens und der Liebe zu weihen (sich ihr zu „heiligen“) und sich fremden, des Weges daherkommenden Männern hinzugeben, um dem göttlichen Geheimnis zu dienen.

Im biblischen Text ist die religiöse Weihe dem Vorgang völlig ausgetrieben; er ist zu einer Art Geschäft mit Leistung und Bezahlung geworden. Es ist nichts mehr davon zu erkennen, daß die „Bezahlung“ eigentlich ein Opfer an die Gottheit war (von dem die Frau einen Teil erhielt, wie jeder Opferpriester einen Teil der Opfergabe erhielt). Allenfalls gewinnt der Leser noch den Eindruck, daß sich alles in herkömmlichen Formen abspielt und nicht die private Eskapade einer lustigen Witwe ist. Allerdings galt der Vorfall unter Israeliten als unschicklich; das zeigt die diskrete Art, in der die Bezahlung geregelt werden soll. Doch fürchtet Juda nicht Empörung oder gar Strafe, sondern nur Gelächter.

Die ganze Erzählung ist von einem einzigen Gedanken beherrscht: Alles kommt darauf an, Nachkommenschaft zu haben, die Sippe weiterleben zu lassen. Diesem übergeordneten Ziel dienen sowohl die Rechtsbräuche als auch die scheinbar so unmoralische List der Frau. Nachkommenschaft ist das Weiterleben der Gegenwärtigen. Nur wer ohne Nachkommenschaft starb, starb wirklich. Dahinter steht ein allgemeinerer Gedanke: Es zählt nur, was Zukunft hat. Die größte Vergangenheit wird nichtig, wenn keine Zukunft sie weiterführen wird. Vor diesem Hintergrund erst wird das Versagen der Auserwählten sichtbar. Der Weg des Abraham scheint ins Leere zu führen, weil die, die ihn gehen, sich um ihre Zukunft nicht sorgen. Onan sündigt nicht durch Selbstbefriedigung, sondern, viel verhängnisvoller, durch die Geringschätzung der von Gott verheißenen Zukunft.

Tamar allein, von dunkler Herkunft, sorgt für die Zukunft; nur dieser Gedanke beherrscht sie und rechtfertigt all ihr Tun. Trotz ihrer wohl auch vom Erzähler als bedenklich empfundenen List steht sie am Ende der Geschichte allein gerechtfertigt da. Sie hat alles riskiert und alles gewonnen, nicht nur ihre eigene, sondern auch die Zukunft der Auserwählten. Ohne sie wären David und Jesus nicht geboren worden.

Der christliche Leser dieser alten Geschichte mag betroffen feststellen, daß Tamars Name einer der wenigen des Alten Testamentes ist, die im Neuen wiederholt werden. Der alte Erzähler, der Tamar darstellte als die sich um Zukunft Sorgende, konnte nicht ahnen, welch eine Zukunft sie haben würde!

Der Juda der Geschichte ist ähnlich seinem Vater Jakob ein unentschiedener Mann. Seine Taten und Worte sind halbherzig, halb ausgeführt, halb wahr. Als er sich schließlich zu einer Entscheidung durchringt, entscheidet er hastig und falsch. Er muß sich von der Kanaaniterin beschämen lassen, die einzig mit Entschiedenheit sich um seine, des Juda, Zukunft gesorgt hat.

DIE JOSEFSGESCHICHTE: GEN 37,1—50,26

Einleitung

Von ganz anderer Art als die Geschichte des Abraham oder des Jakob ist die Josefsgeschichte. Sie besteht nicht aus lose aneinandergereihten Einzelgeschichten, die jeweils ihr eigenes Schicksal gehabt haben. Wer anfängt, sie zu lesen, muß sie bis zum Schluß lesen; ihr Spannungsbogen wölbt sich vom Anfang bis zum Ende, ein Abschnitt verführt zum nächsten, und erst, wenn der Leser erlebt, wie der Vater den totgeglaubten Sohn wieder in die Arme schließt, gelingt es ihm, sich aus dem Bann der Erzählung zu lösen.

Der geübte Blick wird zwar hin und wieder kleinere Einheiten entdecken, die älter sind als die Erzählung im Ganzen und Zeichen einer gewissen Unabhängigkeit tragen (z. B. die Sprüche des Jakobssegens 49). Auch wird man finden, daß das gleiche zweimal erzählt wird, daß also zwei ursprünglich selbständige Erzählungsfäden miteinander verwoben sind (vgl. vor allem den Kommentar zu 37!). Doch auch wenn man das in Rechnung stellt, bleibt eine Erzählung von erstaunlicher Länge und Geschlossenheit, wie sie uns bislang in der Genesis nicht begegnet ist. Das wirft die Frage nach ihrer Entstehung auf.

Zweifellos ist *Josef* ein Stammesname, ebenso wie *Benjamin, Ruben, Juda.* Es liegt also nahe, als Anfang der Erzählung eine *stammesgeschichtliche* Überlieferung zu vermuten, eine Beschreibung des Stammes Josef aus einer frühen Zeit.

Wirklich lassen sich mehrere historische Einzelheiten erkennen. Josef ist Jakobs Lieblingssohn: die Jakobgruppe lebte im Bereich des Stammes Josef. Josef wird Ägypter: Wahrscheinlich waren es Sippen des Stammes Josef, die aus Ägypten kamen und von dort die Tradition des *Exodus* mitbrachten. Josef wird zum Herrn seiner Brüder: Der Stamm Josef war der volkreichste der zwölf Stämme und wohnte im reichsten Teil des Landes. Dem Josef wurden zwei Söhne geboren, Manasse und Efraim: Der Stamm Josef teilte sich in die zwei Halbstämme Manasse und Efraim. Der sterbende Jakob gab dem jüngeren Efraim vor seinem Bruder Manasse den Vorzug: Der Halbstamm Manasse wurde zuerst seßhaft, aber Efraim übertraf ihn bald an Bedeutung.

So ließe sich noch die eine oder andere historische Einzelheit hinter den Gestalten und Begebenheiten der Josefsgeschichte finden. Aber im großen ganzen ist die Ausbeute mager. Es ist unmöglich, die ganze großartige Erzählung auf sie zurückzuführen. Die historischen Elemente sind ein paar Bausteine, die der Erzähler verwendet hat, aber die Seele der Erzählung sind sie nicht.

Auf der anderen Seite fällt es schwer, die Josefsgeschichte als eine wirkliche Lebensbeschreibung, als eine — wenn auch etwas ausgeschmückte — *Biographie* zu sehen. Dafür sind nun zu viele Stammesmotive verarbeitet. Auch ist es schwierig, in der Geschichte Ägyptens einen Platz für die Begebenheiten zu finden, die uns erzählt werden. Immerhin spielen sie in die große Politik hinein, und die ist uns ja keineswegs unbekannt. Zwar kann man in den dunklen Jahrzehnten der ägyptischen Geschichte nach einem Loch suchen, in dem man die Gestalt eines palästinensischen Großwesirs verstecken könnte. Auch kann man die Dimensionen der Geschichte so verkleinern, daß ihre Handlung in irgendeinen Winkel Ägyptens paßt. Aber der Ertrag wäre gering. Im ersten Fall wäre die Geschichtlichkeit nicht bewiesen, im zweiten Fall könnte der Rest an Geschichtlichkeit die Geschichte nicht retten. Es ist besser, die Josefsgeschichte zu nehmen, wie sie erzählt wird, mit all ihren großen Ereignissen, und die Frage nach ihrer Geschichtlichkeit auf sich beruhen zu lassen.

Man hat sich gewöhnt, sie als *Novelle* zu bezeichnen, wenn auch nur, weil sie für eine Kurzgeschichte zu lang und für einen Roman zu kurz ist. Eine solche Erzählung hat keinen „Zweck“, es sei denn, ihre Hörer zu fesseln. Aber sie hat ein Leitmotiv; sie spiegelt Vorstellungen und Ideale wider, mit denen ihr Verfasser lebte. Danach zu fragen, ist sinnvoll.

Das Leitmotiv zeigt sich gleich zu Beginn: Gott hat mit Josef einen Plan, der sich in den Träumen offenbart. Die Erzählung zeigt, wie dieser Plan sich gegen alle Widerstände durchsetzt, unaufhaltsam, aber ohne Hast. Dem Leser fällt das Sprichwort von den Mühlen, die langsam mahlen, ein. Weder der Haß der Brüder, noch die Verleumdung der Frau, noch die Kerkerhaft kann Josefs Weg nach oben mehr als vorübergehend unterbrechen.

Eine besondere Feinheit der Erzählung liegt darin, daß die Bewegungen der Menschen fast immer der göttlichen Lenkung entgegenlaufen und Josef dennoch dorthin stoßen, wohin Gott ihn haben will. Die Bevorzugung durch den Vater bringt ihn in Gefahr; der Haß der Brüder läßt ihn in das Haus des reichen Ägypters gelangen; die Liebe der Frau kostet ihn fast das Leben; die Rache des Ehemannes führt ihn schließlich an den königlichen Hof. Die Brüder gehen in die Fremde und finden den Vertrauten, die Hungersnot führt zu Reichtum und Ehren.

Man könnte deshalb von einer Fügungsgeschichte sprechen. Nichts in ihr ist Zufall, alles ist bestimmt. Ihre Träume künden, was ganz sicher geschehen wird.

Doch befriedigt solche Einschätzung nicht ganz. Sie wird der Bedeutung der Menschen und zumal des Josef nicht gerecht. Denn Josef trägt zu seinem Aufstieg entscheidend bei; fast möchte man ihn einen selfmade-Mann nennen, einen Mann, der sich aus eigener Kraft hochgearbeitet hat. Aber wie das?

Eine Eigenschaft fällt dem Leser bald auf, obschon sie selten genannt, sondern eher in ihren Wirkungen aufgezeigt wird: Josef hat Charme. Der Vater schenkt ihm einen Ärmelrock; wer sieht nicht den hübschen Jungen vor Augen, obschon kein Wort über sein Aussehen fällt? Seine Herrin begehrt ihn heftig, der Kerkermeister macht ihn zu seinem Günstling, vor Pharao wird er fein zurechtgemacht — in all dem spiegelt sich wider, wie Josef alle Welt bezaubert.

Dabei geht ihm alles gut von der Hand; was er auch verwaltet, gedeiht. Er ist kein gutaussehender Scharlatan, kein leichtsinniger Charmeur. Er erweckt Vertrauen und verdient es. Er ist tüchtig; er ist klug.

Damit haben wir das Wort getroffen, das ihn kennzeichnet. Die Novelle erzählt, wie ein kluger Mensch sich durchsetzt. Ihr Josef ist Inbegriff der Klugheit, oder, wie wir das entsprechende hebräische Wort meist übersetzen, der *Weisheit*.

Weisheit ist im Alten Testament nicht nur Begabung, sondern auch eine Fertigkeit, die zu erlernen ist, eine Haltung, die man einüben kann. Das Leben des Josef zeigt dem Leser, wie ein junger Mensch weise wird, wie ihn die Weisheit vor allen Gefahren bewahrt und ihn schließlich groß werden läßt. Ein Späterer hätte aus dem Thema einen *Erziehungsroman* gemacht.

Die *Weisheit* war keine Besonderheit Israels; als Weltanschauung und Lebenshaltung war sie im ganzen Alten Orient verbreitet, in Ägypten so gut wie im Zweistromland. Wie später die *Aufklärung* war sie übernational; sie beschäftigte sich mit *dem* Menschen, mit *der* Frau, *dem* Sklaven — nicht mit Israeliten, Kanaanitern, Ägyptern.

Diese Weltläufigkeit und Unbefangenheit gegenüber allem Fremden finden wir deutlich in der Josefsgeschichte. Keineswegs sind die Söhne Israels besser als die Ägypter; keineswegs ist Ägypten das Land der Götzen und der Unzucht. Der Verfasser kennt Ägypten und ägyptische Bräuche erstaunlich gut; er berichtet, ohne zu verurteilen. Josef, der Stolz Israels, wird Minister des Pharao, heiratet eine Ägypterin (sogar die Tochter eines Priesters!), ohne daß der geringste Tadel laut wird. Nicht immer waren biblische Traditionen von solcher Weite.

Der Vorrang des Josef liegt denn auch nicht in seiner Herkunft. Nicht den Ägyptern wird er gegenübergestellt, sondern den Toren. Der Knabe, mit dem die Erzählung beginnt, ist nicht weise. Wer sich vom Gefühl überwältigen läßt, wer alles heraussprudelt, was er denkt, ist ein Narr. Der Weise beherrscht sich und wartet, bis seine Zeit gekommen ist. „Wer seine Lippen aufreißt, dem droht Verderben" (Spr 13,3b). Josef kann seine Träume nicht bei sich behalten; ohne einen Gedanken daran zu verschwenden, wie sie auf seine Hörer wirken müssen, plappert er sie heraus. Der Weise aber denkt bei allem an die Folgen.

Aber Josef lernt schnell. Als ihn die Frau seines Herrn verführen will, widersteht er ihr. Das hat ihm den Namen des „keuschen" Josef verschafft. Doch trifft diese Bezeichnung seine Haltung nur unvollkommen. Zwar war die Geschlechterliebe sprichwörtlich für die alle Überlegung wegschwemmende Gewalt des Gefühls. Doch Josef sah sich nicht nur einer schönen Frau gegenüber, die ihn heiß begehrte. Er sah sich in der Versuchung des Verwalters, nach dem zu greifen, was seines Herrn war; des Mannes, der an zweiter Stelle steht und gedrängt wird, die ihm nicht (oder noch nicht) zukommende erste Stelle einzunehmen. Er hält nicht seine Sinnlichkeit, sondern auch seinen Ehrgeiz zurück. Er ist eher loyal als keusch.

Josef beherrscht sich. Aber in einer höchst überraschenden Wendung, die allen gewohnten Sprüchen der Weisheitslehrer ins Gesicht schlägt, gerät er eben dadurch in Todesgefahr. Doch die Alternative, die sich ihm bot, war nicht die zwischen Lust und Tugend. Er mußte wählen zwischen dem sicheren Unheil und der kleinen Chance, dem Unheil zu entgehen. Denn daß der Ehebruch mit Potifars Frau ihm den Tod gebracht hätte, war jedem Hörer der alten Zeit selbstverständlich. Josef handelte nicht nur tugendhaft, sondern weise. Was der Fortgang der Erzählung beweist.

Im Gefängnis wartet Josef geduldig, bis seine Zeit kommt. Aber im rechten Augenblick steht er bereit. Man sieht förmlich, wie er mit höflicher Aufmerksamkeit den beiden königlichen Beamten die rechte Frage zur rechten Zeit stellt, und das rechte Wort bei der richtigen Gelegenheit spricht. Und wieder wartet er, bis die Saat seiner Worte aufgeht, bis Pharao ihn vor sich holen läßt. Dann redet er, als hätte er sein ganzes Leben lang sich nur auf diesen Augenblick vorbereitet. Und wieder sieht man förmlich, wie er mit anmutiger Bescheidenheit zurücktritt, so daß keiner den Blick von ihm wenden kann, und Pharao nur sagt, was allen sich aufdrängt.

Selbst als mächtiger Wesir bricht er nichts über's Knie. Er holt weder stürmisch seinen alten Vater, noch zeigt er's seinen bösen Brüdern. Er weiß ja, daß sie kommen müssen. Eindringlich schildert der Erzähler, wie schwer ihm das Warten wird. Aber Josef wartet, bis die Zeit reif ist. Dann handelt er schnell und entschieden. Der geduldige Josef ist kein Zauderer. Die Frau seines Herrn nahm er nicht, weil es dazu nicht die Zeit war; den Siegelring des Pharao und die Tochter des Priesters nahm er, weil die Zeit dazu gekommen war.

So besteht zwischen Fügung Gottes und der Klugheit des Josef eine wunderbare Übereinstimmung. Das unlösbare Problem, wie menschliche Freiheit und göttliche Vorherbestimmung miteinander bestehen können, ist im Gleichnis gelöst. Obwohl alles von Beginn an feststeht, wird doch alles erst zu seiner Zeit entschieden. Josef läßt sich nicht einfach treiben. Zwar müht er sich nicht nutzlos ab; er weiß jede Strömung zu nutzen. Er vertraut seinem Geschick und macht es dadurch möglich.

Die Gegebenheiten klug zu nutzen, ist wieder Zeichen des Weisen. Innerhalb des göttlichen Planes entwirft er seine eigenen Pläne. Wie ein kluger Schachspieler überlegt er nicht nur die eigenen Züge; er bezieht die Züge der Gegenspieler mit in seine Überlegung ein, damit auch sie ihm nützen. Er spinnt seine Pläne so fein, daß die anderen das Gewebe nicht mehr sehen, in dem sie sich doch längt verfangen haben. Wie Josef seine Brüder auf die Probe stellt, ist bis auf diesen Tag ein Meisterwerk der Weisheit.

Da er weiß, daß es eine Hungersnot geben wird, weiß er auch, daß seine Brüder kommen und vor ihm erscheinen müssen. Er braucht also nur zu warten, daß sie in seine Macht geraten. Aber diese Macht ist äußerlich; kein Verhör kann zu Tage bringen, wie die Brüder in ihrem Herzen denken, ob sie noch die neidischen Rivalen sind oder wahre Brüder wurden. So stellt er die Situation von damals wieder her, als die Brüder ihn verrieten. Benjamin, der Jüngste, hat beim Vater inzwischen Josefs Stelle eingenommen. Klug weiß Josef den Liebling von seinem Vater zu trennen und in seine Macht zu bringen.

Dann versetzt er den Kleinen in die gleiche Lage, in der er damals selber war. Ja, Benjamins Situation ist noch weit ungünstiger. Die Brüder brauchen ihm nichts Böses zu tun, sie müssen nicht einmal lügen, sie können sich den Anschein gerechter Empörung geben, da Benjamin so offenbar schuldig ist. Es wird ihnen so leicht wie nur möglich gemacht, sich von ihrem Bruder zu distanzieren.

Aber sie tun es nicht; schweigend setzen sie sich auf ihre Esel und reiten mit Benjamin zurück, machen in brüderlicher Verbundenheit sein Schicksal zu ihrem. Juda geht noch weiter: Er erbietet sich, das Schicksal des Bruders auf sich zu nehmen, damit der Bruder wieder frei zum Vater zurückkehren kann. Damit hat sich die Lage des jungen Josef ins Gegenteil gekehrt: Josef hatten die Brüder ausgestoßen, Benjamin umgeben sie schützend. Josef hatten sie in die Knechtschaft gegeben, um ihn der Liebe des Vaters zu entziehen; für Benjamin gibt sich Juda selbst in die Knechtschaft, um ihn der Gegenwart des Vaters zurückzugeben.

Da die Brüder ja nicht wissen, daß sie geprüft werden, kann Josef sicher sein, daß sie nicht deswegen anders als damals handeln, um einen besseren Eindruck zu machen, sondern weil sie bessere Brüder geworden sind. Gleichzeitig erfährt er, daß sie auch bessere Söhne geworden sind. Damals hatten sie dem Vater Schmerz zugefügt, als sie ihm den Sohn raubten. Jetzt ist Juda bereit, um dem Vater Schmerz zu ersparen, sich selber rauben zu lassen. Es ist eine völlig verwandelte Brüderschar; vielleicht half die Prüfung mit, sie zu verwandeln? Als der greise Vater seinen Sohn wieder in die Arme schließt, haben sich nicht nur wie im Märchen die Umstände geändert. Die Herzen haben sich geändert; die Eintracht der Familie ist von innen wiederhergestellt. Der kluge Wesir hat sein Ziel erreicht.

Wir verstehen, daß den älteren Söhnen des Jakob vor soviel Überlegenheit graut, daß ihr mächtiger und kluger Bruder ihnen unheimlich wird. Sie begreifen nicht, daß er, der offenbar alles erreichen kann, was er sich vornimmt, auf sein natürlichstes Recht verzichtet, auf die Rache. Sie werfen sich vor ihm nieder, als sei er ein Gott (50,18).

Aber die Macht der Weisheit liebt nicht, sich zur Schau zu stellen. Josef hätte die Weisheit verraten, hätte er sich als Herr seiner Brüder aufgespielt. So ruft er abwehrend aus: „Stehe ich denn an Gottes Stelle?“ (50,19).

Dennoch haben die Brüder so Unrecht nicht. Sie ahnen dumpf, daß ihnen mehr als menschliche Klugheit gegenübersteht — wie sie es von Anfang an gespürt haben mußten, als der Knabe seine Träume erzählte. Gewiß ist Josef nicht Gott; aber er handelt ähnlich wie Gott. Denn auch Gott ist weise in dieser Geschichte.

In vielen Bildern versinnlicht sich der Mensch — auch der Mensch der Bibel — das Göttliche. Gott zeigt sich in Feuer und Rauch, im Brausen des Windes und in der Glut der Sonne; der Prophet schaut ihn als thronenden König, als wilden Krieger, als unbestechlichen Richter, als liebenden Vater. In der Josefsgeschichte erscheint Gott als *Weiser*.

Nichts geschieht in dieser Geschichte gewaltsam oder auch nur auffällig. Kein Tropfen Blut fließt (außer dem Blut eines Ziegenbocks). Kein Wunder wird berichtet, denn bedeutungsvolle Träume gelten in jener Zeit als selten, aber nicht außergewöhnlich; selbst die überraschendsten Wendungen sprengen nicht den Rahmen des Möglichen. Auch Gott ist wie ein überlegener Spieler, der jeden Gegenzug des Menschen eingeplant hat, so daß seine Gegenspieler, ohne es zu merken, sein Spiel spielen.

Wenn Gott eingreift, dann dort, wo der Mensch sich am besten auszukennen glaubt und doch auf sein ewiges Geheimnis trifft: im menschlichen Herzen. Die zornigen Brüder wollen Josef umbringen; da rührt sich das Herz des großen Bruders, des Ruben (37,22), oder die urtümliche Scheu vor vergossenem Blut überkommt Juda. Josef ist in der Hand des erzürnten Ehemannes, der von ihm Schlimmes glaubt; aber der bringt ihn nicht an den Galgen, nur ins Gefängnis. Josef sitzt vergessen im Kerker; da erinnert sich seiner der Obermundschenk des Königs. Nicht nur große Naturereignisse, Hungersnöte und reiche Ernten bestimmen die Geschichte; auch Erinnerungsfetzen und plötzlich aufkommende Regungen, Ängste und Zuneigungen — Empfindungen, über die der Mensch sich keine Rechenschaft zu geben weiß. Gott allein, der Weise, übersieht und bewegt alles. Aber er setzt sich nicht durch, indem er das Gewöhnliche durchbricht, sondern indem er das Gewohnte seinen, Gottes, Plan durchführen läßt.

Dieses ganze große Werk ist nun keineswegs nur äußerlich an die Vätergeschichten angehängt worden. Zwar erkennen wir hier und da an Einzelheiten, daß die Josefsgeschichte nicht für ihren jetzigen Zusammenhang entworfen worden ist. Da lebt die Mutter noch, die doch schon verstorben war (37,10: 35,16—20), und Josef macht einen wesentlich jüngeren Eindruck, als nach der Geburtenliste zu erwarten wäre (37,3: 31,41 und 30,19—21). Aber die Novelle ist ein wirklicher Teil der Vätergeschichte geworden. Im Zusammenhang beschreibt sie nun den Teil eines größeren Weges. Durch das Geschick des Josef, seinen Aufstieg aus dem Brunnen auf den Thron, wird die auserwählte Sippe sicher durch die Not des Hungers geleitet. Nicht mehr seiner selbst wegen wird Josef groß, sondern der mit Abraham begonnenen Geschichte wegen. Höchst geschickt verbindet überdies die Josefsgeschichte die Überlieferungen von Abraham, Isaak und Jakob, die in Mamre, Beerscheba und Bet-El spielen, mit der Exodustradition des Stammes Josef, der aus Ägypten kam.

Doch sind die beiden Komplexe noch inniger aufeinander abgestimmt. Der aufmerksame Leser wird bereits eine gewisse innere Verwandtheit zwischen der *Weisheit* und der Väterreligion festgestellt haben. Diese Verwandtheit geht bis in einzelne Züge. Das sieht man insbesondere an der Gestalt des Jakob.

Als die Novelle entstand, wurde seit langem von Jakob, dem listigen Betrüger, erzählt. Dieses Jakobsbild wirkte in die Josefsgeschichte hinein. Das schon den älteren Erzählungen bekannte Motiv des betrogenen Betrügers, wird in der späteren Novelle zu Ende geführt. Jakob hatte seinen Vater betrogen, weil er seinen Bruder verdrängen wollte.

Seine Söhne betrügen ihn, weil sie ihren Bruder verdrängen wollen. Im Schmerz um seinen verloren geglaubten Sohn erleidet er den gleichen Schmerz wie sein Bruder um eine verlorene Zukunft.
Und mit welcher Inbrunst Jakob sich dem Schmerz hingibt! Übertrieben scheinen uns seine Ausbrüche. Als er Josef tot glaubt, will er selber sterben. Er hält sich für einen Mann ohne Zukunft und hat doch noch elf Söhne! Ähnlich übertrieben reagiert er, als er sich von Benjamin trennen soll: „Nur er allein ist noch da!“. Sieht er denn die anderen zehn nicht? Als er sich ins Unvermeidliche gibt und Benjamin mit den anderen ziehen läßt, ruft er aus: „Ich aber, ich verliere noch alle Kinder!“.
Zuvor aber flackert noch einmal seine alte Durchtriebenheit auf. In schlauer Berechnung will er das kommende Unheil abwehren, ähnlich wie er mit schlauer Berechnung seinem Bruder Esau entgegengetreten war, als er ihm die Geschenke zuschickte. Aber der Leser weiß, wie überflüssig diese Klugheit ist: Geht doch der Jüngste nur zu seinem lieben Bruder!
Jakob, scheint es, der sich den Segen erschlichen hat, kann nicht mehr glauben. Immer noch verläßt er sich lieber auf die eigenen Finten als auf die Führung Gottes. Resigniert verzweifelt er an der Zukunft, die ihm doch sein Gott verheißen hat. Zwar weiß der Leser es besser, aber Jakob sieht sich als gescheiterten Mann. So kraftlos ist sein Glaube geworden, daß er die frohe Botschaft, daß Josef lebt, nicht mehr aufnehmen kann. Sein Herz ist erstarrt, als sei es schon gestorben. Jakob ist am Ende.
Nachträglich wird der Leser erschüttert inne, daß ihm, fast zwanzig Kapitel früher, nicht ein lustiges Schelmenstückchen präsentiert worden ist; daß er falsch beraten war, wenn er über den schlauen Burschen und seinen übertölpelten Bruder herzhaft gelacht hat. Unbestechliche Gerechtigkeit waltet in allem Geschehen. Leise, ohne sich in Szene zu setzen, ist sie am Werk; doch nichts und niemand entrinnt ihr, auch nicht der Auserwählte Gottes.
Aber diese Gerechtigkeit vernichtet nicht; so unerbittlich sie ist, so schonend geht sie mit den Menschen um. Sie erzieht, statt zu bestrafen. Als Jakob alles verloren glaubt, wird ihm alles wiedergeschenkt. Meisterhaft ist beschrieben, wie das erstarrte Herz sich wieder belebt, von jenem zaghaften: „Mein Sohn Josef *lebt* noch! Ich will hingehen und

ihn sehen, bevor ich *sterbe!*“ (47,28) bis zum dankbaren: „Jetzt will ich gern *sterben,* nachdem ich dein Angesicht sehen durfte und weiß, daß du noch am *Leben* bist!“ (46,30). Ging das Gefälle des ersten Satzes vom Leben zum Sterben, so erhebt sich der Blick beim zweiten vom Sterben zum Leben. Die Vergangenheit ist überwunden, die Schuld gesühnt; nicht durch sinnloses Leid, das nur straft, sondern durch Leiden, die zur Läuterung und zum Leben führen.

Das Leben des Josef

Josef und seine Brüder: 37,1—36

Wer dieses berühmte Kapitel einmal gelesen hat, wird es wohl kaum je wieder aus dem Gedächtnis verlieren. Desto auffälliger sind in diesem Meisterwerk der Erzählkunst einige Merkwürdigkeiten. Gleich drei Gründe werden angegeben, warum Josef bei seinen Brüdern unbeliebt wird: Erstens: er denunziert die Brüder. Zweitens: er wird vom Vater bevorzugt. Drittens: er beansprucht, obschon der Jüngste, den Vorrang. Sein Vater heißt manchmal Jakob, manchmal Israel. Die zornigen Brüder hält einmal Ruben, ein andermal Juda vom Mord zurück, und den Gefangenen kaufen einmal Ismaeliter, dann Midianiter.

Wir stoßen auf eine gewohnte Erscheinung: Wieder sind mehrere Erzählungen zusammengeflochten worden. Aber der Redaktor hat so sorgfältig gearbeitet, daß nur selten sein Sprung von der einen zur anderen Tradition sichtbar wird. Darum können wir die Zweiquelligkeit außer acht lassen.

Allenfalls auf die dritte Quelle wäre kurz zurückzukommen. Der aufmerksame Leser wird sie schon erkannt haben: das Fehlen jeder präzisen Ortsangabe, dafür genaue Altersangaben, ein Hinweis auf die „Familiengeschichte", umständliche Ausführlichkeit bei Nennung der beteiligten Personen: Das alles weist auf die Priesterschrift hin (1—3).

Auf ihr Konto kommt auch das von uns als wenig brüderlich angesehene Denunziantentum des Josef. Mit unserem Befremden über diese „Tugend" stehen wir nicht allein. Hintertragen galt in der alten Weisheit als üble Sache. Wenn auch die Priesterschrift so knapp ist, daß wir aus ihren Worten keine Beurteilung herauslesen können, so dürfen wir das Denunzieren doch — wie das Protzen mit dem schönen Kleid und das törichte Ausplappern der Träume — als Torheit sehen (vgl. S. 161).

Wie üblich ist das Alter der handelnden Personen in der Priesterschrift hoch angesetzt; der Josef, der mit seinen Halbbrüdern (die echten Lea-Söhne, wie Juda und Levi, sind ausgenommen!) die Herden weidet, scheint älter als der „Kleine" (30), der beim Vater bleiben darf, wenn die anderen die Herden weiden, und der im schönen Feiertagsgewand umhergeht, während die anderen tagsüber von der Hitze, nachts vom Frost „gefressen" werden (vgl. 31,40).

Träume kommen in der Josefsgeschichte dreimal vor (40,9—11.16—18; 41,1—7). Jedesmal treten sie paarweise auf; jedesmal sagen sie die Zukunft an.

Die Symbolzeichen des ersten Traumpaars, die Garben und die Gestirne, haben je ihre eigene Geschichte und Bedeutung. Das aber spielt hier keine Rolle. Die Träume sind nicht geheimnisvoll, sondern klar; jeder weiß sofort, was sie bedeuten, und die Erzählung weist später auf die Erfüllung deutlich hin (42,6 und 9). Wichtiger ist die Auffassung von Geschichte, die hinter den Träumen steht. Die Zukunft steht fest; Gott hat sie schon verfügt. Alle Versuche, sie zu ändern, schlagen fehl. Wir haben oben (S. 160) darauf hingewiesen, daß im Rahmen des göttlichen Vorentwurfs zwar Spielraum bleibt für das Handeln des Menschen; dennoch wird man hier von einer gewissen Vorherbestimmung reden müssen. (Ähnlich auch in Kapitel 40; der Doppeltraum des Pharao dagegen betrifft Naturabläufe, nicht menschliches Schicksal.)

Die schon festgefügte Zukunft macht sich durch den Traum im voraus offenbar. Da die alte Zeit keinen genauen Begriff von Naturgesetzen hatte, war es ihr schwer, zwischen Wunder und Seltenheit, zwischen Zauberei und Wissenschaft zu unterscheiden. Die Grenzen waren fließend.

So war es auch beim Traum. Das Traumdeuten (in bezug auf die Zukunft) galt als Wissenschaft: Wie das zukünftige Wetter sich in Wind und Wolken kundtut, so das zukünftige Geschehen in Träumen. Auf der anderen Seite sah man sie als eine Form der Magie. Wie der Wetterprophet in jener Zeit dem Wettermacher nahestand, so hielt man auch den Traumdeuter für einen mit geheimnisvollen Kräften begabten Mann, der die Zukunft nicht nur vorauswissen, sondern manipulieren kann.

In unserer Erzählung spielen beide Vorstellungen mit. Die Träume sagen klar die Zukunft an. Ja, noch nüchterner und erstaunlich modern werden sie als Projektionen des Träumenden gesehen: Josef ist hochmütig, weil er solche Träume hat. Auf der anderen Seite aber graut den Brüdern vor dem „Herrn der Träume" (so wörtlich statt „Träumer", Vers 19). Um die angesagte Zukunft zu verhindern, wollen sie ihn umbringen. Aber die gefürchtete Zukunft hat sie, ohne daß sie es merken, in ihren Bann geschlagen und beginnt zu wirken: Sie ändern ihren Mordanschlag in ein Verbannungsurteil!

Wie viele magische Vorstellungen, beruht auch die Angst vor dem Traumdeuter auf Erfahrung, nämlich auf dem Neid und der Angst der Masse, die einen der ihren als den Großen der Zukunft erahnt, und die versucht, ihn, solange er noch schwach ist, daran zu hindern, groß zu werden.

Ruben und Juda sprechen beide für das Leben ihres Bruders; aber sie tun es aus verschiedenen Motiven. Ruben erscheint als der gute große Bruder, der sich für den „Kleinen" verantwortlich weiß — eine uns durchaus geläufige Vorstellung. Juda dagegen hat Angst vor dem Blut. Noch uns so aufgeklärten Menschen überkommt Grauen, wenn wir vergossenes Blut — etwa auf dem Asphalt der Straße — sehen. Früher glaubte man, das vergossene Blut werde mit Sicherheit dem Mörder den Tod bringen. Wer es zudeckte (26), damit es nicht um Rache „schreit" (4,10), vollführte doch nur eine hilflose Geste. Es war eine magische Angst, aber sie hat vielen Menschen das Leben gerettet.

Ismaeliter und Midianiter waren verwandte Nomaden; als man lernte, Kamele zu züchten, verlegten sich diese Kleinviehhirten auf den Handel. Die pittoresken Ruinen von Palmyra in Syrien und Petra in Jordanien zeugen heute noch von dem Reichtum, den solche Händler gewinnen konnten. Der Handel mit Baumharzen spielte lange Zeit eine für uns kaum vorstellbare Rolle.

Potifar hieße so viel wie „Theodor": Geschenk des (Sonnengottes) Re. Josef ist — der kluge Leser hat es gemerkt — schon auf seinem Aufstieg: das ihm zugesprochene Schicksal hat ihn bereits geschützt, ihn aus der Zisterne, Bild des Grabes, herausgeführt. Aber wie der Weg nach oben weitergeht, das weiß der Leser nicht; seine Spannung bleibt.

Josef als Sklave in Ägypten: 39,1—23

Geschickt nimmt der Redaktor die Josefsgeschichte wieder auf. Durch die Judageschichte, die er zwar nicht passend, aber doch passender als an jeder anderen möglichen Stelle eingefügt hatte, war der Erzählfluß unterbrochen worden. Hatte er Kapitel 38 mit der Midianitervariante abgeschlossen, so eröffnet er Kapitel 40 mit der Ismaeliterfassung (vgl. S. 168 und 170).

In atemberaubender Schnelligkeit steigt Josef auf. Gewiß muß man darin Gottes Fügung erblicken; aber doch auch Josefs Klugheit und Tüchtigkeit und seine bezaubernde, liebenswürdige Art. Gott wirkt weniger durch äußere Begebenheiten, als durch die Eigenschaften seines Gesegneten.

Die äußeren Begebenheiten wenden sich vielmehr zum Nachteil des Josef. Das Motiv von der lüsternen Frau, die sich an dem Mann, der sie zurückweist, rächt, war in der Alten Welt beliebt. Josef ist tatsächlich in einem unlösbaren Dilemma: Wie er handelt, handelt er verkehrt. Eine Zeitlang kann er der Gefahr klug begegnen. Meisterhaft redet er der Frau zu (8—9). Ohne sie schroff zurückzuweisen, ohne sie zu kränken, versucht er, ihr seine Ablehnung zu begründen. Aber vor der Naturgewalt des entfesselten Eros versagt die Klugheit. Es kommt zur Katastrophe. Bei aller Tücke der Frau muß man ihre Geistesgegenwart und ihre Klugheit bewundern; sie, die in der Erzählung nie wieder auftauchen wird, paßt in dieser Hinsicht zu den Frauen der Vätergeschichten.

Hatte der Leser, sich zufrieden zurücklehnend, den Aufstieg des Josef mit Genugtuung vernommen, so bringt die Wende aufs neue erregende Spannung. Zwar greift die verfügte Zukunft ins Geschehen ein und verhindert das Äußerste; gegen alles Erwarten wird der „Hebräer" (Mann, der seine Arbeitskraft verdingen muß, „Prolet") nicht geköpft. Aber wieder sitzt er ganz unten, im Gefängnis.

Moderne würden jetzt wohl von einer glücklichen Flucht, einer raschen Befreiung oder einer unerwarteten Gnade des Königs erzählen. Dem alten Erzähler wäre das zu unvermittelt. Josef steigt wieder auf — aber im Gefängnis selbst. Er überläßt sich den Möglichkeiten, die sich ihm ergeben; er sucht nicht angestrengt, sein Geschick zu wenden, er sucht es zu nutzen. Zwar ist das Gefängnis, verglichen mit dem Haus des reichen Potifar, ein übler Ort. Aber es ist dem königlichen Hof nahe, denn des Königs Leute sitzen dort in Haft.

Josef im Gefängnis: 40,1—23

Wiederum wechselt der Redaktor den Erzählfaden. Eben noch war Josef der Höchste im Gefängnis, dem alles unterstellt ist. Jetzt ist er nur der Diener zweier vornehmer Gefangener. Aber gleich bleibt seine abwartende Klugheit, die ihre Gelegenheit nutzt. Die beiden Hofbeamten — das alte Ägypten war streng hierarchisch geordnet — haben ein nicht näher genanntes Vergehen begangen. Mittelbar fällt ein günstiges Licht auf Pharao, der bald selber in die Geschichte eintreten wird: Er ist kein Despot, dessen Laune, sondern ein König, dessen gerechtes Urteil ins Gefängnis bringt. Beide Beamte vermuten, daß ihre Träume sich auf ihre Zukunft beziehen. Aber im Gefängnis können sie keine Traumwissenschaftler befragen. Da bietet sich der ausländische Sklave an.
Im Unterschied zu den ersten beiden Träumen, die Josef zu Hause erzählt hatte, liegt hier die Offenbarung der Zukunft nicht schon in den Träumen selbst, so daß der Träumer der Offenbarungsempfänger wäre, sondern in der Deutung der Träume (ebenso im folgenden Kapitel).
Josef bezeichnet in einer programmatischen Antwort das Deuten als „Sache Gottes". Das ist in diesem Zusammenhang eine Polemik gegen die Technik des Traumdeutens. Im folgenden Kapitel wird Josef noch genauer: Die Deutung der Träume gibt nicht Josef, sondern Gott.
Damit ist, was wir „Intuition" oder auch „Inspiration" nennen, die plötzliche, unwiderstehliche Eingebung gedeutet als Einfall göttlichen Lichts in die Dämmerung des menschlichen Verstandes. Die offene Grenze zwischen Menschlichem und Göttlichem verläuft in einem Bereich, der im Innern des Menschen und doch nicht in seiner Macht liegt. Gottes Gegenwart läßt sich also *im Menschen* erfahren.
Unserer Theologie ist diese Vorstellung geläufig. Damals war sie von bestürzender Neuheit. Alle Welt bekannte, daß man die Gottheit erfahren könne am Heiligtum, unter dem rauschenden Gezweig eines mächtigen Baumes oder im begeisterten Lied der festlichen Menge. Die Verehrer des Vätergottes wußten darüber hinaus, daß ihr Gott sich

offenbare in den Widerfahrnissen des Weges, in Not und Rettung. Beide Male aber wird die Gottheit sozusagen als von außen auf den Menschen eindringend erlebt.
Hier hingegen wirkt sie im Innersten des Menschen; ihr Einfallstor in die menschliche Geschichte ist das menschliche Herz. Heiligtümer, heilige Orte und kultische Feiern spielen in der Josefsgeschichte ja auch nicht die geringste Rolle; im Gegenteil: im ägyptischen Gefängnis, vor dem heidnischen König, fern vom heiligen Land erfährt Josef göttliche Nähe. Fast schon zu aufgeklärt, zu vergeistigt erscheint dem heutigen Leser jene Frömmigkeit der Weisheit, die sich in der drei Jahrtausende alten Erzählung verkörpert.
Ohne daß das Gesagte seine Gültigkeit verlöre, lassen die beiden Stellungnahmen des Josef zu den Träumen (40,8; 41,16) eine weitere Deutung zu. Im Plan der Erzählung spielen die Träume eine doppelte Rolle: Sie sagen die Zukunft an; aber ebenso bahnen sie der angesagten Zukunft den Weg. Hätte Josef den Brüdern seine Träume nicht erzählt, wäre er gar nicht nach Ägypten gekommen. In diesem Kapitel wird durch die Deutung den Beamten die Zukunft bekannt gemacht; die Zukunft des Josef dagegen ermöglicht. Theologisch ausgedrückt heißt das: Gott schickt die Träume nicht nur, damit die Zukunft bekannt, sondern damit sie herbeigeführt wird. Da die zweite Funktion aber erst durch die Deutung der Träume eintreten kann, muß Gott beides vorhergesehen haben: Traum und Deutung. Der Traum ohne Deutung wäre doppelt sinnlos.
Die Überlegenheit des Josef über die Traumdeuter bestünde dann eben darin, daß die professionellen Deuter den Traum losgelöst von seinem Zusammenhang erklären wollen. Josef dagegen weiß, daß Traum *und* Deutung einem geheimen Plan Gottes dienen; er weiß, daß ihm und nicht den Traumdeutern in diesem göttlichen Plan die wesentliche Rolle zukommt. Im Vertrauen auf diesen Plan gibt er seine Antwort. Caesar glaubte an sein Glück; Josef glaubt an das Geschick, daß der Gott seines Vaters ihm zugesprochen hat.
Die Träume selbst sind wie die anderen sehr klar aufgebaut. Nur die Deutung der drei Trauben, bzw. Körbe auf drei Tage (und nicht Wochen oder dergleichen) scheint ungesichert. Oder doch nicht, wenn man wußte, daß Pharao's Geburtstag in drei Tagen war?

Der Traum des Pharao und seine Deutung: 41,1—36

Dem Josef, nicht dem Leser glaubt der Erzähler eine lange Wartezeit zumuten zu dürfen; seine Erzählung bringt er rasch dem Höhepunkt zu: Endlich tritt Josef auf die höchste Ebene: vor den König. Zum Traum und zur Deutung ist oben schon das Nötige gesagt worden.
Nach der Deutung schließt der junge Hebräer einen Rat an (33—36). Wir erkennen wieder die zwei Erzählfäden: Einmal soll ein kluger Mann (33), dann sollen Bevollmächtigte für die Speicherung des Getreides sorgen (34—35).
In beiden Formen ist der Rat des Josef typisch für die Weisheit, und zwar in zweierlei Hinsicht.
Der Rat zielt darauf ab, sich von der Zukunft nicht überraschen zu lassen, sondern in der Gegenwart die geeigneten Schritte zu unternehmen, um die Zukunft zu meistern. Das betrachtet die Weisheit als wesentliche Aufgabe. Bei allem, was sie feststellt, fragt sie nach den Folgen, den notwendigen oder auch nur möglichen. Der Weise denkt vor (vgl. lateinisch „prudens" = „providens", also „klug" = „vorhersehend").
Zweitens wollen die Weisen den jungen Menschen dazu erziehen, einen Rat geben zu können, wenn möglich, „Ratgeber" eines Herrschenden zu werden. In der Alten Welt spielten die „Weisen" eine kaum zu überschätzende Rolle. Könige unternahmen nichts, ohne ihre Ratgeber gefragt zu haben. Welche Macht ein kluger Berater gewinnen konnte, sehen wir an Ahitofel, der grauen Eminenz König Davids: „Der Rat Ahitofels galt damals soviel wie ein Wort von Gott; soviel galt jeder Rat Ahitofels bei David wie bei Abschalom" (2 Sam 16,23)! Dieser hohe Rang der klugen Männer und ihr großes öffentliches Ansehen legen Zeugnis ab für die Kultur jener versunkenen Welt.

Josefs Macht über Ägypten: 41,37—57

Josef hat den großen Schritt getan. Pharao, der Mächtige, ist selbst weise: Er weiß Weisheit zu schätzen und erkennt sie sofort. Auch er sieht in klugen Einfällen den „Geist Gottes". „Geist" ist unsichtbares, kraftvolles Wirken; das Wort spielt in der biblischen Theologie eine große Rolle bei dem Versuch, Transzendenz und Immanenz Gottes gleichzeitig zu wahren (vgl. S. 60). Daß hier der Heide von „Gott“ spricht, ist historisch verläßlich. Die internationale Weisheit des Alten Orients gebrauchte zwar bisweilen bestimmte Gottesnamen (so in Ägypten den Namen des *Thot*), aber eher entsprach es ihr, allgemein von „der Gottheit“ zu reden. In ihrer aufgeklärten Art war sie über die Formen der Volksreligionen hinausgewachsen, die sie duldete und darum nicht änderte, aber auf ihre Weise interpretierte.

Das altorientalische Königtum hatte praktisch mit demselben Problem zu kämpfen, das Israels Theologen theoretisch zu lösen suchten: Transzendenz und Immanenz des Königs gleichzeitig zu wahren. Der König mußte zugleich unnahbar und allgegenwärtig (in seiner Macht) sein. Unnahbar war er in der Pracht seines Palastes, umgeben und abgesondert durch die Hierarchie seiner Höflinge, durch das komplizierte Hofzeremoniell. Die Repräsentation staatlicher Macht nahm einen großen Teil seiner Zeit in Anspruch. Ebenso aber sollte er regieren; sollte allgegenwärtig sein. Das war möglich durch den Beamtenapparat und durch das Militär. Die Spitze der Regierung bildete der Großwesir; oft führte er die eigentliche Regierung, ganz so, wie die Aufgabe Josefs hier vom Pharao umschrieben wird. Jenes Verhältnis zwischen König und Wesir hat sich im Schachspiel erhalten: Der König ist zwar die wertvollste Figur, aber wegen seiner Verletzlichkeit und seines geringen Aktionsradius ist er für den Kampf fast unbrauchbar. Dafür steht die kraftvollste Figur des Spiels ihm zur Seite, der Wesir, den erst das Abendland zur „Dame“ machte.

Josef wird Ägypter; er erhält einen ägyptischen Namen („Gott spricht und lebt“; vgl. S. 65) und gründet eine ägyptische Familie. Über die schöne Asenat hat das spätere Judentum viel zu erzählen gewußt. Unbefangenheit gegenüber fremden Völkern gehört zum Wesen der Weisheit (vgl. S. 161). Die Deutung des Namens Manasse („Gott hat mich das Haus meines Vaters vergessen lassen“) geht indessen sehr weit; Josef scheint sich von seiner Herkunft lösen zu wollen. Ob die Vorliebe für Wortspiele den Erzähler verführt hat? Oder hat er das doch für bedenklich gehalten und durch den Fortgang der Geschichte, in der dem Josef sein „Vaterhaus“ sehr nachdrücklich wieder in Erinnerung gebracht wird, behutsam korrigiert?

Der aufmerksame Leser wird im Text mehrere Doppelungen erkennen, die auf die beiden Urfassungen der Josefsgeschichte zurückzuführen sind.

Erste Reise der Brüder Josefs nach Ägypten: 42,1--38

Immer auffälliger laufen die beiden Stränge der ursprünglichen Erzählungen nebeneinander. Man erkennt eine Abfolge, nach der Josef seinen Brüdern auferlegt, ohne ihren jüngsten Bruder Benjamin nicht wieder zurückzukommen; bei ihrer Ankunft zu Hause finden alle ihr Geld im Gepäck. Lange warten sie, bis sie zum zweitenmal nach Ägypten gehen und erst dabei überreden sie den Vater, Benjamin mit auf die Reise zu geben. — Nach der anderen Abfolge nimmt Josef Simeon fest und verspricht seine Freilassung nur unter der Bedingung, daß Benjamin vorgeführt wird. Ein Bruder findet unterwegs das Geld wieder, und es läge in der Konsequenz dieser Fassung, daß die Brüder sehr bald mit Benjamin wieder zurückkehren, um Simeon auszulösen.

Wie die Erzählung, nachdem sie schon an einem Ruhepunkt angelangt schien, sofort wieder in Bewegung gerät, wie dabei der Bogen sich zu schließen beginnt und der Anfang wieder gegenwärtig wird, wird der Leser leicht erkennen, und den Reiz, mehr zu wissen als die ahnungslosen Brüder, wird er genießen wie die Leser vor dreitausend Jahren. Nicht der Argwohn eines strengen Ministers, sondern die zärtliche Liebe des Bruders will den Benjamin herbeischaffen. Es ist „von unerhörter Schönheit, wie das Gespräch zwischen dem Wesir und den Jakobssöhnen langsam auf den nicht mehr vorhanden=gegenwärtigen Joseph zukommt und wie der dunkle Schatten des unvergessenen Joseph über die Seele der Brüder fällt, während der Totgeglaubte erschüttert vor ihnen steht“ (G. von Rad, Das erste Buch Mose, S. 335). Für die Brüder aber, die im Dunkeln tappen, wird alles immer unerklärlicher, geheimnisvoller, bedrohlicher; selbst das Geld, das sie finden, jagt ihnen Schrecken ein.

Beim Verhör gebraucht Josef einen noch heute üblichen Trick: Er veranlaßt die Verdächtigen, Äußerungen zu machen, die eigentlich nicht zur Sache (ob sie Spione sind oder nicht) gehören, die aber nachprüfbar sind (Vers 16!) und damit ihre Wahrhaftigkeit beweisen können.

Zweite Reise der Brüder nach Ägypten: 43,1—45,28

Dem Erklärer wird immer unbehaglicher bei dem Unterfangen, den Lesefluß des Lesers wieder und wieder zu unterbrechen, zumal da er sich oftmals nur wiederholen kann. Er darf hier auf das verweisen, was schon oben über die Klugheit des Josef (S. 162f), über den Charakter des Jakob (S. 165ff), über das Spiel auf den beiden Wissensebenen gesagt wurde. Wenn die Brüder sich fürchten, geht alles gut; wenn sie guter Dinge sind, trifft sie unversehens Unglück, bis der Höhepunkt erreicht wird in der Rede des Juda und im Wiedererkennen des Totgeglaubten.

Nur ein paar Bemerkungen am Rand seien angefügt: In Ägypten hieß damals der Weise der „Kaltblütige". Er ist ein Mann, der sich nicht von seinen Gefühlen hinreißen läßt; aber nicht ein Mann, der keine Gefühle hat.

Für den alten Leser interessanter als für uns heute sind die kleinen Bemerkungen über ägyptische Sitten und Gebräuche; über die ägyptischen Speisesitten haben sich auch die Griechen gewundert. Der Erzähler ahnte damals kaum, daß in späterer Zeit auch die Eßsitten Israels zu einem strengen Speisezeremoniell wurden, das zwischen Juden und Nicht-Juden eine ähnliche Schranke aufrichtete wie zwischen Ägyptern und Nicht-Ägyptern.

In alter Zeit war es weitverbreitete Sitte, den bevorzugten Gast durch eine größere Portion auszuzeichnen (1 Sam 9,23—24). Natürlich brauchte der arme Benjamin nicht fünfmal soviel zu essen wie die anderen! Er durfte seinerseits andere auszeichnen, indem er ihnen einen Bissen hinüberreichte.

Über die „Wissenschaft" von der Zukunft haben wir oben schon gesprochen (vgl. S. 169). Es gab eine ganze Literatur über die dabei üblichen Techniken; wieweit sie auf wissenschaftlichem Irrtum oder auf Aberglauben beruhten, ist unmöglich zu sagen. Unter anderem glaubte man, aus den Bewegungen, die in einen gefüllten Becher geworfene Gegenstände zu machen schienen, auf Zukünftiges schließen zu können. Der Verfasser, zu dessen Zeit das Losorakel in Israel offiziell noch üblich war, hat sich nichts dabei gedacht; der Leser sollte es auch nicht. Der Becher ist ohnehin nur als wertvoller Gegenstand wichtig. Dem Gastgeber etwas zu stehlen, ist Bruch des heiligen Gastrechtes.

Gegen Schluß des Abschnitts in Kapitel 45 macht sich die Zweigleisigkeit des Textes wieder bemerkbar. Die Einladung an Jakob, nach Ägypten zu kommen, ergeht einmal von Josef (45,9—13; Goschen wird mit dem Wadi Tumilat im Nordosten Ägyptens gleichgesetzt), einmal vom Pharao (16—20).

Jakobs Familie in Ägypten: 46,1—47,12

Gemächlicher strömt nun der Fluß der Erzählung dem Ende zu. Jakob verläßt die Heimat, um den verlorenen Sohn wieder in die Arme zu schließen.

Beerscheba liegt auf dem Wege von Palästina nach Ägypten. Der Erzähler benutzt das, um eine womöglich ältere, ihm schon vorliegende Gottesoffenbarung an Jakob einzufügen. Dadurch wird noch einmal die Jakobsüberlieferung an die Isaakstradition angebunden. Beerscheba war ja die Heimat des Isaak gewesen; von dort aus hatte die Überlieferung Jakob nach Haran fliehen lassen (28,10; vgl. S. 115). Der geübte Leser erkennt an der Notiz, ein welch vornehmes und altes Heiligtum Beerscheba in der Frühzeit Israels gewesen sein muß, bevor ihm Jerusalem später den Rang ablief und es schließlich ganz ausschaltete: Allen drei Vätern war dort ihr Gott erschienen! Das konnte kein anderer Ort von sich sagen.

Die Episode hat aber noch eine weitere Bedeutung. Sie rechtfertigt Jakobs Auszug aus dem ihm verheißenen Land. Anders als Abraham (12,10—12) geht Jakob nur auf Gottes Wort hin in die Fremde. Aber dadurch, daß dieser Vorfall nur von einer (vermutlich der elohistischen) Fassung der Josefsgeschichte erzählt wurde, die anderen ihn nicht berücksichtigen, erscheint er im jetzigen Zusammenhang ein wenig überflüssig. Jakob war doch ohnehin auf dem Weg nach Ägypten! Damit paßt es denn doch wieder zu dem alten Jakob, der sich immer nur halb auf Gottes Wort, zur anderen Hälfte aber auf eigene Pläne stützt.

Vers 5 ist überladener als die Wagen, von denen er spricht; derselbe Mann heißt Jakob, Israel und wieder Jakob. Spätestens Vers 7 zeigt dem Leser selbst in der Übersetzung, daß er wieder bei den umständlichen und genauen Aufzählungen der Priesterschrift angelangt ist.

Über die lange Liste der Jakobssöhne und -enkel brauchen wir nicht viele Worte zu verlieren: Es handelt sich um eine gelehrt zusammengestellte Geschlechterliste. Der Überlieferung war die Zahl Siebzig wichtig; der jetzige Text bemüht sich umständlich, sie als Summe herauskommen zu lassen: Man muß am Schluß noch Josef und Jakob selbst hinzuzählen (Vers 27); dann geht die Rechnung auf.

Nach dem rührenden Wiedersehen faßt sich der kluge Josef schnell wieder. Offensichtlich knüpft die Erzählung hier an die Fassung an, nach der nicht Pharao, sondern Josef die Familie nach Ägypten eingeladen hat. Pharao muß noch seine Einwilligung geben. Aus seiner genauen Kenntnis Ägyptens und der Ägypter formuliert der Wesir sein Gesuch so, daß Pharao die richtige Antwort geben muß. Und in der Tat ist Pharao gnädig.

In 47,7 ist unvermittelt der in Goschen zurückgelassene Jakob am königlichen Hof. Das Interesse an Altersangaben verrät uns, daß wir wieder in priesterschriftlicher Überlieferung stehen (7—12). Würdevoll treten sich König und Patriarch gegenüber. 130 Jahre alt ist Jakob, aber er hält sich deswegen nicht für glücklich. Die Lebenskraft schwindet aus den Menschen und aus dem Geschlecht der Auserwählten, je weiter sie sich vom Ursprung entfernen. Es scheint damals in den doch schon uralten Zivilisationen bei Gebildeten eine Art „Untergang-des-Abendlands-Stimmung" geherrscht zu haben, deren Einfluß sich der gelehrte Verfasser der Priesterschrift nicht ganz zu entziehen wußte.

Ganz und gar biblisch dagegen ist die Vorstellung von der „Pilgerschaft". Das Wort bezeichnet die Stellung eines Landfremden, der zwar geduldet, aber nicht vollberechtigt ist. Eigentlich ist der Begriff in der Vätergeschichte Ausdruck der Hoffnung: Das Land der Pilgerschaft wird das eigene Land werden. Hier in der Priesterschrift aber hat es einen eher melancholischen Ton: Es klingt an an Elend und Verbannung. Ob das Lebensgefühl derer durchscheint, die, nach dem Zusammenbruch des davidischen Reiches, sich als „Knechte" im eigenen Land fühlten (Esr 9,9), die erfahren hatten, daß nicht nur die Verheißung des Landes und der Freiheit, sondern auch Vertreibung und Schande in der Geschichte Israels immer wieder gegenwärtig werden konnten?

Josefs Verwaltung in Ägypten: 47,13—26

Wie Josef die Not der Ägypter ausnutzte, um sie zu versklaven, darüber haben sich nicht nur Antisemiten entrüstet. Dem heutigen Leser erscheint Josef als Patron der Ausbeuter. Doch bevor man den Josef dieser Geschichte verurteilt, ist es angebracht, die Geschichte selbst zu untersuchen.

Ganz gewiß handelt es sich um eine Ätiologie, um die Beschreibung, nicht um die Begründung eines Tatbestandes. In Ägypten herrschten ganz andere Bodenrechtsverhältnisse als in Israel; das weiß der gut informierte Verfasser, und seine ersten Leser interessierten sich dafür. Man könnte das alte ägyptische System als Staatssozialismus bezeichnen; die Bürger genossen geringe Freiheit, aber ausreichende Sicherheit. Die Abhängigkeit vom Herrn war ja nur die eine Seite der altorientalischen Sklaverei; garantierter Lebensunterhalt war die andere. Das ist an der Geschichte gut zu sehen. Natürlich ist ein solches Staats- und Wirtschaftssystem nicht plötzlich verfügt worden, sondern in einer langen Geschichte entstanden, und natürlich ist es nicht auf die literarische Figur des weisen Josef zurückzuführen. Es ließe sich manches Freundliche über die ägyptische Regelung sagen; die Enteigneten waren ja nicht kleine Bauern, sondern die großen Grundherren, und der Masse des Volkes ging es häufig unter einer straffen Zentralregierung besser als unter vielen kleinen Gaufürsten. Aber damit hätten wir den Raum unserer Geschichte längst verlassen.

So wirklich die Verhältnisse in Ägypten bis hin zur Steuerfreiheit der Tempel dargestellt werden, so literarisch sind die auftretenden Personen. Nicht nur die Gestalt des Josef ist vom Erzähler entworfen, auch die Ägypter, die er zu Josef kommen läßt: Es sind Ägypter, wie sie ein Israelit sieht.

Die Ägypter sind Leute, die einen satten Bauch der Freiheit vorziehen; sie sind nicht zu bedauern, sie erhalten genau, was ihrem Charakter entspricht. Freiheit oder Sicherheit — immer wieder wird in den Auszugssagen Israels diese Alternative gestellt. Israel hat sich für die Freiheit entschieden; Ägypten für die Sicherheit. Das sagt die Geschichte, gewiß nicht ohne herablassendes Kopfschütteln. In ihr ist ein ferner Nachklang des Wildeselgelächters, das Erbe des trotzigen Ismaels (vgl. S. 57).

Vielleicht liegt in der Geschichte eine weitere versteckte Bosheit. Denn die Ägypter benehmen sich wie typische Toren; sie sind Augenblicksmenschen, die wie Esau die weite Zukunft um einer kurzen Gegenwart willen verkaufen. Sie beachten nicht eine der goldenen Regeln der Weisheit: Spare in der Zeit, dann hast Du in der Not! So brauchen sie sich nicht zu wundern, wenn die Klugen über sie herrschen.
Dieser verhaltene Spott über die Ägypter paßt nicht ganz zur unbefangenen Aufgeschlossenheit, mit der die Weisheit sonst anderen Völkern gegenübertritt. In der Tat scheint die Episode etwas ungeschickt eingeflickt. Vielleicht ist der Stoff erst nachträglich in die Josefsgeschichte eingebracht worden.

Jakobs letzter Wille: 47,27—48,22

Der Text legt die Vermutung nahe, daß dem Redaktor gegen Ende die Arbeit über den Kopf wuchs; so holprig wechseln sich die drei Vorlagen ab. 47,29 ruft der sterbende Jakob seinen Sohn Josef; 48,1 ruft der Kranke den schon Gekommenen nochmals; 48,5 erwähnt Jakob die Söhne des Josef; 48,8 weiß er nicht, wer sie sind; zweimal segnet Jakob den Josef und seine Söhne (48,15—16.20). Dabei wechseln die Namen Jakob und Israel beständig.
Der Text setzt ein mit der Priesterschrift, die an den Altersangaben leicht erkenntlich ist und nach einer kurzen Unterbrechung in 48,3 wieder erscheint. 47,29 erzählt der Jahwist, bis er 48,1 das Wort dem Elohisten und dann der Priesterschrift lassen muß und es erst 48,8 wieder ergreifen kann. Danach wird er nur noch einmal von dem Segen 48,15—16 unterbrochen.
Zwei Angelegenheiten regelt der greise Patriarch vor dem Sterben: sein Begräbnis und die Stellung der beiden Erstgeborenen Josefs.
Das alte Israel empfand keinen Trost beim Gedanken an ein Fortleben der Toten. Der Tote fuhr als wesenloser Schatten in die Unterwelt, ohne Kraft und Leben. Grab und Unterwelt standen in geheimnisvoller Verbindung. Aber das gläubige Israel hat darüber nicht nachgedacht. Mit dem Tod hielt es das Leben für beendet.
Dennoch erscheint der Tod nicht als furchtbares Schicksal, das seinen Schatten auf das ganze Leben vorauswirft. Nur der frühe Tod wurde beklagt und galt als Unglück. Den Tod im hohen Alter, nach einem

erfüllten Leben, nahm man in ruhiger Selbstverständlichkeit hin. Das Sterben vollzog sich in festen Riten: Man besorgte das Grab, ließ die Nachkommen kommen, gab die letzten Verfügungen, legte sich nieder (vgl. 49,33) — und starb. Jakobs einzige Sorge geht darauf, in der Grabstätte seiner Väter beerdigt zu werden. Diese Grabstätte — die zur Zeit des Verfassers noch gezeigt wurde — verband den Toten mit seiner Vergangenheit und der Zukunft. Sie lag ja im Land, das die Nachkommen bewohnen würden. Der einzelne fühlte sich aufgehoben im großen Zusammenhang der Geschlechterfolge; das Grab der Väter war dafür Symbol.

Ganz gegen ihre Gewohnheit (vgl. S. 149f) nennt die Priesterschrift nachträglich den Ort der Gotteserscheinung an Jakob. Aber sie gebraucht dabei den alten, zu ihrer Zeit wohl nicht mehr bekannten Namen Lus und umgeht so den Namen Bet-El.

Ausführlich behandeln alle drei Quellen das Verhältnis des Jakob zu den beiden Ältesten des Josef. Dahinter steht ein stammesgeschichtliches Problem. Sehr früh hatte sich der Stamm Josef in die beiden Stämme Manasse und Efraim gespalten. Vor allem Efraim wurde groß und mächtig; es schien unangemessen ihn nur als Halbstamm zu rechnen. So gibt es Stammeslisten, die statt des einen Stammes Josef die beiden Stämme Efraim und Manasse aufzählen (vgl. Num 1,5—15 u. ö.). Die heilige Zwölfzahl stellte man wieder her, indem man Levi ausließ; Levi hatte kein eigenes Stammesgebiet und war ohnehin eher ein Stand als ein Stamm. Weil die Überlieferung aber wollte, daß die Zwölf Söhne Jakobs waren, mußten Efraim und Manasse in diesen Kreis aufgenommen werden; die Priesterschrift rechnet sie sogar den Erstgeborenen Ruben und Simeon gleich.

Sehr schön und wohl auch sehr alt ist der erste Segen des Jakob, der an seiner Stelle deutlich eingeschoben ist (V. 17 führt V. 14 fort!). — Glauben heißt hier: vor Gott seinen Weg gehen. — „Hirte“ ist eine im Alten Orient weitverbreitete Hoheitsaussage. Den Hirten kennzeichnet zweierlei: Schutz nach außen (Hirten waren gefürchtete Krieger) und Fürsorge nach innen (der „gute Hirt“). — In Übereinstimmung mit der alten Theologie vom „Engel des Herrn“ (vgl. S. 58ff) heißt Gott selbst *Engel*. Die Bezeichnung meint den in das menschliche Leben hineinwirkenden, sich offenbarenden Gott. — „Erlösen“ muß der Verwandte den Verwandten; wurde ein Familienmitglied hand-

lungsunfähig, mußte ein anderes, der „Löser“, dessen Sache weiterführen. Obschon der Name „Vater“ sich hier nicht findet, ist die damit gemeinte Sache mehrfach ausgedrückt.
Ein hübsches altes Wortspiel wird im letzten Vers angefügt. Sichem (eigentlich: Schekäm) bedeutet *Schulter*; diese alte Stadt war sowohl Mittelpunkt der Jakobsgruppe als auch später des Stammes Efraim, bis ihr das neugegründete Samaria den Rang streitig machte. Die beiden fast gleich hohen Berge Garizim und Ebal rechts und links neben der Stadt mögen den Namen inspiriert haben. Daß Sichem von den Jakobsleuten erobert worden ist, setzt eine andere Tradition voraus als die in Kapitel 34 und Jos 24,32 erzählten.

Der Segen Jakobs: 49,1—27

Zum Verständnis des Kapitels ist zweierlei wichtig.
Erstens: Wie die sehr verschiedenartigen Ausformungen der einzelnen „Segens“sprüche zeigen, sind sie erst nachträglich zur Zwölfergruppe zusammengestellt worden. Sie haben zunächst je ihre eigene Geschichte und Funktion gehabt.
Zweitens: Sie beziehen sich auf die Stämme, nicht auf Einzelpersonen; jeder Spruch charakterisiert einen Stamm, meist so, wie der Stamm sich selbst hat verstanden wissen wollen, bisweilen aber, wie andere ihn sahen.
Der heutige Leser wird kaum sehr neugierig darauf sein, wie sich dieser oder jener ihm wenig bekannte Stamm in früher Zeit dargestellt hat. Wir können uns deswegen kurz fassen.
Ruben war wohl der erste Stamm, der im Land seßhaft wurde (Erstgeborener); er siedelte an der Nordostecke des Toten Meeres und ist als Grenzstamm früh aufgerieben worden. Auf welches Verbrechen man seinen Untergang zurückführte, ist nicht mehr zu erkennen; die abgebrochene Notiz 35,22 könnte aus diesem Spruch abgeleitet worden sein.
Auch *Simeon* war ein Grenzstamm an der Südwestecke Palästinas; auch er ist früh untergegangen. Reste von ihm haben sich ins Siedlungsgebiet der benachbarten Judäer gerettet. Sein Schicksal wird als Folge seiner Gewalttätigkeit gesehen, über die wir keine Einzelheiten mehr wissen.

Klarer sehen wir bei *Levi*. Levi hat nie ein eigenes Stammesgebiet besessen. Das haben seine Angehörigen als Auszeichnung gedeutet: Jahwe selbst, bzw. der Opfergottesdienst, sei ihr Erbteil (Num 18,20—24). Hier wird der gleiche Sachverhalt als Strafe für Gewalttätigkeit gesehen (vgl. dazu S. 144 f).

Bemerkenswert ist der Segen über *Juda*. Unter dem Bild des Löwen wird seine kriegerische Tüchtigkeit gepriesen. Durch David, der Judäer war, gewann er den Vorrang unter den Stämmen; der Spruch spiegelt am ehesten die Verhältnisse unter David oder Salomo, bevor die Nordstämme sich wieder vom davidischen Königshaus trennten.
Ein Geheimnis ist bis heute der Hinweis auf den „Kommenden" geblieben (10). Sicher handelt es sich um einen Herrscher, dessen Auftreten (nicht nur Aussehen) die Menschen bezaubert. Der Esel war in der alten Zeit königliches Reittier; das Tier darf den kostbaren Weinstock abweiden, denn es wird paradiesischer Überfluß im Land herrschen.
Wer ist der „Kommende" näherhin? Ist auf David angespielt? Dann wäre seine Gestalt überzeichnet; aber das ist nicht undenkbar. Oder haben wir hier den Anfang der messianischen Hoffnung? Der Wortlaut spricht eher dafür.
Vom Stamm *Sebulon* wird nur das Siedlungsgebiet im Norden genannt.
Mit freundlichem Spott wird die friedfertige Art *Issachars* bedacht. Im Bereich dieses Stammes blieben die kanaanitischen Städte sehr lange mächtig; sie haben verstanden, die Einwandernden nutzbringend als Tagelöhner in der fruchtbaren Ebene von Megiddo zu beschäftigen.
Der Stamm *Dan*, im äußersten Nordosten, galt als weise (2 Sam 20,18—19; Abel liegt in Dan). Weisheit äußert sich im *Richten*, im Schlichten der vorgebrachten Streitigkeiten (das hebräische *Dan* heißt *Richter*). Aber sie zeigt sich auch im Kampf: Da kann der Kleine stark sein, die Schlange („Seid klug wie die Schlangen!") ein Pferd überwinden. In der Tat war Dan in früher Zeit sehr kriegerisch (Ri 18).
Gad war wiederum ein Grenzstamm östlich des Jordan; er wird seine Last mit Nomadeneinfällen aus der Steppe gehabt haben.
Zum Gebiet von *Ascher* gehörte das schöne Karmelbergland im Norden und die fruchtbare Küstenebene bis zum Libanon hinauf.
Die redegewandten Leute aus *Naftali* besiedelten die Berge Galiläas; noch die arabischen Nomaden wissen die Schnelligkeit beim Davon-

laufen sehr realistisch als kriegerische Tugend zu rühmen; blitzschneller Überfall und schnelle Flucht sind Merkmale eines Kampfstils, der noch lange vielen großen Heeren zum Verhängnis geworden ist.
Seinen zweiten Höhepunkt erreicht das Kapitel im Segen über *Josef.* Josef war der volkreichste Stamm; der Baum am Wasser im ummauerten Garten ist Sinnbild der Fruchtbarkeit. Überdies war Josef sehr kriegsstark; vermutlich waren die Bogenschützen des Stammes berühmt. Der Stamm gehörte zu den ersten entschiedenen Jahweverehrern; er hat sich dem Herrn „geweiht" (vgl. Jos 24,15: Josua ist aus dem Stamm Josef) und führte Kriege im Namen Gottes. Noch vor dem Untergang des Nordreichs entstand in seinem Gebiet die *deuteronomische Bewegung* (nach dem Buch *Deuteronomium,* ihrer Programmschrift), deren Devise war: Mit dem Schwert für Glaube und Recht!
Mythisch wird die Sprache in den großartigen Schlußversen. *Segen* ist lebenschaffende, fruchtbare Kraft. Regen und Grundwasser, mütterliche Brust und mütterlicher Schoß stehen in mythischem Zusammenhang: dieselbe göttliche Macht durchwaltet alles. Religionsgeschichtlich ist der Spruch ein Stück bewältigten Heidentums. Die uralten Berge und ewigen Hügel haben ihre Wurzeln in der geheimnisvollen Urflut; im Mythos sind sie die Spitzen der Säulen, auf denen die Erdscheibe ruht: Sinnbilder der Verläßlichkeit und göttlichen Schutzes.
Der kurze Spruch über *Benjamin,* das nördlich und nordöstlich von Jerusalem siedelte, preist wiederum kriegerische Tüchtigkeit.
Dieses bunte Mosaik aus den verschiedensten Sprüchen will der Sammler als Weissagung verstanden wissen, die er dem sterbenden Jakob in den Mund legt (V. 1). Man macht es sich zu einfach, wenn man das als raffinierten Trick abtun will. Der Verfasser sah seine ganze ungebärdige Zeit mit ihren Höhen und Tiefen in einem größeren Zusammenhang; auf diese Gegenwart, so bekannte er, war die Vergangenheit angelegt; sein Israel war nicht zufällig, sondern Ergebnis eines geschichtlichen Planes, eines Planes, der weitergehen würde in eine noch ausstehende Zukunft hinein. Längst bevor die übrige Menschheit den Begriff der Geschichte erfaßt hatte, ist hier die Vorstellung einer Heilsgeschichte bezeugt.

Jakobs Tod und Begräbnis: 49,28—50,13

Der große Jakobssegen teilt das Testament des Patriarchen, wie es die Priesterschrift darstellt, in zwei Hälften; in der zweiten Hälfte gibt der Sterbende Anweisungen für sein Begräbnis (siehe S. 182).
Jakobs Weg war nicht gerade verlaufen. Manche Umwege hatte er selber verschuldet, auf andere war er gestoßen worden. Nun, da er ans Ziel gekommen ist, wird seine Größe offenbar. Ein gewaltiger Zug geleitet den Toten in sein „ewiges Haus" (Koh 12,5); alle Ehren eines Königs werden ihm bezeugt. Mit Recht hat der Erzähler sich bemüht, die Bedeutung des Toten herauszustellen; den Namen des Jakob kennen heute mehr Menschen als den irgendeines ägyptischen Pharaos, und die Erfahrungen jenes „heimatlosen Aramäers" (Dtn 26,5) prägen noch heute den Glauben vieler.
Der Nachdruck, mit dem der Ort Goren-Atad (Stechdorntenne)/Abel-Mizrajim (Fluß, bzw. Trauer Ägyptens) genannt wird, verwundert. Ist das der Rest einer alten Überlieferung, nach der das Grab des Jakob ursprünglich dort gezeigt wurde (vgl. auch Vers 5!)? Dann wäre Jakob mit dem Abrahamgrab erst später im Zuge der Vereinheitlichung der Traditionen in Verbindung gebracht worden. Für die Priesterschrift ist das Jakobgrab in Hebron schon selbstverständlich (12—13). Analog dazu hat dann die muslimische Überlieferung auch das Grab des Josef in Hebron verehrt, der doch nach biblischen Angaben bei Sichem beigesetzt wurde.

Josefs letzte Lebensjahre und sein Tod: 50,14—26

Die Autorität des Familienvaters war in der alten patriarchalischen Gesellschaft fast unbeschränkt; selbstverständlich gehorchten ihm die längst erwachsenen Söhne, auch wenn sie selbst zu großer Macht emporgestiegen waren. Die Brüder nehmen an, nur die Scheu vor dem greisen Vater habe Josef daran gehindert, sich zu rächen; das aber werde er jetzt nachholen. So selbstverständlich gilt ihnen das Recht auf Rache. Darin zeigt sich ein Charakterzug des alten Israel, dessen Rechtlichkeit sich bisweilen zur Rechtsbesessenheit steigerte. Der römische Spruch „Fiat justitia, si mundus pereat" (Gerechtigkeit muß sein, auch wenn die Welt dabei zugrunde geht) könnte manche alttestamentliche Epi-

sode überschreiben. Auf den unerbittlichen Zusammenhang zwischen Fehlverhalten und Unheil hatte auch die Weisheit immer hingewiesen.
Vor diesem Hintergrund ist die Antwort des Josef nicht nur für die Josefsgeschichte, sondern für einen, wie uns scheint, wesentlichen Teil der biblischen Tradition wegweisend. Gerechtigkeit zeigt sich nicht in der strengen Entsprechung zwischen Straftat und Ahndung, sondern in der Wiederherstellung der verletzten Ordnung. Die Ordnung bezieht sich auf das menschliche Zusammenleben. Die Gerechtigkeit des Josef will die ursprüngliche Ordnung wiederherstellen, nicht eine Tat gegen die andere aufrechnen. Das Ziel solcher Gerechtigkeit ist: „Viel Volk am Leben zu erhalten“; eben das ist auch die Gerechtigkeit Gottes.
Der Hinweis auf einen Stamm Machir wird dem modernen Leser nicht mehr viel sagen (23); das Debora-Lied, das zu den ältesten Teilen der Bibel gehört, kennt den Stamm noch. Später ist nur noch eine Familie gleichen Namens bekannt, die zum Stamm Manasse gehört.
Ganz zum Schluß stellt der Redaktor noch einmal die Verbindung zu den Verheißungen der Vätergeschichte her; der Blick richtet sich in die Zukunft, die in den nächsten Büchern der Bibel erzählt wird. Auch Josef, der doch in der Erzählung fast zu einem Ägypter geworden ist, wird in das Land Israels zurückfinden.
Seit alter Zeit wird das Josefsgrab bei Sichem gezeigt. Dorthin haben ihn die auswandernden Stämme gebracht (Jos 24,32). Zweimal war Josef aus der „Grube“ wieder emporgestiegen: aus der Zisterne und aus dem Gefängnis. Auch das Grab in Ägypten, diese so endgültig scheinende Grube, wird er wieder verlassen, und in ein großes Volk auferstehen. Das Geheimnis des sterbenden Weizenkorns wird sich an ihm enthüllen.

Inhalt